FREDERIC VESTER
Leitmotiv vernetztes Denken
Denken

FREDERIC VESTER

Leitmotiv vernetztes Denken

Für einen besseren Umgang mit der Welt

Wilhelm Heyne Verlag
München

Copyright © 1988 by
Wilhelm Heyne Verlag GmbH & Co. KG, München
Textredaktion: Klaus Gerosa
Umschlaggestaltung: Adolf Bachmann, Reischach,
unter Verwendung eines Fotos von Isolde Ohlbaum
Satz: VerlagsSatz Kort GmbH, München
Druck und Bindung: Mohndruck, Graphische Betriebe, Gütersloh
Printed in Germany 1988

ISBN 3-453-02865-1

Inhaltsverzeichnis

Vorwort

Dieses Buch entstand auf Anregung von Cheflektor Günther Fetzer. Er kam eines Tages mit der Idee, die vielen unveröffentlichten, jeweils nur einem kleinen Kreis zugänglichen oder auch wegen ihrer Bedeutung nachdruckwürdigen Texte aus meinen Vorträgen und Aufsätzen in einem eigenen Buch zusammenzufassen. Ich sagte zu, zumal so die Gelegenheit gegeben war, einmal die verschiedenen Aspekte, die ich im Laufe von fünfundzwanzig Jahren aus einem ›vernetzten Denken‹ heraus behandelt habe, in Themenkapiteln festzuhalten. Darunter auch einige Gedanken, die ich in meinen Büchern breit ausgeführt habe, die jedoch gerade in Vorträgen und Artikeln oft viel unmittelbarer und kompakter dargestellt sind.

Bei der Zusammenstellung ergab sich eine Fülle von Material; viel sich Überlappendes und viel zu viel, um es in einem Buch unterzubringen. Meine Frau mit ihrem Organisationstalent begann denn Wust auszusortieren und nach Themen zu ordnen, und der Fachjournalist Klaus Gerosa, ein alter Freund, mit dem ich schon durch manche Umweltthemen und -aktionen gegangen bin, machte das fast Unmögliche möglich, daraus einen flüssigen Buchtext herauszumeißeln. Die Texte stammen zwar von mir, aber sein Verdienst um das Buch als solches ist der größere.

Am Schluß ist, soweit es sich um ursprüngliche Texte aus Artikeln oder Vorträgen handelt, auf die Quelle verwiesen. Dies mag gerade im Hinblick auf die Jahreszahl für den Leser interessant sein, aber auch im Hinblick auf die Adressatengruppe, in der — wie ich inzwischen weiß — dadurch doch mancher Keim zum Umdenken gelegt wurde.

Frederic Vester

München, im Juli 1988

7

Kapitel 1

Vom Wesen der ›Ökologie‹ – oder wie die Dinge aufeinander wirken

Wir leben in einer Zeit, in der wir durch den hohen Stand von Wissenschaft und Technik alles im Griff zu haben glauben. Für fast jede Störung in unserer natürlichen und künstlichen Umwelt haben wir exakte Risikoberechnungen und korrigierende Maßnahmen parat. Und doch werden wir immer häufiger von unvorhergesehenen, ja von Experten oft sogar als undenkbar eingestuften Rückschlägen überrascht: Hungersnöte in den Entwicklungsländern trotz (oder wegen?) der ›grünen Revolution‹, Überschwemmungen und Bergrutsche trotz (oder wegen?) moderner Bachverbauung, NASA-Unglücke, Tschernobyl und Serienunfälle auf den Straßen trotz (oder wegen?) ›High-Tech‹-Sicherheit, Reihenkonkurse in der US-Landwirtschaft trotz (oder wegen?) rationellster agrarindustrieller Methoden. Bei aller perfekten Planung im Detail, die schließlich jeweils vorausgegangen war, führten unsichtbare Vernetzungen gerade dort zu Problemen, wo wir sie am wenigsten erwarteten. Kurz, die Komplexität unserer Umwelt macht uns heute offenbar mehr zu schaffen denn je zuvor.

Immer mehr Hinweise aus den Naturwissenschaften sprechen dafür, daß das besondere, zum Teil überraschende Verhalten komplexer Systeme, welches wir tagtäglich zu spüren bekommen, nicht auf Zufällen, sondern auf theoretisch begründbaren Gesetzmäßigkeiten basiert, die sich vom Aufbau eines Atoms bis zu den geistigen Prozessen in unserem Gehirn erstrecken. Gesetzesmäßigkeiten, die zwar von vielen erahnt, aber, da sie nicht zum Lehrstoff unserer Ausbildung gehören, natürlich in die Vorbereitung unserer Entscheidungsprozesse nicht einbezogen werden. Dabei sollten sie, angesichts der zunehmenden Vernetzung wirtschaftlicher, ökologischer und psychosozialer Faktoren, längst die Grundlage unseres Planens und Handelns bilden. Nicht nur unsere Wirtschaftstheorien und unsere Unternehmensleitbilder, auch unser Wirtschaftsbetrieb verlangen daher eine zügige Metamorphose, wenn wir wollen, daß wir mit dem Verhalten komplexer Systeme besser zurechtkommen als bisher.

Daß die Entwicklung und Anwendung neuer Strategien dringend notwendig ist, ergibt sich bereits aus einer kurzen Rekapitulation unserer Wirtschafts- und Umweltsituation:

Staatsverschuldungen in Höhe von Hunderten von Milliarden, angefangen von den USA bis hin zu den Entwicklungsländern (allein die EDF, die Electricité de France mit ihrem ehrgeizigen Atomprogramm ist mit über 200 Milliarden Francs verschuldet), dazu Pleiten bei Banken wie in den USA, die nicht zuletzt durch die Insolvenzen der Landwirtschaft bankrott gingen, die unter den ersten Vorboten einer kommenden Klimaänderung Jahr um Jahr mehr leidet. Die unschätzbaren Langzeitschäden durch den Atomunfall von Tschernobyl, diejenigen der Einleitung von Schadstoffen in die Küstenmeere oder auch in die untere und obere Atmosphäre, in den Boden...

All dies sind aus dem Wohlstandsboom geborene Katastrophen, die von Zusammenbrüchen ehrwürdiger Wirtschaftsimperien bis zu Insolvenzen ganzer Länder reichen und alles, was über Jahrzehnte unsere Wirtschaftstheorien und Managementlehren für erfolgreich proklamiert haben, auf den Kopf zu stellen scheinen. Schon allein die Frage, was passiert ist, daß uns die Dinge derart aus der Hand gleiten, ist eine Herausforderung an die Methoden, ja an das Grundverständnis des Wirtschaftens, das sich auf einmal weder in seinen Chancen noch in seinen Risiken, noch in seinen anzustrebenden Zielen mehr zurechtfindet. Ob man das Heil in bestimmten Technologien sucht, in Finanzierungsrezepten, Energieprojekten oder soziologischen Modellen: Es scheint alles vergebens, solange man in solchen isolierten Ebenen wie Finanz, Technik oder Soziologie befangen bleibt und nicht auch deren Rolle im Gesamtsystem miteinbezieht.

Die Antwort auf die Frage, warum die herkömmlichen Theorien und Methoden des Managements auf einmal nicht mehr funktionieren, nämlich wegen mangelndem vernetzten Denken, diese Antwort zieht sogleich die nächste Frage nach sich: Warum man früher durchaus ohne ein solches vernetztes (man könnte

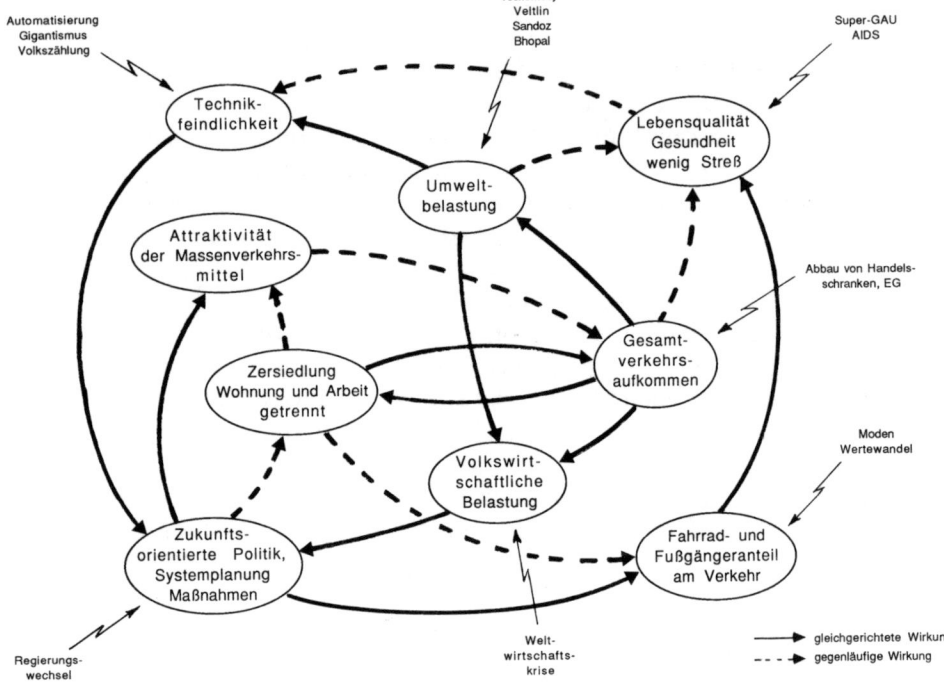

Abb. 1: Wirkungsgefüge Verkehr

auch sagen systematisches) Denken auskam, heute aber nicht mehr. War die Welt früher etwa kein komplexes System, waren die Naturgesetze andere, oder woran liegt es?

In Zeiten des Wachstums – und dies scheint eine jener Gesetzmäßigkeiten zu sein – verhalten sich auch komplexe Systeme vorübergehend fast wie Maschinen und können somit auch über kurze Zeit so behandelt werden. Dies mag der Grund sein, warum in solchen Zeiten deterministische Prognosen aus Trendhochrechnungen ebenso funktionieren wie ein konstruktivistisches Management oder die Wirtschaftstheorien, die auf John Maynard Keynes oder letztlich auf Adam Smith aufbauen. Offenbar bieten diese aber heute weder eine brauchbare Orientierung noch eine verläßliche Instanz, an der man alternative Wege prüfen könnte.

Dazu kommt, daß vieles was früher unzusammenhängend nebeneinander lag: Fabriken, Städte, Seen, Wälder, Verkehrswege, Verwaltung, durch die zunehmende Dichte und Wechselwirkung

10

mit der Umwelt zu einem System geworden ist. Zu einem neuen Ganzen, das sich völlig anders verhält als vorher seine Einzelteile (vgl. Abb.). In dem Moment wird klar, daß die Rolle irgendeiner Komponente in diesem System niemals aus ihr selbst hervorgehen kann, sondern erst aus diesen Pfeilen, Rückkopplungen und Regelkreisen. Darüber hinaus sind diese Systeme nicht in sich geschlossen wie eine Maschine, sondern sie sind offene Systeme im dynamischen Austausch mit der weiteren Umwelt. Schon allein daher kommen wir in einem solchen System ab einem bestimmten Zeithorizont mit den gängigen Hochrechnungen nicht mehr aus. Man hat es beim Wetter erfahren, wo selbst die Vertausendfachung der Meßstationen in den letzten zwanzig Jahren zwar innerhalb von Stunden die Vorhersage genauer gemacht hat. Bei Prognosen über vierundzwanzig Stunden jedoch kommt man nach wie vor durch ein Weiterrechnen auch mit noch so vielen eingegebenen Werten über statistische Zufallstreffer nicht hinaus.

In anderen Gebieten — etwa der Wirtschaft — glauben wir jedoch immer noch an Trendprognosen und die Aussagen logischer Analysen, wenn wir nur genug Daten haben. So, als wenn wir beim Fußball aus der genauen Position und Geschwindigkeit der zweiundzwanzig Spieler, aus ihrer Schrittlänge, aus der Windgeschwindigkeit, der Beschaffenheit des Fußballfeldes und dem Drehimpuls des Balles, kurz, durch eine genaue Aufnahme der momentanen Bedingungen prognostizieren könnten, daß nunmehr sechs Minuten später in die linke Torecke ein Tor fällt. So verrückt ist kein Sportreporter, daß er das für möglich hielte, aber viele Wirtschaftsinstitute und Prognosefirmen werden Jahr für Jahr für einen solchen Unsinn hoch bezahlt.

So sind wir in vielen Bereichen der Planung und Entscheidung bei dem Bild der geschlossenen Maschinen geblieben, also bei einer Haltung, die vielleicht bei einer früheren Dichte und entsprechend geringer Vernetzung, im Grunde bei Nicht-Systemen, angemessen war. Diese Haltung läßt uns glauben, daß wir mit entsprechend großem Energieeinsatz und entsprechend rationeller Produktherstellung all der Schäden und Rückschläge einzeln Herr werden können, die dieses unbekümmerte Draufloswirtschaften zunächst für unseren Lebensraum — und nun auch immer mehr für uns selbst und unsere künstlichen Systeme inklusive der Wirtschaft — mit sich bringt, wenn wir nur sämtliche Störungen wirkungsvoll ausschalten.

Leider ist viel zu wenigen Menschen bewußt, daß uns auch hier die natürlichen Systemgesetze einen Strich durch die Rechnung machen werden. Denn wir haben uns weder darum gekümmert, ob diese künstlichen Systeme als solche überlebensfähig sind, noch ob sie mit den natürlichen Systemen zu einer funktionierenden Einheit verbunden werden können, noch welche Auswirkungen die Reparaturen an den Schäden und die Bewältigung der Rückschläge nach sich ziehen. Gerade Fachexperten wissen meist überhaupt nicht, daß sie es mit Systemen zu tun haben, oder gar, daß es so etwas wie kybernetische Grundregeln für das Überleben von Systemen gibt.

Selbst Störungen bekommen unter diesem Aspekt einen anderen Stellenwert. Störungen sind Wirkungen, Kräfte von außen oder innen und damit zunächst einmal neutral. Erst indem wir sie mit dem Begriff ›Störung‹ belegen, bekommen sie etwas Negatives. In vielen Fällen liegt es jedoch an uns, was wir aus Störungen machen. Jeder Judokämpfer zeigt uns, wie man die auf ihn einwirkenden Kräfte des Gegners durch eine kleine Hebelwirkung von einer Störung in eine nützliche Kraft umwandeln kann, was im allgemeinen weit weniger Aufwand erfordert, als ihre Ausschaltung nach dem Boxerprinzip.

Ähnlich ist es in der Landwirtschaft mit den Begriffen Schädling und Nützling. In einem klugen Regelkreis können sich selbst Schädlinge in Nützlinge verwandeln, wenn wir ihre Aufgabe in der selbstregulierenden Aufrechterhaltung von Gleichgewichten sehen und sie mit entsprechender Cleverness dafür einsetzen. Analog verhält es sich mit der Medizin, wo wir meist unter Ausschaltung der Selbstheilungskräfte ›Störungen‹ an Ort und Stelle zu reparieren versuchen — um dann wieder die Folgen der Reparatur reparieren zu müssen. Von einer cleveren kybernetischen Medizin sind wir bei aller ›High-Tech‹ daher ebenfalls noch weit entfernt.

Daraus, daß viele Fachexperten diese übergreifenden Systemzusammenhänge nicht erkennen, kann man ihnen keinen Vorwurf machen, denn sie sind an isolierten Ausschnitten der Wirklichkeit ausgebildet worden. Und schließlich war es auch bis vor wenigen Jahren unbekannt, daß wir in einem komplexen System mit ineinandergreifenden Wirkungen eigene Gesetzmäßigkeiten finden, und daß dies ebenso grundlegende Naturgesetze sind, wie etwa die Energieerhaltungssätze, diejenigen der Schwerkraft oder der Mechanik.

Der Grund für diese so späte Entdeckung liegt meines Erachtens in der Art, wie wir denken und lernen und damit in der Art unserer Ausbildung, in der Art, wie uns unsere Schulen und Universitäten die Welt präsentieren: Als eine heterogene Menge getrennter Komponenten, die wir zwar alle einzeln kennen, bis zum Exzeß studieren, ohne jedoch die Beziehungen und das Wechselspiel zwischen ihnen zu erfassen. Ein System, dessen Verhaltensmuster wir somit weitgehend ignorieren, weil es die Fachdisziplinen und Ressortkompetenzen überschreitet, und das deshalb in unseren Hörsälen und Forschungsstätten keinen Platz findet. Damit findet aber auch dort die Realität, wie sie ist, im Grunde keinen Platz.

Eine weitere Besonderheit, die wir uns angesichts der Vorgänge im vernetzten System merken müssen, ist, daß wir auch den Menschen und damit uns selbst als Beobachter und Akteure in das betrachtete System mit einbeziehen müssen, also nicht in den Fehler verfallen dürfen, als außenstehender Steuermann das Geschehen dirigieren zu wollen. Die simple Kybernetik der Regeltechnik funktioniert nicht in lebenden Systemen. Denn sie würde zu einem absoluten Dirigismus führen, den es in der Natur nirgendwo gibt.

Als biologische Wesen in die Biosphäre eingebettet, kommt so insbesondere den Wechselwirkungen zwischen Mensch und Umwelt bei dem ganzen Geschehen eine Schlüsselrolle zu. Wie sehr wir eingebunden sind und wie sehr wir unsere derzeitige Rolle überdenken müssen, hat 1980 der Häuptling der Oneida-Irokesen, Bruce Eliah, sehr treffend mit folgenden Worten charakterisiert: »Die Erde ist ein Organismus, in dem Pflanzen, Tiere und Menschen wie Zellen sind. Jede winzige Kleinigkeit in diesem Organismus hat seine bestimmte Aufgabe zu erfüllen, und nur wenn das stets in guter Harmonie übereinstimmt, lebt, blüht und gedeiht dieser Organismus. Der technische Zivilisationsmensch mit seiner zwanghaften Manie, Natürliches zu verdrängen, zu vermindern und zu zerstören, um es durch gigantisches Wachstum von Unnatürlichem zu ersetzen, hat eine fatale Ähnlichkeit mit Krebs! Seit diese Geisteskrankheit wuchert und wuchert, breiten sich ihre Folgen wie Metastasen über die Erde aus. Indianer sagen das seit mehr als dreihundert Jahren. Man kann es nachlesen. Aber wie sollte man einem Tumor begreiflich machen, daß gerade das, was er für einen großartigen Erfolg hält, in Wirklichkeit Selbstmord ist!«

Dieses und andere eingängige Beispiele von den Zusammenhängen zwischen Mensch und Natur, wie sie alte Texte und Überlieferungen der nordamerikanischen Indianer beschrieben, brachte die Umwelt- und Friedensbewegung Anfang der achtziger Jahre in die öffentliche Diskussion ein; dabei war ökologisches Denken, ausgerichtet auf die Wechselbeziehungen zwischen den Lebewesen und ihrer Umwelt, auch dem Menschen unserer Kultur nie fremd.[1])

Auch der Mensch ist nur ein Teil der Natur

Der Begriff Ökologie selbst entstand vor rund hundert Jahren aus dem griechischen Wort Oikos (Wohnung), sozusagen als Lehre (Logos) vom Wohnen, von der Habitat, vom Zusammenleben. Die Ökologie ist damit eine der wenigen Naturwissenschaften, die nicht die Dinge selbst innerhalb ihrer eigenen Kategorie, sondern das Beziehungsnetz zwischen ihnen − und zwar fachübergreifend − untersuchen. Da der Begriff Ökologie bis Anfang der siebziger Jahre nur den Fachwissenschaftlern geläufig war, ist die heutige überragende Bedeutung der Ökologie − nicht zuletzt dokumentiert durch ihre erstmalige Abhandlung in einem soziologischen Lexikon von I. P. Wesley, 1974 − erstaunlich.

Diese eigenartige Entwicklung einer biologischen Spezialwissenschaft zu einem Hauptthema von Politikern, Journalisten und Wirtschaftlern findet zum Teil ihre Erklärung in dem plötzlichen Bewußtwerden der Tatsache, daß auch der Mensch nur ein Glied der Natur ist und mit seiner jahrhundertelangen Entwicklung unter dem Aspekt des technischen Fortschritts nun selber an die Grenzen des Wachstums gelangt ist. Irreversible Umweltschäden − von gewollten direkten, wie dem Abholzen tropischer Regenwälder, bis zu ungewollten indirekten, wie dem Verschwinden

14

von Tier- und Pflanzenarten durch Denaturierung ihrer Biotope (Lebensräume), weiter die Vergiftung von Luft und Wasser, zu Ende gehende Rohstoffe und schließlich massive Rückwirkungen wirtschaftlicher und psychosozialer Art haben einem Großteil unserer Bevölkerung klargemacht, daß wir beim Einsatz unserer Produktionsmittel und der Gestaltung unserer Umwelt allzu lange nur Einzelziele vor Augen hatten und nicht das Spiel von Wirkung und Rückwirkung im gesamten Zusammenhang.

Die vielfältigen Wechselbeziehungen zwischen unterschiedlichen Ebenen wurden beschränkt auf Arbeit, Kapital, Rohstoffe, Machtverhältnisse, Bruttosozialprodukt und andere hochaggregierte und für das Überleben von Systemen wenig aussagereiche Schlagwörter, während die eigentlich bestimmenden Faktoren, wie etwa die Möglichkeiten zur Selbstregulation, der Energiedurchfluß, Irreversibilitäten, Umkippeffekte und Grenzwerte unbeachtet blieben. Genau diese Beziehungen aber und ihre Organisationsmuster sind Gegenstand der Ökologie. Denn bei ihr geht es um das Haushalten, das Bewohnen (Oikos) dieses Planeten in Anpassung an eine sich ständig ändernde Umwelt.

Die Gesamtheit einer Lebensgemeinschaft (Biozönose) zusammen mit ihrer Umwelt, in die sie integriert ist und mit der sie zu einem überlebensfähigen System organisiert ist, wird daher als Ökosystem bezeichnet. Überlebensfähigkeit bedeutet dabei — bei aller Fluktuation des Lebendigen — eine gewisse Stabilität. Stabilität wiederum verlangt die Einhaltung von Gleichgewichten, und dies wiederum funktioniert bei offenen Systemen am besten über Mechanismen der Selbstregulation unter möglichst wenig Input von Energie (›Fortschritt‹ in der natürlichen Evolution ist prinzipiell mit verringertem [!] Energieverbrauch pro Biomasse verbunden) und unter möglichst vollständiger Schonung der zur Verfügung stehenden nichterneuerbaren Ressourcen. Die lebende Natur kommt in der Tat seit mehreren Milliarden Jahren mit den vorhandenen Rohstoffen aus.

Was Gleichgewichte bedeuten, wie sie funktionieren und was sie leisten, wird daher vor allem von der Ökosystemforschung erkundet. Sie charakterisiert Ökosysteme als Wirkungsgefüge von Lebewesen mit ihrer anorganischen Umwelt, die zwar offen, aber bis zu einem gewissen Grade zur Selbstregulation befähigt sind (Ellenberg). Die Offenheit ökologischer Systeme bedeutet nicht nur, daß sie ohne scharfe Abgrenzung sind, sondern immer auch durch Einfluß von außen störbar sind. Störungen werden daher auch nicht etwa zu eliminieren versucht, sondern aufgefangen und gegebenenfalls für das System genutzt.

Ein ökologisches Gleichgewicht kann daher niemals starr oder statisch sein. Es ist immer dynamisch (Fließgleichgewicht), auch wenn momentan keine sichtbaren Veränderungen vor sich gehen. Damit jedoch verlangt ökologisches Denken ein grundsätzliches Abgehen von dem Paradigma deterministischer geschlossener Systeme (Maschinen) und damit auch ein Abgehen von den herkömmlichen Prognose- und Trendhochrechnungen, will man das wirkliche Verhalten eines Ökosystems erfahren. Die weitreichenden Folgen dieser Aussagen wurden auch auf wirtschaftliche und soziale Systeme hin überprüft und untersucht, beispielsweise in der UNESCO-Studie *Ballungsgebiete in der Krise.*

Zusammen mit der Bedeutung des Begriffs ist auch das Spektrum der Ökologie gewachsen. Ähnlich wie der Begriff Umwelt im Laufe der letzten zwanzig Jahre an Komplexität zunahm: natürliche Umwelt − gebaute Umwelt − technische Umwelt − soziale Umwelt (Milieu) usw., bezieht nun auch die moderne Ökologie immer mehr Bereiche mit ein. Die Autökologie oder Physiologische Ökologie erstreckt sich noch ganz auf den Einzelorganismus und die Abhängigkeit von seinem Umfeld; die Populationsökologie bereits auf ein Organismen-Kollektiv, seine internen Wechselwirkungen und diejenigen mit den gegebenen Umweltfaktoren; die Synökologie schließlich untersucht ganze Lebensgemeinschaften (Biozönosen) und damit die Strukturen, Organisationsformen und Wechselwirkungen der unterschiedlichen Organismen (Kollektive) in und mit ihrem Lebensraum (Biotop).

In diesem Sinne widerspricht die klassische Einteilung nach Zoo-, Phyto- und Anthropoökologie (auch Humanökologie oder Sozioökologie) dem eigentlichen Wesen des ökologischen Denkens. Insbesondere, da ökologische Regeln, wie etwa die Grundregeln der Biokybernetik, von der Natur der Sache her nur aus einer Synökologie heraus entwickelt werden können, die selber als wichtiger Zweig der Systemkunde verstanden werden kann. Bei der fachspezifisch ausgerichteten Ökologie ist es dagegen bereits schwierig, die Änderungen der Umweltbedingungen und ihrer Rückwirkungen (zum Beispiel auf die Sukzession der Arten) zu erfassen. Ein Gebiet, das dafür zumindest in seiner stofflich-energetischen Dynamik recht aufschlußreich von seiten der Ökophysik untersucht wird.

Aus dem gleichen Grund wie der fachspezifischen Ökologie entzieht auch ein klassisch verstandener Naturschutz, der die Anthropoökologie herausläßt (und mit ihr die gesamten Einflüsse der Technosphäre) und damit zum ›Oasendenken‹ neigt, sich selbst den Boden. Denn das geschützte (geschlossene) Systemteil ist damit auch ohne Rückwirkung auf das umfassende System, welches sich somit in eine für ersteres vielleicht tödliche Richtung entwickeln kann.[2]

Der klassische Naturschutz war bestrebt, in der sich ausbreitenden technischen Welt wenigstens einige heile Oasen zu erhalten. Heute ist der Naturschutz längst über diese Aufgabe hinausgewachsen: Unsere vom Menschen und seinen Ansprüchen erfüllte industrielle Welt ist so übermächtig geworden, daß wir versuchen müssen, nicht mehr einzelne Oasen, sondern die Welt als Ganzes zu retten.[3]

Hier bietet es sich nochmals an, auf das Zitat von Bruce Eliah zurückzukommen, der die zwanghafte Manie der technischen Zivilisation, Natürliches zu verdrängen und die Gesetze der Ökologie zu mißachten, mit der Entwicklung von Krebs verglich.

Genau das ist zur Zeit unser Problem: Tumoren beizubringen, daß das, was sie für Erfolg halten, in Wirklichkeit Selbstmord ist. Es ist klar, daß sich diese Aufklärung nicht aus abgehobenen Ideologien heraus ergibt. Eine sinnvolle Neubesinnung in unserer Lebensweise und Wirtschaftsweise und die damit verbundenen neuartigen Anforderungen an Planung, Strategie und Design unserer Umwelt lassen sich mit Sicherheit nur aus der Praxis, aus diesem Wechselspiel mit der Umwelt selbst, das heißt durch ›learning by doing‹ bewerkstelligen, und nicht vom grünen Tisch aus.

Die richtige Kommunikation mit der Umwelt
entscheidet über unsere Zukunft

Daraus ergibt sich wieder die Folgerung, daß auch der Kommunikation zwischen Mensch und Umwelt und damit wieder in erster Linie der Art der Wissensvermittlung, also den Denk- und Lernvorgängen, für die Bewältigung unserer Zukunft eine enorme Bedeutung zufällt. Nicht im Sinne von mehr Faktenwissen, weiterem Lehrstoff oder neuen Fächern, sondern was die Art des Lernens betrifft, die Art der Informationsaufnahme und der Informationsverarbeitung selbst.

Die fast ausschließlich verbal-abstrakte Orientierung an einer in Begriffe und Oberbegriffe systematisch (aber eben nicht ›systemisch‹) gegliederten Wirklichkeit muß ergänzt werden durch ein Erfassen ihrer konkreten systemischen Zusammenhänge. Dazu gehört auch die Einbeziehung der vielen übrigen Wahrnehmungen, die uns unser Organismus bietet. Sehen, anfassen, ausprobieren, riechen, schmecken, fühlen, ahnen, spüren, sich bewegen, erleben, das Wahrnehmen von Langeweile, Begeisterung, Antipathie, Sympathie, Schönheit, Chaos und Ordnung. Alles Wahrnehmungen, die über die gleichen wertvollen grauen Gehirnzellen laufen wie logische Schlüsse, die wir also zur Verfügung haben, aber nicht nutzen, ja oft sogar bewußt ausschließen. Womit wir unser Urteilsvermögen verstümmeln, unser Gehirn und seine Möglichkeiten zu einem winzigen Teil seiner selbst degradieren.

Die Tatsache, daß viele Menschen, die von Haus aus vernetzt denken, sich nicht entfalten können, daß andere wieder nicht vernetzt zu denken gelernt haben, weil sie die Wechselwirkungen komplexer Systeme in der Schule nie erfahren haben, ist nun gewiß auch mitverantwortlich dafür, daß wir in unseren wirtschaftlichen Produktionsprozessen aus den gewohnten Denkschablonen nicht heraus können und so angesichts vieler Probleme oft auf nächstliegende Möglichkeiten nicht kommen. Man denke nur an das enorme, brachliegende Potential ›kybernetischer‹ Technologien und ihre mögliche Variationsfülle, die deshalb noch so ganz in den Anfängen stecken.

Damit meine ich Techniken im Verbund, wie Symbiosen, Recycling, Energieketten, Mehrfachnutzung und andere Arbeitsformen einer eleganten, kleinräumigen, aber dafür um so effizienteren Technik, wie sie auch die Natur benutzt und wie sie eigentlich doch einer Art von ›Ökosystemen der Wirtschaft‹ zukäme. Eine Richtung, wie sie sich jetzt erst ganz allmählich in mehr und mehr Einzelinitiativen entwickelt.

Das Problem liegt daher gar nicht so sehr an mangelnden Rettungsmöglichkeiten. Derer gibt es genug. Es liegt eher daran, wie rasch es gelingt, immer mehr Menschen bereit zu machen, die Grundzusammenhänge in dieser Welt zu akzeptieren und ihr Denken in dieser neuen Dimension zu schulen.

Das heißt nun nicht, daß wir das bisherige Ursache-Wirkungs-Denken nicht mehr brauchen könnten.

Es bleibt genauso wichtig wie zuvor, nur: Es wird niemals ausreichen, komplexe Systeme zu verstehen und diese sinnvoll zu gestalten. Denn es orientiert sich an Einzelproblemen und kann zwar unsere unmittelbare Vorgehensweise, unsere Taktik mit Erfolg bestimmen. Für die dahinterstehende Strategie brauchen wir jedoch ein Denken in vernetzten Zusammenhängen, ein Verständnis der in komplexen Systemen wirkenden Kybernetik.

Dazu geben uns nun biologische Systeme die wichtigste Orientierungshilfe: Verläßliche Vorbilder aus der lebenden Natur an Strukturen, Funktionen und Organisationsformen. Es ist also nicht die künstliche Kybernetik der Regeltechnik, von der wir lernen müßten, wie unsere Umwelt zu gestalten ist, sondern ihr eigentlicher Urgrund, die Biokybernetik: die Organisationsform, nach der lebende Systeme seit mehreren Milliarden Jahren wirtschaften und einen beneidenswerten Umsatz machen. Erstaunlicherweise ohne Rohstoff- und Abfallsorgen, ohne Energieprobleme und Arbeitslose.

Bei den typischen Organisationsprinzipien, die dieser Wirtschaftsweise von Ökosystemen zugrunde liegen, geht es z. B. um den Vernetzungsgrad und die Vernetzungsstruktur, um positive und negative Rückkopplungskreise, um elastische und plastische Stabilität, um Durchsatz und Dependenz im Verhältnis zur Diversität, um Grenzwerte und Irreversibilitäten. Aus den darin liegenden Gesetzmäßigkeiten lassen sich für die Überlebensfähigkeit von Systemen einige allgemeingültige Grundregeln herausziehen, wie sie in meinen Schriften schon häufig zitiert wurden. Der Vollständigkeit halber seien sie im folgenden Kasten noch einmal aufgeführt.

Acht Prinzipien der Natur,
die das Überleben garantieren

● **Das Prinzip der negativen Rückkopplung**
Das bedeutet Selbststeuerung durch Aufbau von Regelkreisen statt ungehemmte Selbstverstärkung oder – nach dem Umkippen – Selbstvernichtung. Negative Rückkopplung muß daher über positive Rückkopplung dominieren.

● **Das Prinzip der Unabhängigkeit von Wachstum**
Die Funktion eines Systems muß auch in einer Gleichgewichtsphase gewährleistet sein, das heißt vom quantitativen Wachstum unabhängig sein. Denn ein permanentes Wachstum ist für alle Systeme eine Illusion.

● **Das Prinzip der Unabhängigkeit vom Produkt**
Überlebensfähige Systeme müssen funktions- und nicht produktorientiert arbeiten. Produkte kommen und gehen. Funktionen aber bleiben.

● **Das Jiu-Jitsu-Prinzip**
Hier geht es um die Nutzung vorhandener, auch störender Kräfte nach dem Prinzip der asiatischen Selbstverteidigung, statt ihrer Bekämpfung nach der Boxermethode mit teurer eigener Kraft.

● **Das Prinzip der Mehrfachnutzung**
Es gilt für Produkte, Funktionen und Organisationsstrukturen. Es führt durch Verbundlösungen zu Multistabilität und bedeutet eine Absage an sogenannte Hundertprozentlösungen.

● **Das Prinzip des Recycling**
Es bedeutet Nutzung von Kreisprozessen zur Abfall- und Wärmeverwertung. Das vermeidet sowohl Knappheit als auch Überschüsse.

- **Das Prinzip der Symbiose**
  Das heißt gegenseitige Nutzung von Verschiedenartigkeit durch Kopplung und Austausch. Das aber verlangt kleinräumigen Verbund. Monostrukturen können daher nicht von den Vorteilen der Symbiose profitieren.

- **Das Prinzip des biologischen Designs**
  Auch diese Regel läßt sich auf Produkte, Verfahren und Organisationsformen gleichermaßen anwenden. Es bedeutet Feedbackplanung mit der Umwelt, Vereinbarkeit und Resonanz mit biologischen Strukturen, insbesondere auch derjenigen des Menschen.

Ähnlich wie bei diesen acht biokybernetischen Grundregeln der Natur gibt es noch eine Reihe weiterer beherzigenswerter Hinweise, mit denen die Richtung in eine überlebensfähige Technologie und Wirtschaftsweise eigentlich längst vorgezeichnet ist. Am plausibelsten kann man diese Grundregeln an intakten, natürlichen Systemen verdeutlichen. Die Grundbedingung für die Überlebensfähigkeit eines Systems ist aber in jedem Fall und in jedem Zustand eine möglichst gut funktionierende Selbststeuerung und nicht eine Steuerung von außen. Und zwar gerade, weil alle realen Systeme nach außen offen sind.[1]

Diese Selbststeuerung erfolgt nach dem kybernetischen Prinzip der negativen Rückkopplung, symbolisiert durch solche Regelkreise, die ein selbsttätiges Einschaukeln zwischen Grenzwerten ermöglichen. Zu hohe Werte der Regelgröße werden durch den Regler nach unten korrigiert, zu tiefe Werte nach oben. Wobei der Sollwert wieder anderen Regelkreisen unterliegt, die alle mehr oder weniger miteinander verschachtelt sind. Da das alles noch sehr theoretisch ist, möchte ich gleich ein praktisches Beispiel von negativer Rückkopplung darstellen:

Nehmen wir den Fall vom Raubtier und seiner Beute. Je schneller ein Raubtier läuft, desto mehr Beute fängt es. Je mehr Beute es frißt, desto dicker wird es, desto langsamer läuft es, desto weniger Beute fängt es, desto dünner wird es, desto schneller kann es wieder laufen, wieder mehr Beute fangen usw.

Schon in diesem einfachen System sind Beute und Raubtier bereits nicht nur durch das Fressen und Gefressenwerden, sondern auch über Beziehungen zu Körpergewicht, zu Laufgeschwindigkeit und anderen Faktoren gekoppelt. Eingriffe in ein funktionierendes System zeigen aufgrund solcher Regulationen daher immer eine komplexe Wirkung für die Gesamtheit. Das äußert sich in den wenigsten Fällen, so wie in diesem Beispiel, in einer direkten Ursache-Wirkungs-Beziehung benachbarter Elemente. Viel häufiger finden wir Fernwirkungen, Langzeitwirkungen, Hystereseerscheinungen, Grenz- und Schwellübergänge, Resonanzphänomene, Paradoxien und nichtlineare Wirkungen höherer Ordnung und wie diese mathematischen Bezeichnungen alle heißen.

Systemeingriffe nur bei Akzeptanz des Wirkungsgefüges

Ich möchte nun an drei Beispielen erläutern, wie wichtig es angesichts solcher Gesamtwirkungen ist, bei Eingriffen in vernetzte Systeme die übliche lineare Betrachtungsweise zu verlassen und durch eine solche in Wirkungsgefügen zu ersetzen.

Das erste Beispiel stammt aus dem System des menschlichen Organismus, sozusagen ein Beispiel der Mikroökologie. Erniedrigen wir die Raumtemperatur, so kompensiert der menschliche Organismus die Energieabfuhr durch verstärkte Stoffwechsel- und Verbrennungsvorgänge. Es gibt da den schönen Spruch: Frier dich schlank. Erhöhen wir dagegen die Raumtemperatur über normale Werte, etwa in einer Sauna, so erfolgt die Gegenregulation des Körpers durch Schwitzen über die Verdunstungskälte — in beiden Fällen unter Einhaltung des vorgeschriebenen Sollwertes von 37 Grad Celsius.

Aber auch dieser Sollwert kann sich, etwa im Fall einer Infektion, verändern und nunmehr die Körpertemperatur auf einen höheren Wert zur Abtötung der eingedrungenen Keime einregulieren. Zum Beispiel von 37 auf 40 Grad. Die Temperatur wird also um drei Grad erhöht, mit dem Ergebnis, daß der Mensch Fieber hat und krank ist. Erhöhen wir die Körpertemperatur um weitere drei Grad, dann ist der Mensch jedoch nicht, wie manche Wirtschaftswissenschaftler nunmehr extrapolieren würden, doppelt so krank, sondern er ist längst tot. Schwellwerte und Grenzwerte spielen also als Ausdruck des verschachtelten Wirkungsgefüges auch schon in kleinen Systemen eine wichtige Rolle.

Das zweite Beispiel stammt aus einem etwas ausgedehnteren System, aus der kleinräumigen Ökologie: Die Abbildung zeigt eines der typischen vernetzten Systeme von Produzenten und Konsumenten verschiedener Stufen, die miteinander in vielfältiger Wechselwirkung stehen.

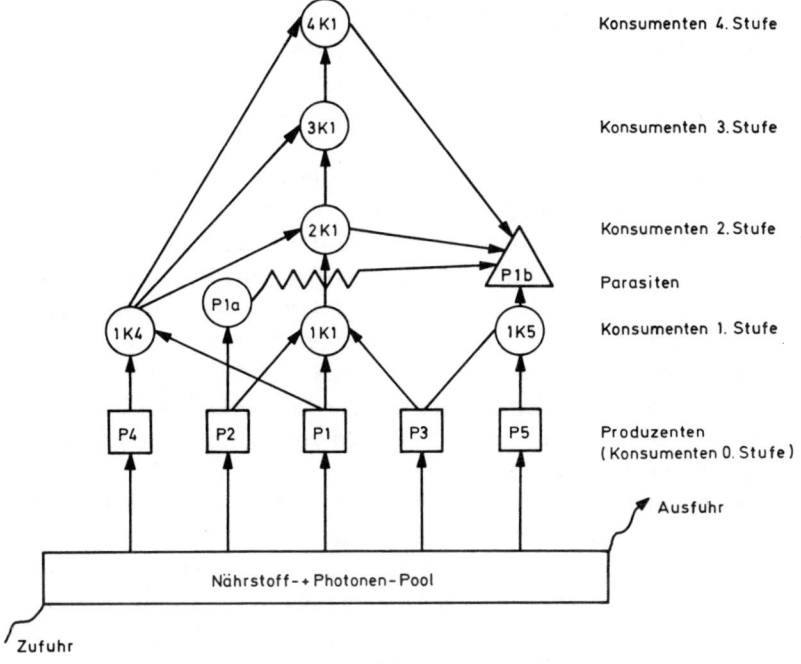

Abb. 2: Hypothetisches Biozönosegitter nach Winkler (1974)

In diesem von dem Ökophysiker Max Winkler schematisierten Biozönosegitter vom Unteren Inn sei P 1a die Vorstufe eines Parasiten, der sich auf der dominierenden Pflanzenart P 2 ernährt.

Eine Steigerung dieses Primärproduzenten P 2 ergibt daher eine Zunahme von P 1a, z. B. einer Insektenlarve, und nach deren Metamorphose zum Insekt eine Zunahme von P 1b. Es

23

folgt ein verstärkter Parasitenbefall durch P 1b und die Abnahme der Konsumenten 1K5, 4K1 und 2K1. Daraus folgt speziell die Erhöhung von 3K1, weil nämlich nunmehr der Konsument der ersten Stufe 1K4 ausschließlich für 3K1 zur Verfügung steht. Die Folge davon ist eine zusätzliche Abnahme des Konsumenten der darunterliegenden Stufe, nämlich von 2K1. Das bedeutet nun einen verringerten Jagddruck dieses Konsumenten auf 1K1 und dadurch starke Vermehrung von 1K1, während 1K4 annähernd bestandsgleich bleibt.

Wir sehen also: Dort, wo ein Eingriff ansetzt, ist die Wirkung nicht zu Ende, sondern sie gelangt über komplizierte Regulationsphänomene meist zu sehr überraschenden Rückwirkungen, selbst wenn sie ganz speziell ansetzt. Vernichtet man z. B. in dem Biotop eines Teiches eine bestimmte Stechmückenart, die im Larvenstadium vielleicht ein Zikadenfresser ist, so vermehren sich womöglich die Zikaden in dem Gewässer und werden zu Krankheitsüberträgern, die nunmehr kaum noch kontrolliert werden können. Erst recht überraschend sind solche Erfolge, wenn man nicht nur spezifisch eingreift, sondern etwa mit Breitbandpestiziden ganze Konsumentenklassen eines solchen Biotops drastisch reduziert. Dieselben Prinzipien kann man wiederum auf größere Systeme ausdehnen – und muß es sogar.

Denn nicht nur die Bevölkerung, sondern auch ein Großteil unserer Experten und politischen Entscheidungsträger wundern sich immer wieder, wenn zunächst gar nicht als nachteilig empfundene Entwicklungen, wie vermehrter Straßenbau, Flurbereinigung oder Monokulturen, auf einmal natürliche Ökosysteme zerstören und zu hohen indirekten Folgelasten und neuen Abhängigkeiten führen. Man kann sich aber nur so lange darüber wundern, wie man linear und unvernetzt, also nicht in Regelkreisen und Systemen denkt. Und da dies bislang meist der Fall war, bekamen selbst weniger technisierte Länder die Folgen des linearkausalen Denkens zu spüren, sobald unser technokratischer Verstand mit ihnen in Berührung kam.

Als drittes Beispiel will ich daher eines aus der großräumigen Ökologie anführen, wo solche Fälle von unerwarteten Rückschlägen ausführlich untersucht sind. Nehmen wir die gutgemeinte Bekämpfung der Tsetsefliege in der Sahelzone, wo die zunächst begrüßenswerte Erhöhung des Viehbestandes durch Auslöschung der Rinderschlafkrankheit aus der klimatischen Dürre überhaupt erst eine Katastrophe machte. Die vermehrte Dürre übrigens war selbst wieder eine Folge der verheerenden Abholzungen in den Randgürteln, z. B. im Abessinischen Hochland.

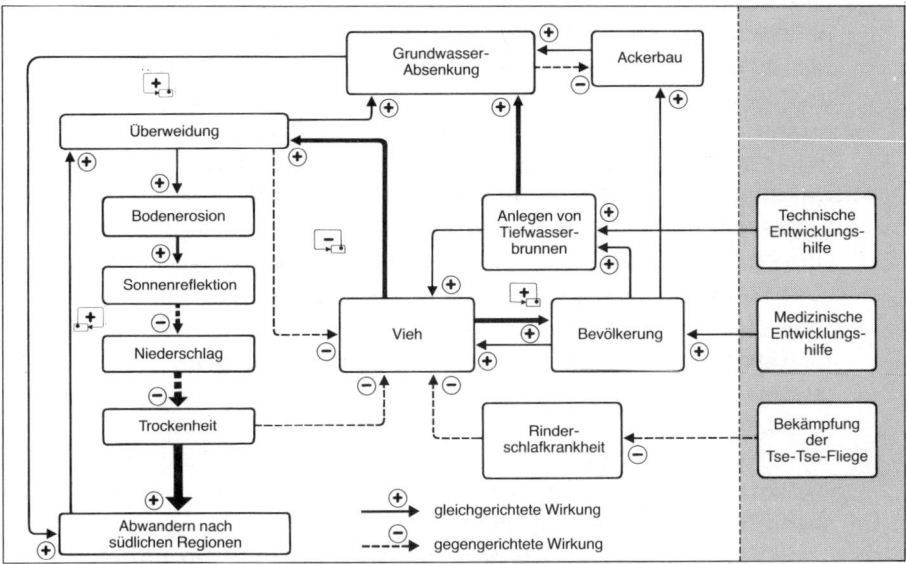

Abb. 3: Netzwerk Sahelzone

Dieser Netzplan zeigt in vereinfachter Form, wie der plötzliche Aufschwung der Nomadenwirtschaft in der Sahelzone durch unreflektierte Entwicklungshilfe technischer, medizinischer und chemischer Art ein einziges Desaster nach sich zog. Die Erhöhung des Viehbestandes führte zu starker Überweidung des Graslandes, zur Bevölkerungszunahme und zu Konzentrationen der Rinderherden entlang der ebenfalls durch technische Hilfe angelegten Tiefwasserbrunnen. Das Grundwasser sank ab, die Wasserversorgung für Mensch, Tier und Pflanze brach plötzlich zusammen, und die Vegetationsschäden haben das Klima noch zusätzlich ungünstig beeinflußt. Eine Gesamtentwicklung, die

25

man jedoch mit einem entsprechenden Simulationsmodell durchaus hätte voraussagen können.

Die hauptsächlichen Fehler solcher einspuriger Strategien hat der Systempsychologe Dörner an einigen sehr lesenswerten Studien experimentell nachvollzogen und analysiert. Daraus geht hervor, daß wir mit unserer linearen, fachspezifischen Denkweise bei einer Haltung verblieben sind, die vielleicht bei einer früheren Dichte und bei entsprechend geringerer Vernetzung angemessen war, die aber heute zu einer zunehmenden Mißachtung der organisatorischen Grundgesetze überlebensfähiger Systeme führt und damit zu langfristigen Schäden, zu Instabilität, steigenden Kosten und schließlich Systemkollaps.

Dies gilt natürlich nicht nur für die Sahelzone, sondern ebenso für unseren eigenen Landbau, der sich, solange er sich nicht auf die Grundprinzipien solcher ganz pragmatischen Systembetrachtungen zubewegt, nur seine eigene Henkersmahlzeit vorbereitet. Ich möchte das, was man aus solchen Systembetrachtungen entnehmen kann, nun zunächst in einer thesenhaften Übersicht darstellen.

● Die zunehmende Nutzung des Bodens nach rein industriellen Wirtschaftsmethoden verführt zu Techniken, die ihn als den Träger all jener ihm entsprießenden Reichtümer zerstören und die Landwirtschaft allmählich weltweit zum ökologischen Katastrophengebiet machen. Die um sich greifenden Erosionserscheinungen in Armenien, in den USA, im Sudan oder in Südafrika — aber auch in deutschen Waldkulturen, Weingebieten und Gemüseanbauflächen —, all dies sind deutliche Alarmzeichen.

● Unsere genetischen Kenntnisse erlauben zwar die Züchtung sensationeller Getreidesorten, führen aber gleichzeitig zu noch spezialisierteren Monokulturen auf Kosten der Pflanzenvielfalt, der Diversität. Sie führen zu Kulturen, denen ein einziger Schädling den Garaus machen kann.

● Wenn wir den ökologischen Wechselwirkungen gerecht werden und das einzig sinnvolle Ziel erreichen wollen: die Landoberfläche unserer Erde in einen stabilen und profitablen Regelkreis einzubauen, dann muß das vernetzte Denken, also das Denken in Systemzusammenhängen, durch alle Ebenen gehen, bis hinein in eine völlige Umkrempelung der klassischen Landwirtschaftsausbildung. Denn von dem Ziel einer Revitalisierung und Stabilisierung der Landoberfläche, von einer Einbeziehung des Bodens und seines Anbaus in funktionierende, profitable Regelkreise sind wir weiter entfernt denn je.

Zu jeder dieser Thesen möchte ich einige bekannte Tatsachen zusammenstellen, die es erlauben, die »acht Prinzipien der Natur, die ein Überleben ermöglichen«, leichter auf diese Bereiche zu übertragen.

Zur ersten These ist wohl die wichtigste Information, daß die gewaltige Intensivierung der Bodenbewirtschaftung die für die menschliche Ernährung nötige Landfläche von 1000 Hektar pro Kopf und Jahr mit dem Beginn des Ackerbaus vor einigen tausend Jahren schlagartig auf 40 Hektar reduziert hat. Die Bewässerungs- und Anbaumethoden des Mittelalters reduzierten die Fläche noch einmal auf die Hälfte, und mit der Einführung der Liebigschen Düngemethoden um 1850 benötigten wir nur noch elf Hektar, die schließlich durch unsere moderne Agrarindustrie auf vier Hektar reduziert wurden.

Trotz der rapide angestiegenen Menschendichte kommt heute auf jeden Erdenbürger weit mehr Nahrung als je zuvor in der Geschichte — und doch verspeisen auf der einen Seite hungernde Afrikaner ihr für die kommenden Ernten vorgesehenes Saatgetreide (was, da es zudem noch mit giftigem Quecksilbermethylat haltbar gemacht war, weitere Todesopfer forderte). Oder wird in Indien die Hälfte aller Getreidevorräte von Ratten zerfressen, gehen riesige Anbaugebiete trotz oder wegen neuer Anbaumethoden durch Versalzung, Verkarstung und Versteppung verloren, während wir auf der anderen Seite mit unseren Überschüssen nicht fertig werden, sie zu Millionen Tonnen unbrauchbar machen, ja groteskerweise Milliardenbeträge — in manchen Jahren 80 Prozent der gesamten staatlichen Zuwendungen für die Landwirtschaft — als Subventionen zum Abfangen jener Überschüsse investieren, nur um die Preise zu halten.

Die somit völlig unsinnige Intensivwirtschaft mit ihren Monokulturen macht die Böden kaputt, laugt sie aus, zerstört ihre vitale Struktur, fügt künstlich Gifte und Nährsalze zu, die wiederum Nahrung und Umwelt vergiften und die Gewässer belasten. Das

Essen wird trotz der immer höheren Ernteerträge teurer statt billiger und der Hunger in der Welt von Jahr zu Jahr größer. Wo liegt die Wurzel all jener Verworrenheit, jener Widersprüche, jener aus den Fugen geratenen Ökonomie – von der Ökologie ganz zu schweigen?

Die Wurzel liegt in dem Versuch, plumpe, ineffiziente technokratische Industrieverfahren auf ein von Natur aus hocheffizientes, sich selbst stabilisierendes ökologisches Gefüge unter gewaltigem Einsatz von Fremdenergie zu übertragen, statt in Zusammenarbeit mit diesem Gefüge den größten Nutzen daraus zu ziehen.

Zur zweiten These ist zu sagen, daß die große Hoffnung der Welt für eine ausreichende Ernährung der jährlich um mehr als 70 Millionen Menschen anwachsenden Erdbevölkerung sich in den sechziger Jahren auf die sogenannte ›grüne Revolution‹ gerichtet hatte. Genetische Tricks und Kreuzungsversuche führten zur Züchtung extrem ertragreicher, widerstandsfähiger, klimaunabhängiger Getreidesorten.

In der Tat steigerte ihre Einführung in manchen Ländern zunächst die Getreideproduktion auf ein Mehrfaches. Israel konnte durch geschickte Kombination solcher Methoden seinen landwirtschaftlichen Ertrag zwischen 1956 und 1968, also in zwölf Jahren, auf das Fünffache erhöhen, und auch Kenia wurde durch die Einführung neuer Getreidekreuzungen sehr bald zum Getreide-Exportland: Sein Ertrag war auf das Sechsfache gestiegen.

Inzwischen wird die ›grüne Revolution‹ von Experten schon als gescheitert betrachtet. Denn es fehlt meist an den hierfür nötigen künstlichen Bewässerungssystemen, an einer raschen Verteilungsmöglichkeit, an genügend nährstoffreichen, nicht ausgelaugten Böden und nicht zuletzt an günstigen Wetterbedingungen, um so großartige Bastardgetreide wie den Borlang-Weizen mit seinen zwei- bis dreifachen Ernteerträgen überhaupt ernähren zu können. Solche Sorten verlangen zum Teil einen bis zum fünfundzwanzigfachen Düngereinsatz gegenüber Normalgetreide.

Der springende Punkt liegt aber noch woanders: Die genetische Basis von Nahrungspflanzen wird durch Züchtung und Spezialisierung stark auf bestimmte Resistenzgene eingeengt, die Anpassungsfähigkeit der neuen Sorten dadurch verringert und die Anfälligkeit für unvorhergesehene Krankheiten erhöht. Ein Bei-

28

spiel bietet der gewaltige Rückschlag der amerikanischen Maisernte, der Anfang dieses Jahrzehnts statt zu den erwarteten Rekordüberschüssen zu Ernten führte, die noch 20 Prozent unter der Eigenbedarfsmenge lagen. Und dies mit einem Wundergetreide, das hohe Resistenz gegen Krankheitserreger, rasches unkompliziertes Aufwachsen und weit mehr Körner pro Pflanze aufwies. Was war passiert?

Durch die einseitigen Änderungen innerhalb des ökologischen Systems, also durch den unkybernetischen Eingriff in ein vernetztes System, hatte sich ab 1970 ein bis dahin kaum auffallender Pilz, eine Mehltauart, rapide entwickeln können und von Florida bis Kanada und Nebraska, wo die Farmer ihre Felder schon zu 80 Prozent mit der neuen Wundersorte bestückt hatten, diese mit einer milchigen Schicht überzogen und zum Abfaulen gebracht. Feld für Feld der neuen Monokulturen wurde heimgesucht und fiel in wenigen Tagen dem Siegeszug des explosionsartig sich vermehrenden Pilzes zum Opfer, dem keine Bekämpfungsmethode mehr etwas anhaben konnte. Die typische Folge einer auf kurzsichtige Ertragssteigerung ausgerichteten Agrarpolitik, die, von der Mehrproduktion fasziniert, für Nebeneffekte im vernetzten System blind war.

Ich will keinesfalls die großartigen Möglichkeiten bestreiten, die uns im Prinzip solche genetischen Versuche zur Herstellung neuer Pflanzensorten bieten — hierzu gehört auch die inzwischen in Angriff genommene Entwicklung stickstoffbindender, also von künstlicher Nitratzufuhr unabhängiger, und krankheitsresistenter Pflanzen, die Pestizide überflüssig machen sollen, oder auch die Möglichkeit, den Nährstoffgehalt von Pflanzen durch Steigerung ihrer Photosynthese anzuheben. Diese Möglichkeiten werden natürlich nur dann über einen kurzfristigen Produktionsrausch hinausgehen und eine echte Milderung der Welternährungskrise herbeiführen, wenn sie erstens nicht jedesmal neues teures Saatgut verlangen, sondern selbstreproduzierbar sind. Zweitens aber helfen selbst die besten wissenschaftlichen Tricks nur dann etwas, wenn man sich die existierenden Symbiosen und Wechselwirkungen in den natürlichen Systemen zunutze macht. Wechselwirkungen, die in einem Ökosystem mit Tausenden anderer Lebensformen und darüber hinaus mit der Bodenstruktur und seiner Mikroflora, mit Wasserkreislauf, Wind, Wetter und der Verteilung der Nutzpflanzen im Raum in einem Gleichgewicht stehen, in tropischen Regionen ebenso wie bei uns.

Der vor allem von den Bürokraten unserer Landwirtschaftsindustrie ausgeübte Drang zur besseren Ausnutzung durch erhöhte Gleichförmigkeit in der Landwirtschaft, durch Monokulturen, führt daher gegenüber einer kleinräumigen Struktur bestenfalls nur zu einer Scheineffizienz, wobei die überhöhte Mineraldüngung die Anbaufehler nur kaschiert. Dann sieht man das gelegentlich auftretende Endergebnis, wenn die mit steigenden Kosten verdeckte Erosionstendenz durchbricht; wenn durch eine erzwungene einseitige biochemische Wechselwirkung mit dem Boden z. B. die wichtige Saprophytentätigkeit im Boden vernichtet wird, die Wasserhaltefähigkeit abnimmt, die Ausschwemmungen zunehmen, was wieder erhöhte Düngung verlangt, die natürliche Resistenz der Pflanzen gegen Krankheiten und Schädlinge praktisch aufhebt, dadurch steigenden Pestizideinsatz verlangt, der wieder weitere Regelkreise auseinanderbricht, was alles zusammen letztendlich den Boden bis zur völligen Erosion zerstört – wie beispielsweise in Weinbaugebieten der Pfalz.

Gerade die bisherigen Programme der FAO, nämlich unser Welternährungsproblem durch eine weitere Intensivierung der klassischen Anbauverfahren unter Einsatz höchst ertragreicher Getreidearten zu lösen, dürfte sich als ein kurzsichtiges und vielleicht tödliches Vorhaben erweisen.

Denn ertragreiche Getreidearten verlangen auch ein gesteigertes Bodenleben. Wird dies nicht in Gang gesetzt oder gar gestört, so tritt die Katastrophe über kurz oder lang mit aller Konsequenz ein. Die bei Monokulturen gesteigerte Anfälligkeit gegenüber speziellen Krankheiten und der dadurch erforderliche gewaltige Pestizid- und Düngemitteleinsatz wird, wie das schon vielfach geschehen ist, die lokalen Ökosysteme auseinanderbrechen, eine Langzeitproduktion torpedieren und die unterentwickelten Länder gleichzeitig im höchsten Maß von den agrarchemischen Industrien der reichen Länder abhängig machen.

Mit dem Hinweis auf den Hunger in der Welt, der jenen Industrien als willkommenes Argument dient, lassen sich jedenfalls glänzende Geschäfte machen. Die in der Bundesrepublik erzielte Erhöhung des landwirtschaftlichen Ertrags um 50 Prozent pro Hektar verlangte nämlich 350 Prozent mehr Dünger und 1350

Prozent mehr Pestizide. Nach der jüngsten Bonner Verordnung zum Nahrungsmittelschutzgesetz wird die zugelassene Menge einer Reihe giftiger Pflanzenschutzmittel sogar wieder erhöht. Bisher verbotene Gifte wie Aldrin und Diäldrin sind seit neuestem sogar in einer fünfhundertfach größeren Menge als etwa 1966 zugelassen. Das größte Geschäft scheinen dabei die Herbizide zu sein, die Unkrautvernichtungsmittel.

Die bekannten Entlaubungsgifte wie 2,4,5T oder 2,4D sind heute gegenüber vor zehn Jahren in der fünffachen Menge zur Anwendung freigegeben. Wenn dann schließlich einmal die Gefährlichkeit einer Substanz so massiv nachgewiesen wird, daß sie zurückgezogen werden muß, zwingt dies lediglich zur Lancierung immer neuer, zunächst auch wieder für harmlos befundener Produkte, so daß die Liste immer weiter anwächst. Viele neue Substanzklassen, wie z. B. die Toxaphene, sind vielleicht vor allem deshalb harmlos, weil man noch nichts über sie weiß!

Doch auch die zunehmende Resistenz der bekämpften Schädlinge läßt die Liste jener Stoffe anwachsen. Nach Mitteilungen der Weltgesundheitsorganisation (WHO) sind nämlich aus den 80 Insektenarten, die in den sechziger Jahren resistent geworden waren, inzwischen über 200 Arten geworden. Schädlingsvarianten, die mit bisher wirksamen Insektiziden nicht mehr bekämpft werden können. Darunter 105 Überträger epidemischer Krankheiten wie Malaria und Gelbfieber.

Die hier angesprochenen gefährlichen Nebenwirkungen wie auch die allmähliche Wirkungslosigkeit für den eigentlichen Zweck lassen natürlich auch die Landwirte und Farmer allmählich daran zweifeln, ob sie sich weiter einen dubiosen Fortschritt aufschwatzen lassen sollen und ob das für hunderttausende Tonnen von Pestiziden ausgegebene Geld sich auf lange Sicht tatsächlich in einem Rückgang der Schädlinge und Unkrautarten niederschlägt, oder ob man mit etwas intelligenteren und dafür billigeren Methoden nicht vielleicht weiterkommt und damit dem Kampf gegen den Hunger in der Welt mehr dient.

Welche Möglichkeiten ergeben sich aus einem vernetzten Denken? Ein Beispiel: Auf den ausgedehnten Maisplantagen in Kuba konnte ein Schädling allein durch das Zwischenpflanzen von acht Meter breiten Streifen von Sonnenblumen, deren Samen natürlich ebenfalls geerntet wurden, erfolgreich und drastisch reduziert werden. Einen ähnlich verblüffend einfachen Erfolg erreicht man durch bloßes steuerndes Eingreifen in die Pflanzenentwicklung. Schon eine Verkürzung der Zeit zwischen Saat und Durchbruch der Nutzpflanzen reicht aus, um den Unkräutern zuvorzukommen und sie wörtlich zu überschatten. Umgekehrt genügt es oft, den Winterschlaf des Unkrauts mit einfachen Techniken zu unterbrechen und es zu einem verfrühten und damit tödlichen Wachstum zu bringen. Auch das Häufeln oder Nichthäufeln eines Saatfeldes oder Setzfeldes entscheidet oft schon allein, ob ein Schädlingsbefall eintritt oder nicht.

Hier auf diesem Dienstleistungssektor einer praktischen landwirtschaftlichen Aufklärung könnten unsere öffentlichen Gelder für die Landwirtschaft wahrscheinlich nutzbringender und mit einem weit größeren Langzeiteffekt eingesetzt werden als in der Subvention für die Beschaffung energieintensiver Düngemittel oder für teure maschinengerechte Flurbereinigungsprogramme.

Im Prinzip kann man auch die natürlichen Regelmechanismen eines Ökosystems so nutzen, daß sich jedes Glied des Nahrungsnetzes als biologische Waffe gegen Unkraut oder tierische Schädlinge mobilisieren läßt. Wo dies angewandt wird, sind die erzielten Erfolge zum Teil umwerfend. Auch hierfür einige Beispiele:

Der Import vieler Millionen Mistkäfer im Wert einer halben Million Mark von Mosambik nach Australien 1972 stellte wohl eines der seltensten Handelsabkommen zwischen zwei Regierungen dar. Folgendes war geschehen: Die beunruhigende Zunahme krankheitsübertragender Fliegen in Australien schien an der ungehemmten Vermehrung ihrer Eier und Larven in den rund 200 Millionen Kuhfladen zu liegen, die täglich auf das australische Land niedergingen. Da diese Rinderherden aus Schottland und Texas importiert waren, war ihr Dung offenbar im genetischen Programm der australischen Mistkäfer nicht vorgesehen und wurde von ihnen verschmäht. Sie waren auf Känguruhdung eingeschworen. Statt nun die australischen Weideflächen mit einer DDT-Wolke zu übersprühen, ging man an die vernetzten Ursachen und fügte mit den importierten Mistkäfern das fehlende Glied in den Kreisprozeß Boden-Gras-Rind-Abfall-Boden ein. Bei dem reichhaltigen Nahrungsangebot an Kuhfladen genügt ein Antippen mit einem Tausendstel der nötigen Anzahl Käfer, deren Vermehrung sich rasch von alleine auf die richtige Zahl einpendelte.

Die richtige Kombination also ersparte der Umwelt nicht nur eine Belastung durch Chemikalien, sondern erhebliche Summen dem Staatshaushalt. Ein wichtiges, weiteres Beispiel für ein ökologisch richtiges Wirtschaften stammt aus der amerikanischen Fachzeitschrift *Science*. Es ging darin erstmals um den materiellen Wert ungestörter Lebensräume − ausgedrückt in Dollar! Danach beläuft sich zum Beispiel die Leistung eines gesunden Feuchtgebietes auf rund 20 Millionen Dollar je Quadratkilometer. Soviel würde es nämlich kosten, um diese Leistung durch Wasserreinigungsanlagen, Fischkulturen, Grundwasserspeicherung und künstliche Düngung zu ersetzen. Eine Reihe ähnlicher Beispiele folgte. In allen Berechnungen spielte die Vogelwelt eine Schlüsselrolle als wichtigstes regelndes Glied einer leistungsfähigen Natur.

Andere Beispiele sind Raubmilben, die die rote Spinne in den Gärtnereibetrieben vertilgen, Marienkäfer und Florfliegenlarven, die sich durch Blattläuse ernähren, bestimmte Vogelarten, die den kleinen Frostspanner verspeisen, sie alle sind natürliche Feinde, die zum großen Teil den synthetischen Insektiziden ebenso zum Opfer fielen wie die eigentlichen Schädlinge, was dann zur Freude umsatzgieriger Firmen zu der totalen Abhängigkeit von der Chemie führte. So werden auch die äußerst billigen Methoden einer Wiedereinführung solcher Spezies und ihres Schutzes etwa durch Hecken und letztlich die gesamte biologische Schädlingsbekämpfung in diesen Kreisen ungern gesehen. Denn diese Forschung resultiert leider nicht in einem Endprodukt, das die chemische Industrie waggonweise produzieren und verkaufen kann.

Ebensowenig wie die Natur einen Unterschied zwischen Nützling und Schädling macht, sondern alles in ein stabiles Regelgefüge einbaut, kennt sie auch keinen Unterschied zwischen Produkt und Abfall. Denn nichts auf der Welt ist nicht in irgendeiner Weise verwertbar. Es gibt nur Stauungen innerhalb von Kreisprozessen, und eine echte Beseitigung sogenannten Abfalls ist erst dann erfolgt, wenn man ihn in einen solchen Kreisprozeß wieder eingeschleust hat.

Das geschieht keineswegs dadurch, daß man in linearer Denkungsweise nun eine Anlage zur Vernichtung der Sägemehlabfälle eines Holzbetriebs baut, daß man die konzentrierten Schlämme einer Nährmittelfabrik deponiert, statt ins Wasser schüttet, den Siedlungsmüll geordnet ablagert oder verbrennt, oder daß man Hunderttausende Tonnen scharfriechender Fäkalien aus den Massentierhaltungen in die Flüsse kippt und ein zusätzliches Klärwerk für Abwässer baut. Denn all dies sind, obwohl gut gemeint, nichts anderes als technokratische Einbahnstraßen, die den Umweltschutz so teuer und letztlich doch unwirksam machen. Eine systemgerechte, ökologisch und ökonomisch viel interessantere Lösung wäre, wenn man all diese Beseitigungsaufgaben in einem profitablen Kombinationsprozeß vereinigen würde.

In diesem Fall würden völlig andere Technologien eingesetzt werden, als wenn man die Probleme einzeln angeht. So käme man ohne ein neues Klärwerk aus, wenn die bestehenden Klärwerke ihr Phosphat- und Nitratproblem mit Algen lösen würden. Doch wohin dann mit den Algen? Ganz einfach! Zu den Massentierhaltungen. Denn diese könnten mit den Algen ihre scharfe Gülle und den bakteriell verseuchten Mist schlagartig geruchsfrei machen, aerob verrotten und hygienisieren und könnten wieder Stroh in die Ställe einführen. Die Holzabfälle der Sägewerke und ein Teil des Siedlungsmülls könnten kompostiert werden und würden mit dem verrotteten Mist aus den Massentierhaltungen das nötige organische Strukturmaterial und reichhaltig Mikroben zur Revitalisierung der Böden liefern. Die Nährmittelfabriken könnten ihre Abfälle ebenfalls verkompostieren und wertvolle Humusstoffe beitragen, so daß man ein profitables, marktfähiges Endprodukt herstellen könnte — gegebenenfalls unter Zumischung von Mineralstoffen —, das genauso streufähig ist wie Mineraldünger, jedoch Bodenstruktur und Wasserhaltung verbessert, eine langsam wirkende Düngung sichert, den Boden revitalisiert und gesündere, giftfreie Pflanzen erzeugen hilft. Der frühere Zustand, wo fünf verschiedene Abfallprobleme trotz teurer Beseitigungsverfahren zu einer fünffachen Umweltbelastung führten, könnte so ohne zusätzliche Kosten ein Ende finden.

Die acht biokybernetischen Grundregeln sind Organisationsmerkmale der Ökologie, die zunächst noch phänomenologisch erklärt werden müssen, die aber vielleicht einmal zu mathematisch beschreibbaren Systemerhaltungssätzen führen werden.

Auch und besonders die Landwirtschaft muß sich an diesen biokybernetischen Grundregeln orientieren. Gerade sie müßte sich eigentlich dabei leichter tun als andere Wirtschaftszweige, die den natürlichen Regelmechanismen stärker entfremdet sind. Wir beobachten jedoch immer noch die umgekehrte Entwicklung: eine Tendenz zur Agrarindustrie mit Monokulturen, Massentierhaltungen, steigender Abhängigkeit von Fremdenergie und steigendem Pestizid- und Kunstdüngereinsatz. Ich versuchte zu zeigen, daß diese Entwicklung gegen die Grundregeln überlebensfähiger Systeme verstößt und, soweit man das heute absehen kann, absolut falsch ist. Eine dieser Regeln möchte ich nun zu meinem sechsten und letzten Aspekt herausgreifen: das Prinzip des Jiu-Jitsu, einer asiatischen Selbstverteidigungsart. Es geht hier um den Einsatz bereits existierender Kräfte und Energien und deren Steuerung und Umlenkung im gewünschten Sinne. Dies im Gegensatz zum Boxen, wo man die vorhandenen Kräfte zunächst durch Gegenkräfte auf Null bringt, um dann noch mal mit weiteren eigenen Kräften das eigentliche Ziel zu erreichen.

Eine doppelte Vergeudung von Kraft, die beim Jiu-Jitsu durch einen Bruchteil an Steuerenergie ersetzt wird. In der Natur führt dieses Prinzip, durch Energiekopplung und Energiekaskaden ergänzt, daher zu jenem unwahrscheinlichen Wirkungsgrad biologischer Systeme, von denen unsere Ingenieure kaum zu träumen wagen. Daran gemessen sind auch viele Fälle von Flurbereinigung nichts anderes als Strukturvernichtung, das heißt die aufwendige brutale Zerstörung einer optimalen, stabilen biologischen Produktionssituation und deren Ersatz durch eine großmaschinengerechte Einheitslandschaft.

Nun, warum nicht, wird sich mancher fragen. Die Antwort ist einfach. Einheitsstruktur bedeutet für jedes System die Auflösung seines Wirkungsgefüges und damit seiner optimalen Effizienz in Produktion und Energieverbrauch. Die Rückwirkung ist also doppelt tragisch. Man verzichtet nicht nur in dümmlicher Boxermentalität auf eine clevere Nutzung kostenloser Kräfte, sondern zerstört auch die Organisationsform, die überhaupt erst eine profitable Nutzung der Natur erlaubt. Daß in der Tat die Artenvielfalt, also die Unterschiedlichkeit der Bestandteile eines Systems für dessen optimalen Zustand wichtig ist, läßt sich nicht nur für Urwälder, sondern auch für landwirtschaftlich nutzbare Regionen beweisen.

Wenn man die Gesamtproduktivität eines Ökosystems an Biomasse bei unterschiedlicher Diversität untersucht – das hat z. B. Helmut Lieth von der Universität von North Carolina gemacht –, dann stellt man fest, daß die Produktivität mit der Diversität und damit auch mit der Selbstregulationsfähigkeit ansteigt und sich auf ein Optimum einstellt. Dieses Prinzip zeigte sich in den unterschiedlichsten Gegenden und unabhängig von der Temperatur, den Niederschlägen und anderen äußeren Faktoren.

Daß dies nun ganz im Sinne des Jiu-Jitsu-Prinzips mit einem minimalen Energieaufwand einhergeht, zeigten Untersuchungen an der Washington University, die von der National Science Foundation finanziert wurden. Bei einer Gegenüberstellung der detaillierten Bilanzen u. a. einer sorgfältigen Energiebilanz von jeweils 16 vergleichbaren Farmen des gleichen Getreidegürtels ergab sich zunächst einmal ein nachweislich gleicher Ertrag unter echten Kontrollbedingungen, wobei die Betriebskosten bei den organisch betriebenen Farmen nicht etwa ansteigen, sondern von 27 Prozent der Gesamtkosten auf 19 Prozent absanken, der Gewinn demnach höher war. Das verblüffendste Resultat lag jedoch auf dem Energiesektor, wo die Gruppe der konventionellen Farmen (mit ihrer Monostruktur und ihrem hohen Einsatz an Pestiziden, Industriedüngern und Maschinisierung) fast dreimal so energieintensiv war wie die biologische Gruppe, obgleich diese den gleichen Ertrag und den gleichen Marktwert erzielte. Dabei wurden der indirekte volkswirtschaftliche Nutzen über die er-

höhte Wasserhaltefähigkeit der Böden, die verringerte Gewässer-
belastung, die gesparten Klärwerke, die rückstandsfreien Nahrungsmittel, die Revitalisierung der Böden und die verhinderte
Langzeiterosion gar nicht einmal berücksichtigt.

Ein optimaler Landbau mit optimaler Biomasse-Produktivität
und ohne die erwähnte Energieabhängigkeit kann offenbar nur
dann entstehen, wenn sich der Ernährungsmarkt und zum Teil
auch die Ernährungsgewohnheiten den gegebenen Bodenstruktu-
ren, Klimabedingungen und Produktionsstrukturen anpassen
und ihre Strategien auf ökologischer Grundlage ausarbeiten.

Machen wir uns nichts darüber vor: Die Wirklichkeit sieht
noch gänzlich anders aus. Einmal angekurbelte Programme der
Flurbereinigung laufen stur weiter − noch dazu unter dem Män-
telchen des Umweltschutzes −, trotz solcher Erkenntnisse und
obgleich sie für beide, die öffentliche Hand wie für den Landwirt,
teuer sind, einen hohen Aufwand für Straßenbau verlangen, die
Erosion beschleunigen und jene gewachsenen Strukturen und
ihre Selbstregulationsfähigkeit zerstören. Das Ergebnis ist teure,
unproduktive Einfalt statt billige, natürliche Vielfalt. Die hohe
Diversität bis hin zu den windschützenden und erosionsverhüten-
den Hecken mit ihrem gleichzeitig insektenvertilgenden Vogelbe-
stand, diese Diversität, die ja gerade deshalb auch noch die höchste Biomasse-Produktion liefert, weil sie den längsten Energiefluß
besitzt und damit die höchste Sonnenenergienutzung − sie wird
nicht etwa zum eigenen Profit kybernetisch, das heißt mit geringen Informationsenergien gesteuert, sondern unter Einsatz hoher
Kosten und Energien einfach vernichtet und eine wiederum ener-
getisch und auch finanziell teure Kunststruktur an ihre Stelle gesetzt.

Das Prinzip des Jiu-Jitsu wird, wo wir auch hinschauen, kraß
verletzt. Bei den Monostrukturen unserer hochtechnisierten
Wohnsiedlungen z. B. setzt sich die Zerstörung von Biotopen bis
in die Art unserer Gebäude und Wohnungen fort. Die zwischen-
menschliche Kommunikation wird zerstört und erzwingt eine zunehmende Isolierung.

Hier wie in der Landwirtschaft verfahren wir mit den biotop-
gerechten Strukturen wie beim Boxen: Bringen die Kraft des
Gegners unter hohem Energieaufwand zunächst auf Null und
setzen dann noch einmal die gleiche eigene Energie ein, um end-

lich das zu erreichen, was wir wollen – wenn wir es überhaupt erreichen. Deprimierende Beispiele dieser Art gibt es genug, auch im Großen. Etwa bei der genannten Sahelzone oder bei dem kurzsichtigen Abholzen der Urwälder von Madagaskar bis zum Amazonas. Ein Abholzen zum einmaligen industriellen Profit, das lediglich eine Kultivierung für höchstens zwei bis drei Ernten erlaubt und dann eine permanente Erosion, Klimaveränderungen und Verelendung der Bauern nach sich zieht.

Solche Gewalteingriffe in ökologische Systeme mögen vielleicht ein höheres Machtgefühl geben, als wenn man nach dem Prinzip des Jiu-Jitsu den »Gegner auf sich zukommen läßt und ihn mit einem eleganten Hebeltrick ohne Krafteinsatz auf die Matte bringt«. Aber wir glauben es ja längst unseren Technokraten, daß sie mit ihren Industrien und Maschinen gewaltige Kräfte in Art des Boxers einsetzen können. Nur können wir es uns nicht mehr leisten, dieses plumpe, ineffiziente technokratische Denken auch noch dort auszubreiten, nämlich in der Natur.[4]

Die immer umfangreicheren Zusammenbrüche von Beziehungsgeflechten im Biosystem müssen mit steigendem finanziellen und materiellen Aufwand ›repariert‹ werden, wobei uns oft zu Beginn mancher Maßnahmen klar ist, daß es sich um eine Alibi-Maßnahme oder gar Verschlimmbesserung handelt, die im Grunde nur Kosten bringt und den Schaden bestenfalls verlagert, meist jedoch weitere Reparaturen nach sich zieht.

Das Erschrecken über solche Verluste, in die unsere Volkswirtschaft mit jeder Zerstörung eines natürlichen Systems, also auch eines Feuchtgebietes, unversehens hineinstolpert, ist nicht nur deshalb verständlich, weil wir Jahr für Jahr immer höhere Geldsummen in Klärwerke, künstliche Düngung, Bodenbearbeitung, Insektizide – verbunden mit einem inzwischen verzwanzigfachten Energieverbrauch –, also in den Naturhaushalt hineinstecken müssen, nur um selber weiterleben zu können; sondern das Erschrecken zeigt auch, daß wir uns eines bisher kaum klargemacht haben: wie eng wir Menschen nicht nur durch Gefühl und den Sinn für Erholung mit der Natur verbunden sind, sondern wie sehr wir volkswirtschaftlich auf das Ingangbleiben vielfältiger natürlicher Lebensräume angewiesen sind. Es werden der Volkswirtschaft jährlich Hunderte von Milliarden erspart, weil es sich selbst steuert.

Warum betone ich eine solche Kosten/Nutzen-Untersuchung? Werden sich doch viele Menschen, die kein Verhältnis zur Natur, zu Pflanzen und Tieren haben, mit der Ausrede beruhigen, daß im Laufe der Geschichte schon viele Arten ausgestorben sind und daß letztlich die Natur für uns da sei und nicht wir für sie. Aber gerade bei diesem Punkt möchte ich etwas Selbstverständliches zu bedenken geben: Natürlich kann die Natur nur dann für uns da sein, wenn sie ordnungsgemäß arbeitet. Gerade harte Rechner, die kalkulieren können, Volkswirtschaftler, die eine zukunftsbezogene Politik im Auge haben, werden ebenso folgern müssen und vielleicht über diesem wirtschaftlichen Denken − was durchaus auch ein natürliches Denken ist, denn nichts arbeitet wirtschaftlicher als die Natur − wieder ein neues Verhältnis zum Erhalten lebendiger Systeme finden.[3]

Da aber im Augenblick in nahezu allen Bereichen im Umgang mit der Natur − und die Beispiele aus der Landwirtschaft, dem ›Wirtschaften mit dem Land‹ zeigen dies in aller Deutlichkeit! − noch das alte Denken vorherrscht, was bedeutet, daß weltweit wir den Systemcharakter unserer Unternehmungen und Volkswirtschaften ignorieren, driftet die Situation in vielen Systemen auf eine ernsthafte Belastung, ja sogar Zerstörung zu. Die meisten Menschen fahren fort, in kurzsichtigem Egoismus die Welt weiterhin als ein mit fachblindem Expertentum zu eroberndes Spielfeld zu sehen, jedes Projekt für sich anzugehen und sich dabei lediglich auf die Perfektion von Details, von Einzelabläufen zu konzentrieren, ohne die Gesamtzusammenhänge und damit die Gesetzmäßigkeiten einer lebensfähigen Systemstruktur zu beachten. Allein der schon damit zwangsläufig verbundene Zerfall des Zusammenspiels vieler kostenloser Regulations- und Selbstregulationsvorgänge in unserer Natur, also von Wasser, Luft, Boden, Pflanzenwelt, Tierwelt und Mikroorganismen, auf deren Leistung wir auch mit einer noch so hoch entwickelten Technik auf Gedeih und Verderb angewiesen sind, dürfte zu einer untragbaren wirtschaftlichen Belastung führen.

Obgleich es also schon aus diesen Überlegungen heraus offensichtlich ist, daß alles, was wir tun, um so teurer wird, je mehr von diesen Selbstregulationsvorgängen ausfallen, sträubt man sich vielfach, die Konsequenzen zu ziehen. Man vermißt die gesetzmäßige Begründung und ist daher geneigt, entsprechende

Vorkommnisse, wie etwa das Waldsterben, die Krise der Stahlindustrie oder die Desaster von Tschernobyl oder Sandoz, lediglich als Unfälle anzusehen, ja glaubt, daß jene Pannen und Instabilitäten an einer lediglich noch nicht genügend detaillierten Untersuchung und Optimierung der Einzelabläufe liegen.

Leider zeigt aber die Praxis, daß wir auch aus der genauesten Datenerfassung von Einzelfaktoren nicht das geringste über ihre Rolle im System erfahren und damit auch nichts darüber, wo dessen Möglichkeit und Gefahren wirklich liegen. Ich zitiere hier nur ein paar Sätze aus einer Systemanalyse über das Waldsterben von W. F. Grossmann im Rahmen einer Untersuchung des Österreichischen Forschungszentrums Seibersdorf, die das erste in sich geschlossene Erklärungssystem für die Waldschäden erbrachte. Dort heißt es:

»Das Waldsterben ist ein erstes auffälliges Symptom einer außerordentlich bedrohlichen Verschlechterung der Umweltsituation, quasi eine ›Frühwarnung‹ vor weitergehenden Gefahren. Der Wald ist dabei nur der sensibelste Bereich der Umwelt. Wenn der Wald sterben müßte, würde kein Teil der Umwelt verschont bleiben. Aufgrund der zu erwartenden Selbstbeschleunigung der Schäden, sind Gegenmaßnahmen jetzt wesentlich wirkungsvoller als bei einem weiter fortgeschrittenen Waldzerfall.«

Unsere eigenen Ausrechungen, die ich in dem Buch *Ein Baum ist mehr als ein Baum* dargelegt habe, haben ja ergeben, daß zwar der jährliche Holzzuwachs eines Baums mit nur 2,70 DM zu Buche schlägt, daß aber die unentgeltlichen Gesamtleistungen eines Baums, die wir sonst durch technische Mittel ersetzen müßten, auf rund 5300 DM pro Jahr kämen, womit sie die 2,70 DM für den jährlichen Holzwertzuwachs pro Baum um fast das Zweitausendfache überträfen.

Grossmann betont aber dann weiter – ganz im Sinne unserer Systembetrachtung und der acht Grundregeln –, daß die Emissionsverminderung im Bereich der Wirtschaft oft mit Produktvorteilen oder grundlegenden Modernisierungen verbunden werden kann. Damit sei aber das Waldsterben nicht unbedingt ein Grund zur Resignation, sondern könne einer der wichtigsten Motoren sein, Fortschritt in weiten Bereichen zu erreichen.

Solche Gedanken sind jedoch den Abwehrspezialisten rückständiger Industriezweige noch immer recht fremd. Sie sehen

Fortschritt nicht in der Metamorphose, sondern nur im fortschreitenden Wachstum bestehender Produktionen. Wirtschaftswissenschaftler wie F. Malik und M. Colombo vom Management-Center St. Gallen betonen daher nicht zu Unrecht, daß in den Industriestaaten ganze Generationen von Managern ausgebildet worden seien, die nur fähig seien, Betriebe in guten Zeiten – womit steigender Umsatz gemeint ist – zu führen. Sie halten es für »die vielleicht gefährlichste Schwäche der Wirtschaft überhaupt, wenn Wachstum nicht als Chance, sondern als Notwendigkeit angesehen werde«. Genau das letztere werde aber unseren Führungskräften in unserer Ausbildung vermittelt, womit dieses Wissen eben nur für Wachstumsphasen tauge.

Was dabei herauskommt, zeigt diese Grafik: Bei Wachstumsabhängigkeit überschreitet man leicht den kritischen Punkt, das Abbiegen in die Waagerechte. Negative Rückkopplungen, die ein Abbiegen herbeiführen würden, aber gleichzeitig auch Impulse zur Innovation, zur Metamorphose geben könnten, werden ausgeschaltet. Flexibilität, die ja das wichtigste Potential zur

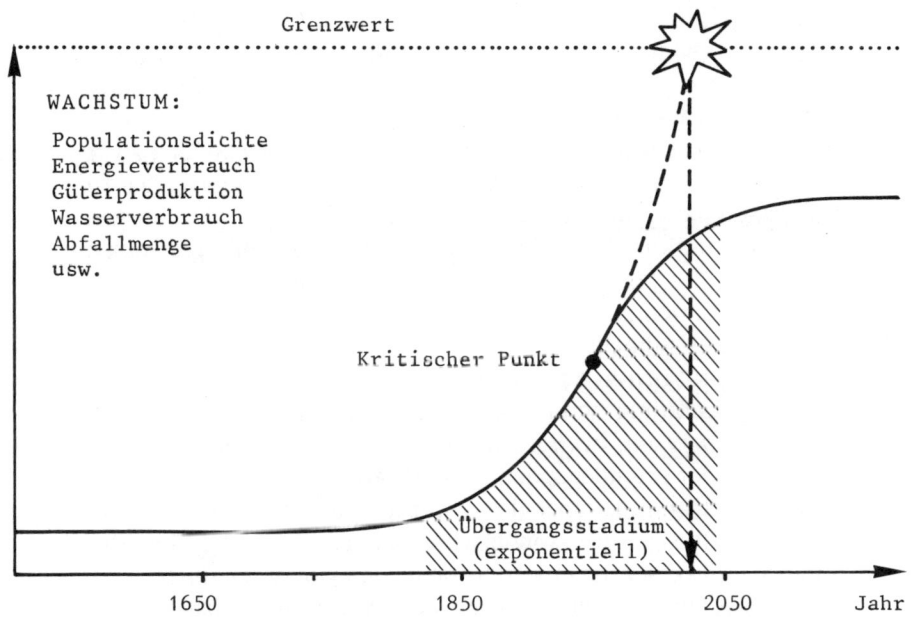

Abb. 4: Logistische Wachstumskurve und Grenzwertüberschreitung

41

Anpassung darstellt, wird nicht als Unternehmensressource gepflegt, sondern wegrationalisiert. Man flüchtet sich in Subventionen, Protektionen und ähnliches, freut sich, daß man auf der gestrichelten Linie weitermarschiert – und produziert immer mehr am Markt vorbei. So stößt man schließlich an absolute Grenzwerte, die nun kein Abbiegen mehr in eine stationäre Phase erlauben. Der Sturz nach unten ist vorprogrammiert.

Viele ehemals klare Unternehmensziele, wie Produktionswachstum, Gewinnmaximierung, Umsatzsteigerung, sind daher heute nicht mehr die richtigen Orientierungsgrößen. Wenn wir brauchbare Zukunftsprognosen und entsprechende Strategien entwickeln wollen, so ist das nur möglich, wenn es gelingt, in der besonderen Selbstregulation und spontanen Ordnungs-Bildung komplexer Systeme und in all den damit verbundenen Vorteilen eines kybernetischen Wirtschaftens den tieferen Sinn unserer Zielvorstellungen zu sehen und damit weit bessere Orientierungsgrößen zur Hand zu haben.

Man darf vermuten, daß mit einem Denken, das sich in dieser Weise von den Zwängen einer unangebrachten mechanistischen Vorstellung befreit hat, viele technische und Umweltprobleme unserer Gesellschaft ebenso rasch in sich zusammenfallen wie die sich häufenden Fehlentscheidungen in unseren großen Unternehmungen, über die ja die Wirtschaftspresse laufend berichtet.

Das anschaulichste Beispiel für die mit dieser Grundvorstellung angestrebte, spontane, sich selbst generierende Ordnung ist natürlich wieder der lebende Organismus. Und dort, wo Kybernetik seit eh und je funktioniert, im biologischen Geschehen, bedeutet diese Bio-Kybernetik keineswegs detaillierte Vorprogrammierung oder zentrale Steuerung, sondern lediglich Impulsvorgabe zur Selbstregulation, Antippen von Wechselwirkungen zwischen Individuum und Umwelt, Stabilisierung von Systemen und Organismen durch Flexibilität, Nutzung vorhandener Kräfte und Energien und ständiges Wechselspiel mit ihnen. Durch Fluktuation, nicht durch Starrheit, wurde dieses Vorgehen zum Garant des Lebens, gewann die Natur ihre nie erlahmende Stabilität und Stärke. Das hat auch Friedrich August von Hayek in seinen Schriften sehr deutlich gemacht, wenn er sagt: »Mit der Bildung spontaner Ordnung sind weit komplexere Systeme erreichbar, als je durch bewußte Planung und Schaffung möglich ist.«

42

Neben neuen Planungsansätzen und Entscheidungshilfen ergeben sich daraus nicht zuletzt auch neue Unternehmensleitbilder, deren Hauptkriterium es ist, anstelle der kybernetisch irrelevanten Gewinnmaximierung die Maximierung ihrer Lebensfähigkeit anzustreben. Und die ist wiederum nur in Symbiose mit dem Gesamtsystem gegeben. Auf dieser Grundlinie eines systemorientierten, evolutionären Managements zeigt sich dann sehr rasch, daß Überleben weit mehr bedeutet als Fortschreibung des Bestehenden oder gar bloßes Vegetieren. Es schließt spontane Weiterentwicklung, Entfaltung und Evolution eines Systems wie auch seiner Glieder mit ein.[1]

Nicht die Natur sollten wir zwingen, nach unseren unvollkommenen Technologien und zum Teil idiotischen Organisationsformen zu arbeiten, sondern umgekehrt sollten wir versuchen, wie es z. B. die Stiftung Mittlere Technologie in Kaiserslautern anstrebt, unsere im Grunde primitiven industriellen Verfahren und Organisationsformen in Anlehnung an jene effizienten Biotechnologien allmählich zu vervollkommnen.[2]

Verfahren wir jedoch weiter so wie bisher, werden unsere rüden Methoden die natürlichen Systeme so lange schädigen, bis ein Zusammenbruch eines Großteils für den Menschen auch tödliche Folgen hätte. Dies zu verhindern und, im Gegenteil, die natürlichen Systeme wieder zum Wohl des Gesamten zu stärken, ist Aufgabe der Ökologie.

Damit hat auch die Ökologie ihre eigene, über dem Alltagsmenschen stehende Instanz gefunden, an deren Kriterien sie auch menschliches Handeln überprüft, so wie die Theologie dies an den heiligen Schriften tut oder die Soziologie an denen von Marx oder Hegel. Das bedeutet für den Ökologen, daß in dieser biologischen Welt, und nur hier, unsere eigentlichen Informationsquellen für richtiges Handeln (im Sinne einer Sicherung der Überlebensfähigkeit) zu finden sind, und zwar durch alle Ebenen hindurchgehend: für das System unseres eigenen individuellen Organismus (in Art einer neuen kybernetischen Medizin) bis hinauf zum Gesamtsystem unserer Biosphäre (im Sinne einer profitablen Symbiose mit ihr).

Kapitel 2

Chance Lernbiologie
Krisenbewältigung durch richtiges Lernen

Die plötzliche Zunahme der Menschendichte auf diesem Planeten im Laufe der letzten dreihundert Jahre, aber vor allem die zunehmende Dichte der vom Menschen geschaffenen ›Systeme‹,
wie Städte, Straßen, Fabriken, Landwirtschaft, Bergbau und Verkehr, haben zu einer neuen Art von Vernetzung geführt. Durch
die künstlichen Subsysteme, ihre Auswüchse und Auswürfe ist
unsere Zivilisation selbst zu einem dichten, weltumspannenden
Netz geworden.

Je größer aber eine Vernetzung, um so mehr haben irgendwel-
che Eingriffe in das System auch bestimmte Rückwirkungen und
Folgen; ganz deutlich in den Ballungsräumen der eng besiedelten
hochindustrialisierten Länder, wie z. B. der Bundesrepublik. Seit
1976, als ich diesen Aufsatz verfaßte, hat die jahrzehntelange Belastung bestimmter Ökosysteme Krisen hervorgerufen, deren
Symptome unübersehbar sind. Nord- und Ostsee: Robben- und
Fischsterben; Alpen: Muren, Lawinen, Überschwemmungen;
die untere Atmosphäre: Waldsterben; die obere Atmosphäre:
Hautkrebs… und so fort.

Das sind deutliche Krisenzeichen unserer Zivilisation. Darin,
daß sie uns so überraschen, spiegelt sich unser Unvermögen
wider, mit ihren Problemen fertig zu werden.

In einer Studie für das Bundesministerium des Innern in Bonn
hat meine Studiengruppe diese Überraschungen wie folgt ge-
kennzeichnet: »Plötzliche Änderungen auf einem Gebiet, in das
wir bewußt gar nicht eingegriffen haben, Einwirkungen, die
nicht dort zu Ende sind, wo sie zunächst hinzielen, sondern die
offenbar über ein dichtes Netz von unsichtbaren Fäden auf geheimnisvolle Weise miteinander in Verbindung stehen und dabei

über unerkannte Rückkopplungen — manchmal sofort, manchmal mit zeitlicher Verzögerung — ins Gegenteil dessen umschlagen können, was beabsichtigt war.«

Die Krise selbst kann man in diesem Sinne als Rückwirkungen einer verzerrten Lebensweise verstehen. Als Rückwirkungen des gewaltigen Energie- und Materialeinsatzes, der z. B. statt zu leistungsstarken Menschen zu einer Spezies führte, die durch Krankheit und Leistungsabfall, durch um sich greifende Depressionen, Drogensucht, Alkoholismus und Kriminalität immer labiler wird und wo selbst die noch Gesunden immer unfähiger werden, technische Hilfsmittel sinnvoll zu gebrauchen. Als Krisensymptom mag da gelten der Rekordanstieg der Soziallasten (inklusive Altersversorgung), der alle anderen ›Kostenexplosionen‹ übertrifft!

Die Tatsache, daß wir mit unserem Bewußtsein das Entstehen und die Zusammenhänge dieser Krisen bisher nicht erfassen (worin letztlich der Überraschungsfaktor und die scheinbare Unvorhersehbarkeit von Krisen gründet), liegt an der mangelnden Fähigkeit dieses Bewußtseins, vernetzt zu denken. Wäre dies nicht der Fall, so würde die Gesellschaft ihre Aufgaben längst nicht mehr darin sehen, ein nicht überlebensfähiges System immer weiter auszubauen, sondern sie würde ihre ganze Kreativität dazu einsetzen, das Funktionieren dieses Systems besser zu verstehen, um seinen Zusammenbruch — und damit ihren eigenen — durch intelligente Maßnahmen zu verhindern.

Bei der Untersuchung der Gründe für die Unfähigkeit, die Situation unserer Industriegesellschaft zu begreifen, gewisse bestimmte Zusammenhänge im Verhältnis Mensch/Umwelt zu erkennen, stoßen wir auf die eigenartigen Lernformen unserer Schule und deren weit zurückreichende historische Wurzeln.

Es ist eine Tatsache, daß alle Lebewesen einen großen Teil ihrer Aktivität auf den Informationsaustausch mit der Umwelt verwenden. Einer der wichtigsten Vorgänge bei der Informationsverarbeitung ist dabei das Lernen. Prinzipiell hat es zum Ziel, daß ein Lebewesen die Wahrnehmungen aus der Umwelt so interpretiert, daß es sich in dieser Umwelt möglichst gut zurechtfindet und sein Verhalten entsprechend anpaßt.[3]

Die Ablösung des Geistigen vom Körperlichen, die Entgegensetzung von personalem Menschen und Umwelt nahmen mit der

Entwicklung des Schulwesens immer extremere Formen an, wodurch schließlich die Beziehung zur Umwelt auf das Empfindlichste gestört wurde. Die Loslösung des Intellekts vom Organismus, die Erklärung von Begriffen durch andere Begriffe statt durch die dynamische Wirklichkeit, führte zu einer zunehmenden geistigen Verengung, die vor allem das sinnvolle Umgehen mit dem gespeicherten Stoff kaum noch möglich machte. Die Trennung zwischen Geist und Körper — zumindest in unserer Vorstellung — wurde immer mehr angestrebt.

Unsere Gehirntätigkeit, das Denken und Lernen, ist jedoch nicht etwas rein Geistiges, sondern immer eng mit zellulären, hormonellen, biochemischen und biophysikalischen, also mit materiellen Vorgängen verknüpft. Ein Lernen ohne Einsatz des Organismus und damit ohne Einbeziehung der Umwelt ist widernatürlich und unökonomisch. Wir erleben jedoch zur Zeit auf erschreckende Weise, wie das realitätsfremde Eintrichtern von Wissensstoff in unseren Schulen jegliche weitere Verarbeitung des Stoffes außerhalb der Schule, das heißt im Kontakt mit der vernetzten Realität, verhindert. Das Lernen wird zum bloßen Merken unzusammenhängender Fakten unter Verzicht auf die Mitwirkung wesentlicher Gehirnpartien. Dadurch verschenken wir gleichzeitig einen unentgeltlichen Lehrer, die Realität, die außerhalb der Schule für die Konsolidierung des behandelten Stoffes sorgen könnte.

›Lernen mit der Umwelt‹ heißt also ›besser lernen‹. Die dazu nötige Bewußtseinsbildung kann auf jeder Lernstufe, also auch in der Erwachsenenbildung, ansetzen. In jedem Fall müssen wir das rein intellektuelle, abstrahierte Lernen überwinden, welches sowieso kaum funktioniert — sondern die heutigen Schwierigkeiten und den zunehmenden Schulstreß produziert —, und zu einem mit der Realität verbundenen Lernen hinstreben, welches die tatsächlichen Vernetzungen und Wechselwirkungen nicht durchschneidet, sondern sie in den Lernvorgang miteinbezieht. Nur so wird das Erlernte wirkungsvoll verarbeitet: im Verbund mit Organismus und Umwelt.[1]

Da man ja bekanntlich ›für das Leben lernt‹ und nicht nur die großen Krisen vor Augen führten, daß man doch nicht das Richtige erlernt hatte, hört man in der jeweils aktuellen Bildungsdiskussion sehr viel darüber, ›was‹ gelernt werden soll und ›wieviel‹, auch durch ›wen‹, das heißt durch wie viele Lehrer und Dozenten und mit Hilfe welcher Medien. Das ›Wozu‹ des Lernens wird dagegen kaum diskutiert. Verständlicherweise. Denn dieses ›Wozu‹ geht in der Tat oft an der wohl allgemein akzeptierten Zielvorstellung jedes Lernens vorbei: einer besseren Lebensbewältigung unserer menschlichen Gesellschaft. Und auch über das ›Wie‹ des Lernens, also wie dieses Ziel wohl am besten zu erreichen ist, auch darüber schweigen sich die meisten Verantwortlichen aus.

Doch die Menge des Stoffs, die Zahl der Bildungsstätten und die Technik der eingesetzten Medien sind dafür weiß Gott noch keine Garantie. Um mit unseren heutigen Problemen fertig zu werden, brauchen wir dringend neue Formen des Denkens, neue Formen des Lernens. Und dazu müssen wir uns an den anthropologischen Grundlagen orientieren und nicht gegen sie verstoßen, sonst funktioniert das Ganze nicht — auch nicht bei noch so großem personellen und finanziellen Einsatz.

Schauen wir uns daher als erstes einige dieser Grundlagen an. So ist es beispielsweise ein fundamentales Naturgesetz, daß kein Lebewesen für sich allein existiert, nicht einmal ein Bakterium, sondern immer eingebettet ist in seine Umwelt — als Teil eines größeren Systems. Alle Lebewesen verwenden daher einen großen Teil ihrer Aktivität auf den Informationsaustausch mit ihrer Umwelt; durch Wahrnehmungen chemischer und physikalischer Art und Rückwirkungen auf diese Wahrnehmungen. Das geschieht teilweise auf sehr unterschiedliche Weise, auch beim Menschen. Denn je nach der Umwelt laufen die Gehirnprozesse über äußerst verschiedene Mechanismen ab und werden ebenso unterschiedlich verarbeitet.

Unter all diesen Arten der Informationsverarbeitung ist nun das Lernen, das natürlich auch nur unter ganz bestimmten Grundbedingungen stattfindet, einer der wichtigsten Vorgänge. Doch selbst dieses läuft nicht nach einem einheitlichen Schema ab. Auch das Lernen selbst benutzt wieder sehr unterschiedliche Körperfunktionen. So erfolgt es zum Beispiel bei höheren Organismen grundsätzlich in zwei Stufen:

Zunächst in Form eines ›anatomischen‹ Lernens während einer kurzen Phase in der frühesten Kindheit, wobei sich die Gehirnzellen und ihre Vernetzungen, sozusagen die Hardware unseres Denkapparates, ausbilden (ich komme später noch darauf zurück) — und in einem darauffolgenden ›neurologischen‹ Lernen, wo dann diese Hardware programmiert wird: durch Speichern, Assoziieren und Verarbeiten der später eintreffenden Wahrnehmungen. Das wäre sozusagen die Softwarephase, die dann das ganze Leben anhält, aber natürlich nicht weitervererbt wird. Und auch da kann man dann wieder zwischen einer sogenannten Betriebssoftware (bedingte Reflexe, Interpretation von Schlüsselreizen, Sprachapparat usw.) und den mehr bewußt darauf angesetzten laufenden Programmen unterscheiden, die dann mit jener Betriebssoftware arbeiten.

Wenn die grundsätzlich sehr sparsame Natur einen so komplizierten stufenweisen Prozeß entwickelt, so hat das natürlich seinen Sinn. Prinzipiell hat das Lernen zum Ziel, daß ein Lebewesen die fluktuierenden Wahrnehmungen aus der Umwelt so interpretiert, daß es sich in dieser Umwelt möglichst gut zurechtfindet und sein Verhalten entsprechend anpaßt. Kurz, der Sinn liegt in einer Erhöhung der Überlebenschancen. Kein Wunder, daß damit der Lernvorgang zu einer der grundlegenden Wechselwirkungen überhaupt zählt, die sich zwischen einem Lebewesen und seiner Umwelt abspielen. Und so kann es nicht ausbleiben, daß, wenn der Lernvorgang gestört ist, sofort auch die Beziehungen dieses Lebewesens zu der es umgebenden Wirklichkeit gestört sind — ein Phänomen, das man vom Schulkind bis zum höchsten politischen Entscheidungsträger heute immer häufiger beobachten kann, übrigens ganz im Sinne der Natur. Eine feindliche Umwelt soll gemieden und nicht erlernt werden. Die beste Garantie dafür ist, daß ein effizientes Lernen immer nur beim Spiel erfolgen kann, wobei Spielen einen entspannten Zustand voraussetzt. Unter Gefahr sind daher alle drei nicht möglich: keine Entspannung, kein Spiel, kein effizientes Lernen. Eine solche Umwelt wird daher in der Tat nicht erlernt, sondern gemieden. (In vielen Fällen präsentiert uns jedoch ausgerechnet die Schule eine solche Umwelt. Ich komme später noch einmal darauf zurück.)

Nur das richtige Begreifen unserer Welt ist hilfreich

Wenn man von diesem gesellschaftspolitischen Ansatz oder — präziser — von diesem humanökologischen Ansatz aus an das Lernen und Denken herangeht, sieht man die Probleme zwangsweise von einer ganz anderen Ebene als etwa von der fächerorientierten Curriculaforschung, von Stundenzahl, Prüfung und Leistungsbewertung. Es geht vielmehr um was ganz anderes. Es geht um das richtige Begreifen unserer Welt, der Realität, um das Erkennen ihrer Muster. Und da ist es wohl kein Geheimnis mehr, daß wir alle, also nicht nur unsere ›Entscheidungsträger‹ in Politik und Wirtschaft, sondern auch ›der einzelne Mensch seit etwa fünfzehn Jahren immer weniger mit der Realität fertig wird, daß uns, trotz der fast uneingeschränkt zugänglichen Daten- und Informationsfülle, die Situation zunehmend aus der Hand gleitet, daß plötzlich Zwänge und Rückschläge entstehen, ohne daß wir die Zusammenhänge erkennen, geschweige denn, sie in den Griff bekommen.

Wenn wir also immer weniger mit der Wirklichkeit fertig werden und in immer größere Zwänge hineingeraten, so stimmt wohl in erster Linie etwas nicht in der Art, wie wir denken, wie wir die Information aufnehmen und verarbeiten, kurz, welches Bild wir uns von der Wirklichkeit machen. Da dieses Bild aber zum großen Teil durch die Ausbildung vermittelt wird, ist klar, daß ein Großteil unserer Schwierigkeiten, mit den komplexen Vorgängen in unserer heutigen Welt fertig zu werden, in den Lern- und Denkformen unserer Schulen und Universitäten liegt.

Um also eine bessere ›Lebensbewältigung‹ zu erreichen und Krisen zu vermeiden, muß das Entwickeln der Informationsaufnahme und -verarbeitung, das ›Lernen‹, sich neu orientieren, um den komplexen Vorgängen in unserer Welt besser gerecht zu werden.[2]

Jeder von uns hat schon als Einzelerfahrung einmal festgestellt, wie sehr mit jeder Wahrnehmung der ganze Organismus beschäftigt ist und wie sehr er somit auch den Lernvorgang — das Erinnern, Behalten, schöpferische Verarbeiten — und umgekehrt auch das Vergessen und Blockieren steuert.

Die Speicherung und Verarbeitung von Information wird somit stark durch deren emotionalen Gehalt beeinflußt. Wenn wir Lerninhalte mit Freude, Erfolgserlebnis, Verliebtsein, Neugier, Spaß oder Spiel verbinden, setzen wir also Lernhilfen ein, denen ganz konkrete biologische Mechanismen zugrunde liegen. Die Information wird weit besser verankert, als wenn sie isoliert eintrifft. Damit berühren wir ein Lerngesetz, welches eigentlich in den ganzen Bereichen unserer Ausbildung bisher sträflich vernachlässigt wurde: die Aktivierung der positiven Hormonreaktionen. Der Effekt ist sogar ein doppelter: Beim späteren Abrufen werden die gleichen Emotionen wieder mit abgerufen und erleichtern nunmehr auch die Weiterverarbeitung der Information.

Die Frage, was ›Lernen‹ aber konkret ist, ist nicht so leicht zu beantworten: Zum Lernen gehören Wahrnehmen und Speichern, Erkennen und Wiedererkennen, Einordnen, Verarbeiten, Vergleichen, Abrufen, Suche und Finden, Behalten und Verstehen. Eine höchst komplexe Sache, die keineswegs immer all diese Vorgänge vereinen muß. Lernen ist eben nicht gleich lernen. Gewiß ist es immer − auch wenn es sich um bloßes Merken, um ein Auswendiglernen handelt − ein Prozeß, in dem geistige, psychische und körperliche Vorgänge untereinander verbunden sind. Ich habe diese Dinge ja schon vor Jahren ausführlich in meinen Büchern *Denken − Lernen − Vergessen* und *Phänomen Streß* behandelt. Es wäre schon ein gewaltiger Fortschritt, wenn man sich wenigstens an diese Quintessenz der Lernbiologie immer halten würde. Denn sie bedeutet schlicht, daß ein Lernen ohne Einbeziehung des Körpers, also des Gesamtorganismus, und ohne über ihn wiederum die Wechselwirkungen mit der Umwelt einzubeziehen, widernatürlich und unökonomisch ist − und daß ein daraus entspringendes Handeln somit auch an den Systemzusammenhängen unserer Welt vorbeigehen wird.

Die historische Entwicklung des schulischen Lernens zeigt nun, daß die Einheit von Körper, Seele und Geist zunehmend ignoriert und das Lernen von der Wirklichkeit entfremdet wurde. Und wenn Sie sich an unseren Ausbildungsstätten umschauen, so findet der Lernvorgang, anstatt die natürlichen Voraussetzungen unseres Gehirns und unserer hormonellen und physiologischen Abläufe zu nutzen, also anstatt mit dem Organismus zu arbeiten, meist gegen ihn statt. So haben wir das Lernen immer mehr isoliert, pervertiert, zu einem abstrakt-verbalen Unikum degradiert und unsere Schulen in immer lernfeindlichere Konstellationen

hineingetrieben. Das Schlimme ist, daß auch im späteren Berufs-
leben dieses ›Mißverständnis vom isolierten Intellekt‹ fortdauert
und weiterhin wichtige psychobiologische Grundbedingungen
für unsere Gehirnfunktionen mißachtet — ja sogar direkt unterdrückt werden.

Während das, was die Schule eigentlich leisten könnte, ihr zur
Zeit leider immer noch nicht erlaubt ist: nämlich weniger Wissen
zu vermitteln (was ohnehin rasch veraltet); also weniger einen bestimmten Zustand anzustreben, als vielmehr das Umgehen mit
dem Wissen, das Umgehen mit dem Gelernten, also Fähigkeiten
und Fertigkeiten zu lehren, etwa die Fähigkeit, Wissen umzusetzen und zu bewerten — all das ist in dem bestehenden fächerorientierten Rahmen nur schwer, und wenn, dann nur durch per-
sönliche Initiative einzelner Lehrer möglich.

Mit dem Auftreten der Schulen nahm jedenfalls die Abtrennung der geistigen Fähigkeiten von den körperlichen immer stärker ihren Lauf, wodurch dann auch die Beziehung des Organismus zur Umwelt — die Handhabung und Interpretation unseres
gesamten sinnlichen Wahrnehmungsspektrums — auf das empfindlichste gestört wurde.

Begriffe wurden durch andere Begriffe erklärt — statt durch
die lebendige Wirklichkeit. Die Abstraktion wurde von einem
nützlichen Werkzeug zum Selbstzweck, Landkarten ersetzen zunehmend das Gelände, es entstanden künstliche Begriffsgebäude
und Fachdisziplinen. Und jene isolierten Begriffsgebäude trieben
ihre eigenen Blüten, während die Wurzeln des Intellekts (die, wie
wir das gleich noch näher sehen werden, tief im körperlichen Organismus ankern) immer mehr verdorrten.

Informationen aus der Umwelt
erfassen den gesamten Organismus

Diesem abgetrennten Intellekt beginnt nun mehr und mehr eine
wichtige Kontrolle zu fehlen: die Steuerung durch die Wechselwirkungen mit unserem Körper und damit die Steuerung durch
ein lebensfähiges System und seine darin wirkenden Grundgesetze. Ihnen sind wir zunehmend entfremdet worden, obgleich uns
die Einheit zwischen Geist und Körper durch die moderne Expe-

rimentalbiologie doch deutlicher denn je vor Augen geführt wurde. Ihre wichtigsten Erkenntnisse sind folgende:

● Informationen, Gedanken, Erinnerungen sind an die Aktivität körperlicher Gehirnzellen gebunden, die sie in materieller Form abspeichern und verarbeiten.

● Es sind auch körperliche Gehirnzellen, die ankommende Wahrnehmungen, etwa hier im Hypothalamusgebiet und in der Hypophyse, in Gefühle wie Freude und Schmerz verwandeln, die Hunger und Durst entstehen lassen, auf elektrochemische Weise Erfolgserlebnisse vermitteln.

● Es sind Gehirnzellen, von denen aus über Billionen Nervenfasern die Stimulation der Sexualorgane, der Schilddrüse, der Verdauungsorgane erfolgt und von denen die Streßreaktion gesteuert wird und die auch wiederum die Auswirkungen dieser Reaktion über ein Netz von 500 000 Kilometern Fasern empfangen und an andere Gehirnzellen weitergeben.

Auf jeder einzelnen Gehirnzelle wiederum verknüpft sind die Endpunkte von vielen Nervenfasern von anderen Gehirnzellen, die sich mit ihren Schaltknöpfen, den Synapsen, an den Zellkörper setzen und Impulse weiterleiten oder stoppen — je nachdem, welche von diesen Schaltern auf ›an‹ oder ›aus‹ stehen. Hier erfolgen auch die Gedankensperren, die Denkblockaden unter Streß, wenn statt langer Überlegungen Sofortreaktionen und damit die eingebahnten Reflexe für Flucht oder Angriff bevorzugt werden.

Alles, was in dieser geheimnisvollen Welt passiert, erfolgt in ständiger Wechselwirkung mit Wahrnehmungen, Gedanken und Erinnerungen. Und damit sind wir schon mitten in unserer Begründung, warum man den ganzen Organismus in den Lernvorgang einbeziehen muß.

All das beginnt mit der Geburt und der Zeit danach, der ersten Lernphase, dem ›anatomischen Lernen‹. Der stärkste Bezug zwischen Umwelt, Organismus und Gehirn zeigt sich in der Tat in den ersten Wochen nach der Geburt. Nur ein kleiner Teil des Gehirns bildet sich schon vorher auf der Basis unserer Erbanlagen aus. Der größte Teil entsteht hingegen in der erwähnten ersten Stufe des Lernens: während der Säuglingszeit und in Wechselwirkung mit der Umwelt (und natürlich auf der Basis der vorgegebenen Erbanlagen).

52

Sämtliche Wahrnehmungsimpulse, die ein Kind über das Auge, das Ohr, die Haut, den Geschmack, die Bewegung usw. empfängt, wandelt es in dieser Zeit in die Ausbildung weiterer Gehirnzellen um, während gleichzeitig eine Unzahl neuer Verknüpfungen entsteht, die man als feste ›Verdrahtungen‹ bezeichnen könnte. Praktisch jede Wahrnehmung über die Sinnesorgane unseres Organismus prägt so in irgendeiner Weise das Wachstum der Gehirnzellen und ihrer Verfaserungen. Diese veränderten Strukturen kann man sogar fotografisch nachweisen.

In den ersten Lebensmonaten entsteht praktisch ein inneres Abbild der jeweiligen äußeren Umwelt, in der sich der neue Erdenbürger ja später zurechtfinden muß. Die unterschiedliche Ausprägung ist dann einer der Gründe, weshalb jeder sein eigener Lerntyp ist. Jedenfalls ist dieses Grundmuster von Familie zu Familie und erst recht von Kulturkreis zu Kulturkreis verschieden. Das kindliche Gehirn empfängt also in dieser ersten Zeit gleichsam als ›Hardware‹ eine Art Orientierungsnetz, welches von der jeweiligen Umwelt fest eingeprägt wird. Der Zweck ist klar. Nur so, nämlich über die Sinne, also den Körper, kommt unser Gehirn automatisch zu einem wirklichkeitsnahen Grundmuster, ohne welches wir mit unserer Umwelt wahrscheinlich später nie in Kontakt treten könnten.

Durch diese, man könnte sagen, kybernetische Gestaltung unseres Denkapparates findet die jeweilige Umwelt später in unserem Gehirn auch automatisch Assoziationsmöglichkeiten − und umgekehrt erkennt unser Gehirn sich auf diese Weise selbst in dieser Umwelt wieder. Es entstehen Vertrautheit und Verständnis − wichtige Grundbedingungen des Lernens, des Sichzurechtfindens in dieser Welt.

So ist der Lernvorgang − das sagte ich schon zu Anfang − schon rein biologisch auf eine Atmosphäre der Vertrautheit, der Entspannung, des Sichwohlfühlens zugeschnitten. In einer Konstellation, die Freude verspricht, Lustgefühle und Erfolgserlebnisse, in der wir unbekümmert spielen und ausprobieren können, da funktioniert er optimal. Auf eine solche Umwelt sollten wir neugierig sein, sie erforschen, uns in ihr zurechtfinden, sie ›erlernen‹. Eine Umwelt, die Gefahr ausstrahlt, Streß und Angstsignale vermittelt, soll gemieden werden. Sie soll uns fremd bleiben − nicht erlernt werden −, damit wir sie automatisch fliehen.

53

Doch was tun wir später in unserer völligen Verkennung solcher Grundtatsachen der Lernbiologie, ja der menschlichen Natur überhaupt? Ausgerechnet den Unterricht, die Einführung in ein neues Gebiet, die Vermittlung von Wissen, verknüpfen wir vielfach mit Angst, Streß, Frustration und Prestigekämpfen – alles typische Lernkiller, unter denen wir mit gewaltigem Einsatz und gegen die Funktionen unseres Organismus dann logischerweise nur ein lächerliches Lernergebnis erzielen können. Was herauskommt, ist ein wenig Auswendiggelerntes und Gemerktes, doch niemals ein begreifendes Erfassen von Zusammenhängen, das uns die einzig sinnvolle Aufgabe des Lernens erfüllen hilft: uns in der Wirklichkeit besser zurechtzufinden, sie zu meistern, ganz zu schweigen von der sinnlosen Quälerei, die viele Menschen zu permanent Lerngeschädigten macht.[2])

Von Ausnahmen abgesehen wird das Lernen in einem meist lernunfreundlichen Umfeld angeboten, wobei meist auch ein realitätsbezogener Lernvorgang, der die biologischen Grundkenntnisse berücksichtigt, fehlt: Es wird nicht – wie beim Spiel – mit dem ganzen Organismus gearbeitet, das Neue wird nicht mit vertrauten Elementen eingeführt, die lernfreudige, entspannte Atmosphäre fehlt, es gibt keine Sicherheit und keine Motivation, Interesse, Erfolge, Freude und Spaß als wichtigste streßabbauende Elemente. (Das gilt übrigens für alle Altersgruppen, weil der Lernvorgang als grundlegender biologischer Prozeß von der Geburt über die Schulzeit bis zum Alter immer der gleiche ist.)

In der Schule, der Universität bis hin zu anderen Ausbildungsinstitutionen ist Lernstreß üblich; diese Atmosphäre und die Art, den Lernstoff ›unverpackt‹ oder sogar durch Abstraktion zusätzlich verfremdet anzubieten, erzeugen vielfach Angst, Abwehr, feindliche Haltung und damit eine ›negative‹ Hormonlage. Hier müßten wir in der Lehre die Neugierde einsetzen. Sie bildet den Antrieb, die Motivation, auch einen fremden, unbekannten Stoff aufzunehmen, ihm Aufmerksamkeit zu widmen und geeignete Assoziationen für ihn zu suchen. So bildet die Neugier eine wichtige Brücke von ›fremd – unbekannt‹ zur ›Motivation‹, ohne daß der hemmende Weg über Streß, Flucht oder Frustration eingeschlagen werden muß.

Aufmerksamkeit und Einordnung für einen neuen, fremden Stoff bleiben aus, wenn man ihn nicht so aufbaut, daß zunächst einmal der größere Zusammenhang, der ihm seinen Sinn gibt, aufgezeigt wird. Wenn man also in den bekannten Fehler verfällt, mit den Details eines neuen Stoffes zu beginnen, wird sich in unseren grauen Zellen wenig tun. Da das Erfolgserlebnis des Wiedererkennens und Einordnens ausbleibt, setzen zusätzliche Frustration und Streß ein und damit wiederum Denkblockaden. Selbst wenn nun endlich — hinterher — der größere Zusammenhang erklärt wird, ist es dafür nun zu spät. Das Ultrakurzzeitgedächtnis ist längst abgeklungen, die Details sind nicht mehr greifbar. Die Zeit, in der die Schüler mit solchen neuen Einzelinformationen und Spezialausdrücken berieselt werden, ist also vertane Zeit, wenn nicht vorher die Möglichkeit gegeben wird, diese Informationen sinnvoll zu verankern.

Dem Lernenden müssen zu jedem Zeitpunkt Wert und Bedeutung eines Lernstoffs persönlich einsichtig sein. Nur dann werden Antrieb und Aufmerksamkeit geweckt, der Schüler zum Lernen motiviert, der Organismus auf ›Aufnahme‹ gestimmt und der Inhalt sinnvoll gespeichert. Die Information wird ›tiefer‹ verankert, weil dann über die kognitiven Verarbeitungsregionen der Gehirnrinde hinaus z. B. auch das limbische System ›emotional‹ mitbeteiligt ist.

Unbekannt = feindlich = Streß. Unbekannte Informationen sind im Gehirn besser zu verankern, wenn man die Neugier weckt, den unbekannten Stoff in einer bekannten Information verpackt, bestimmte zusätzliche Eingangskanäle (das bildhafte, visuelle, das motorische, das auditive, das haptische Lernen) einsetzt, die neue Information mit vertrauten Sinneswahrnehmungen verknüpft, was wiederum ein erneutes Wecken von Neugier nach sich zieht. Das alles zusammen bewirkt eine positive Hormonreaktion, Freude, Spaß und Erfolgserlebnis.

Über je mehr Kanäle also eine Information eintrifft, um so eher wird sie solche Assoziationsmöglichkeiten vorfinden. Je mehr Assoziationen aber, desto größer auch die sogenannte Motivation, der Antrieb und somit auch die Aufmerksamkeit zum Lernen. Es ist leider allgemein viel zuwenig bewußt — und wird daher auch im Unterricht nicht beachtet —, daß die beim Lernen gespeicherte Information eben nicht nur aus dem Stoff besteht, der gelernt wird, sondern auch aus allen dabei mitgespeicherten, mitschwingenden übrigen Wahrnehmungen.

Unsere Lerninstitutionen sind arm an solchen Assoziationshilfen, ja diese sind geradezu verpönt, weil sie nach der herkömmlichen Meinung der meisten Pädagogen und Eltern nur vom ›Eigentlichen‹ ablenken. Und so kommt es, daß die besprochene Verknüpfung der Lerninformation mit den Begleitinformationen des Unterrichts nicht nur keinen Vorteil bringt, sondern sogar das Lernen verhindern kann.[3])

Neues Denken nur durch Reformation
bestehender Lernstrukturen

Für mich liegt das Dilemma aber noch tiefer. Meine Anklage ging schon 1973 in meinem Fernsehfilm *Denken — Lernen — Vergessen* dahin, daß uns die Lernformen unserer Schulen und Universitäten ja nicht nur der Wirklichkeit unseres Lebensraumes als komplexes System entfremdet haben, sondern auch der Wirklichkeit unserer sozialen Beziehungen. Gerade jenes Abfragen und Zensierenmüssen trägt auch dazu bei, daß wir zum Einzelkämpfer erzogen werden: nicht helfen, nicht vorsagen, nicht helfen lassen — ein lebensfeindliches Prinzip, das dem Gruppenwesen Mensch widerspricht, es zu einer nichtüberlebensfähigen Spezies erzieht. Je länger die Schule dauert, desto tiefer rutschen wir in die Isolierung, in die Lebensuntüchtigkeit. Der Praxisschock wird immer größer. Die Freude am Helfen, am sinnvollen Tun müssen wir, da sie uns während der Ausbildung ausgetrieben wird, nun erst mühsam wiedererlernen. Oft ist es zu spät dazu.

Ähnlich ist es mit anderen natürlichen Vorgängen, beispielsweise was die Verkrampfung gegenüber dem Fehlermachen betrifft. Statt den Fehler als Orientierungshilfe zu nehmen, was er beim Lernen in der Tat ist, wird der, der ihn begeht, zum Versager abgestempelt. Frustration, Angst und Streß blockieren das Erkennen wie auch das weitere Lernen, das immer über das Probieren läuft. Bevor meine Kinder in der Schule im Saarland Französisch hatten, konnten sie sich beim Urlaub in Südfrankreich sehr bald verständigen, fehlerfrei einkaufen und Freunde gewinnen. Im nächsten Jahr — inzwischen hatten sie Französisch als Schulfach — war es damit aus. Blockiert, verkrampft, hilflos brachten sie kein einziges Wort über die Lippen: Angst vor dem Fehler!

Genauso geht es manchen Hochschulabsolventen, wenn sie als Mitarbeiter zu meinem Institut der Studiengruppe für Biologie und Umwelt stoßen. Sie leisten eher etwas auf fremden Gebieten, wo sie Autodidakt sind, als in der Anwendung ihres erlernten speziellen Faches. Die Angst vor dem Fehler ist also auch später immer wieder ein Grund für Lernstörungen und Denkblockaden. Wir tun jedoch so, als ob es solche Verbindungen nicht gäbe. Dabei lassen sich z. B. hormonelle und geistige Vorgänge prinzipiell nicht trennen. Ja, Gefühle, Gespür, Intuition, Erfolgserlebnis, Angst, Frustration, Freude oder Schmerz spielen beim Denken und Erkennen eine ebenso wesentliche Rolle wie etwa die logischen Gedankenverbindungen. Beide finden in Gehirnzellen statt, von denen keine Sorte hochwertiger als die andere ist.

Denken wir also daran, daß unsere Denkbahnen nicht nur innerhalb der kognitiven Bereiche unseres Großhirns verlaufen, sondern auch von diesen zu allen anderen Gehirnarealen, auch denen, über die das vegetative System und die verschiedenen Hormondrüsen mit dem übrigen Organismus verbunden sind. Dabei dreht es sich vornehmlich um die Hypothalamusregion, das limbische System, das Ammonshorn und die Formatio reticularis, den in das Rückenmark übergehenden Teil unseres Stammhirns.

So ist unser Gehirn auch kein isolierter Computer, sondern steht mit den ganzen Lebensfunktionen und Organen unseres Körpers in ständiger Rückkopplung. Über das Gehirn — und natürlich mit ihm — erfolgt nicht nur die Aufnahme neuer Informationen, ihre Verarbeitung und, möglicherweise, eine Reaktion; das Gehirn stimuliert auch die Sexualorgane, die Schilddrüse, die Verdauungsorgane oder auch eine Streßreaktion, die alle diese Organe wiederum beeinflußt.

Wenn wir daher das geistige Arbeiten und die Lerninhalte mit Freude, Erfolgserlebnis, lustvoller Anregung, Vertrautheit, Neugier, Spaß und Spiel verbinden, dann setzen wir also Lernhilfen ein, denen bekannte Reaktionen im Organismus zugrunde liegen.

So werden Informationen, sobald sie mit Empfindungen gekoppelt werden, auch mit einem Teil der Realität gekoppelt — und das gibt schon gleich wieder eine Resonanz zwischen dem

Grundmuster unseres Gehirns und der äußeren Umwelt, die ja dieses Grundmuster geprägt hat. Und damit werden diese Informationen automatisch weit besser verankert, als wenn ein Lerninhalt isoliert eintrifft.

Auf dieser Basis lassen sich dann anschließend mit Leichtigkeit eine Fülle selbst abstrakter Details sozusagen saugend im Gehirn aufhängen und einordnen. Nach unseren Untersuchungen kann man so die Effizienz eines Unterrichts auf das Fünffache erhöhen, das heißt, einen qualitativ besseren Lerneffekt in einem Fünftel der Zeit erzielen.[2]

Fordern wir also, das rein begriffliche Lernen dadurch zu ergänzen, daß man — wie es gute Lehrer längst tun — andere Sinnesorgane mit einbezieht.

Es kann nicht deutlich genug betont werden, daß all diesen Lernhilfen — etwa daß eine Information, wenn sie mit positiven, lustbetonten Impulsen verbunden ist, weit besser verankert wird — ganz konkrete biologische Mechanismen zugrunde liegen und daß wir damit ein in unseren Schulen sträflich vernachlässigtes Lerngesetz berühren: die Aktivierung der positiven Hormonreaktion. So wichtig es ist, den Lernprozeß von unangenehmen Begleitereignissen zu befreien, so wichtig ist es auch, das Lernen mit schönen und angenehmen Ereignissen zu verknüpfen. Die Ausschüttung von Streßhormonen durch die Nebennieren und im Gehirn wird weiter verringert, und nur so können die vorhandenen Assoziationsmöglichkeiten für das Denken und Lernen voll genutzt werden. Der Effekt ist sogar ein doppelter. Beim späteren Abrufen, beim Erinnern der so gespeicherten Information, wird ja auch die Freude wieder erinnert, der Spaß, die Begeisterung, die wir dabei hatten.

Hier finden wir auf einmal auch die Erklärung dafür, daß diejenigen Ereignisse viel besser im Langzeitgedächtnis behalten werden, die mit positiven Erlebnissen verbunden sind.[3]

Im Gegensatz zu dieser Vorgehensweise ist es in unserer heutigen Ausbildung immer mehr Mode geworden, vielleicht weil dies als wissenschaftlich gilt, die Realität und das eigene Erlebnis möglichst aus dem Lernstoff herauszuhalten, ihn sozusagen zu verakademisieren — ein Trend, der mit der Bildungsreform der siebziger Jahre noch verstärkt wurde. Nichts ist aber selbst für die wissenschaftliche Erkenntnis und erst recht natürlich für das darauf basierende Handeln problematischer als ein Loslösen von der Realität.

So erleben wir zur Zeit auf erschreckende Weise, wie das zunehmend realitätsfremde, ja fast tabellarische Eintrichtern von Wissensstoff bereits in unseren Schulen eine jegliche Weiterverarbeitung des Stoffes außerhalb des Unterrichts, das heißt im Kontakt mit der Realität verhindert. Weil der Lernstoff dort keine Assoziationen vorfindet, wird er mit Beendigung des Unterrichts kaum noch durch die restlichen Wahrnehmungen des Tages angerührt. Spärlich verknüpft und einer Verstärkung kaum zugänglich, bleibt die ›Konsolidierung‹ aus, die Information verblaßt, und die kümmerliche Bahnung wird bald durch neue Impulse zugedeckt. Das Lernen wird zum bloßen Merken unter Verzicht auf die Mitwirkung wesentlicher Gehirnpartien.

Dadurch verschenken wir aber gleichzeitig einen unentgeltlichen und permanenten Lehrer, nämlich die Realität, die gerade außerhalb des Unterrichts automatisch für die Festigung, die ›Konsolidierung‹ des behandelten Stoffes sorgen könnte. Dieser Trend setzt sich dann an Fachschulen und Universitäten fort. Inzwischen können z. B. unsere Mediziner mit Hilfe der Mannheimer Antworten-Kataloge den notwendigen Prozentsatz der im Multiple-choice-Verfahren verlangten Antworten auswendig lernen, ohne überhaupt das geringste davon verstehen zu müssen — und auf diese Weise ihr Staatsexamen machen!

Die Abstraktion, zweifellos eine unserer wichtigsten intellektuellen Fähigkeiten, wurde nicht als wichtige Technik des geistigen Arbeitens gelehrt (eine Technik unter mehreren, etwa in Form der Synektik), sondern sie wird, ähnlich wie das Auswendiglernen, die Memotechnik, zum Selbstzweck erhoben. Das Gehirn aber, unfähig, in der bloßen Abstraktion allein sinnvoll zu operieren, wird zum bloßen Speicher theoretischer Formeln herabgewürdigt. Und diese Formeln bestimmen dann unser Handeln, nach ihnen gestalten wir heute unsere Umwelt, unsere Landschaften, Städte, Fabriken und Produkte. Dann reden wir von Wirtschaftswachstum, Maximierung, Optimierung, Toleranzgrenzen, Emissionswerten und Katastrophenwahrscheinlichkeiten und manipulieren schön weiter an dem komplexen System unserer Welt herum, ohne wirklich etwas davon zu verstehen.

Bezeichnenderweise reden wir dann auch nicht mehr respektvoll von einem ›Meister seines Fachs‹, sondern von einem ›Fachidioten‹, der nicht mehr in der Lage ist, etwas anzuerkennen, was nicht in seinen Bereich fällt.

Es ist also ein Unding, wenn wir glauben wollten, daß sich die Erkenntnis unserer Welt und eine vernünftige Handhabung unserer Mittel — und damit komme ich noch einmal auf die Hauptzielvorstellung einer jeden Ausbildung zurück — lediglich mit den Neuronenfeldern des kognitiv-logischen Bereiches unserer linken Hirnhälfte bewerkstelligen ließen.

Daß wir dazu auch die anderen Gehirnbereiche brauchen — warum hätten wir sie sonst —, wird wohl auch immer mehr Menschen klar; manchmal ist zu befürchten, daß Kultusminister und Schulbehörden von dieser Entwicklung ausgeschlossen sind! Warum arbeitet man nicht statt blutleerer Curricula solche aus, die dem Lernenden Einblicke in die Wirklichkeit geben? Arbeitsbögen für einen Objektunterricht, einen Projektunterricht (und in Kooperation mit Universitäten auch Projektstudien), wie ich ihn auch schon für ein Field-School College in Israel und USA mitkonzipiert habe, und der dort ganz außergewöhnliche Lernerfolge zeitigt. In den USA beispielsweise gibt man in guten High-Schools Schülerteams längst projektartige Aufgaben, die sie dazu motivieren, Informationen selbständig hereinzuholen — außerhalb der Schule, sei es in Verwaltungen oder in der Industrie —, um so, allein durch den Kontakt mit dem ›Leben‹, Denkhemmungen zu überwinden, Analogien zu bilden, das Wissen vernetzt einzuordnen.

Das ist eine sehr wichtige Vorbereitung für die spätere Teamarbeit im Beruf, die bei uns in der Schule praktisch nicht ausgeübt wird, ja die bei der herrschenden Struktur auch gar nicht ausgeübt werden kann. Dort werden wir, wie gesagt, zu Einzelkämpfern erzogen, ganz zu schweigen von der Vernachlässigung der — für die so wichtige Kopplung von rechter und linker Hirnhälfte sorgenden — musischen Erziehung, die nach dem Willen unserer Kultusministerien nachgerade überflüssig ist und im Zuge der Sparmaßnahmen eigentlich auch ganz gestrichen werden könnte. Ihre Bedeutung brauche ich nach meinen Ausführungen über die enge Verbindung von Körper, Seele und Geist beim Lernvorgang nicht noch einmal zu betonen.

Es ist im Grunde hanebüchen, welchen Stand von Ignoranz

zumindest in einigen Ländern der Bundesrepublik Deutschland unsere Kultusbeamten und ihre Ratgeber aus den pädagogisch-wissenschaftlichen Gremien aufweisen, die ja alleine für Strukturfragen verantwortlich sind und somit auch an den Grundbedingungen der Schulmisere allein die Schuld tragen. Viele einsichtige Lehrer setzen sich daher der Gefahr von Rüffeln bis hin zu Disziplinarmaßnahmen aus, indem sie unsinnige Anweisungen von oben unterwandern, weil sie es sonst mit ihrem Gewissen nicht vereinbaren können, unsere Kinder und die Entwicklung ihrer geistigen Struktur derart zu knebeln und kaputtzumachen.

Das Tragische ist ja, daß die erwähnte Loslösung des Intellekts vom realen Geschehen, die Erklärung von Begriffen durch andere Begriffe statt durch die dynamische Wirklichkeit, daß dies in den letzten Jahrzehnten auf einer Reihe von Gebieten zu einer zunehmenden geistigen Verengung geführt hat, die dann das sinnvolle Umgehen mit dem gespeicherten Stoff auch im späteren Beruf kaum noch möglich macht. Eine Entwicklung, die in der Folge natürlich nicht unwesentlich die Frustration unserer Jugend und ihre hilflose, oft irregeleitete Suche nach einer sinnvollen Betätigung im Leben verstärkt hat.

Was wir anstreben müssen, ist ganz eindeutig, den Schwerpunkt des Unterrichts zu ändern: weniger isoliertes Wissen eintrichtern, um lediglich irgendwelchen aus den Fingern gesogenen Stoffanforderungen zu genügen, als vielmehr ein integrales Verstehen von Zusammenhängen zu erreichen, bei dem auch das bildhafte Erfassen der Wirklichkeit nicht zu kurz kommt, mit dem allein wir in der Lage sind, das Gelernte umzusetzen, diese Wirklichkeit in ihrer realen Vernetzung zu verstehen und unsere Probleme zu meistern. Das alles gelingt nur, wenn wir das Zusammenspiel aller Glieder unseres Lebensraumes erkennen, es nutzen und nicht tölpelhaft zerstören.[1])

Vernetztes Denken ist heute notwendiger denn je

Gerade beim Versuch, das Verhalten komplexer Systeme zu verstehen, spielt uns ein bloßes Spezialwissen, ja selbst eine rein logische Denkweise oft die übelsten Streiche. Man denke nur an die katastrophalen Ergebnisse unserer klassischen Entwicklungshilfe oder auch an die vielen mißlungenen Maßnahmen der Sanierung unserer Wirtschaft, an die Überkapazitäten, die ins Desaster führen, an Technologien, die sich selbst ad absurdum führen, wie das Überschallflugzeug Concorde oder die Supertanker und eben auch die ganze Kernenergie, und nicht zuletzt auch die schon grotesken Entwicklungen in unserer EG-Landwirtschaft – um nur einige Beispiele zu nennen, die man natürlich im einzelnen belegen kann. Alles von hochdotierten Experten geplant, auf der Grundlage genauer Daten und logischer Schlüsse, doch nicht im Zusammenhang, als Teil eines lebendigen Ganzen!

Vernetztes Denken brauchen wir heute mehr denn je. Eine durchgehende Umstülpung unseres ganzen Ansatzes in der Ausbildung ist nicht nur nötig, um die Welt besser zu verstehen, sie würde auch das Lernen als solches erleichtern und im Hinblick auf seine sinnvolle Umsetzung weit effizienter machen.

Bei Vorträgen zeige ich immer gerne das anhand eines aus einzelnen kleinen Quadraten zusammengesetzte Gesicht des amerikanischen Präsidenten Abraham Lincoln. Die Fixierung auf diese Quadrate, also auf die Details, wie sie in der Schule vielfach erfolgt, aktiviert nur ganz bestimmte Hirnbereiche und läßt andere brachliegen, was den Blick fürs Ganze trübt und für ein besseres Verständnis der Wirklichkeit nicht viel bringt. Dazu muß man auf andere Hirnbereiche umschalten und die rechte Hirnhälfte aktivieren.

Dieses ›Verfahren‹ haben sich in der Malerei die Pointillisten zunutze gemacht: Von der Nähe betrachtet offenbaren sich ihre Bilder als eine Vielzahl farbiger Tupfer und Kleckse, von denen jeder einzelne – genau betrachtet und analysiert – über das Gesamtwerk gar nichts aussagt. Erst aus der richtigen Distanz, wenn man das System der Tupfer und Kleckse richtig erfassen kann, ergibt sich ein Bild – und damit eine Aussage. Das Ganze ist auch hier mehr als die Summe seiner Teile. Wir können noch so viele ›Bildtupfer‹ oder ›Quadrate‹ auswendig lernen, ordnen oder analysieren, über das System lernen wir nichts! Wir können sie messen und ihren Grauwert bestimmen, eine Tabelle dieser Grauwerte nach steigender Helligkeit anlegen – so macht man ja normalerweise die Doktorarbeiten –, für das Erkennen des Systems ist dies die falsche wissenschaftliche Methode. Und die wird auch dadurch nicht richtiger, daß man sie nun mit besonderer Akribie betreibt. Das heißt nun nicht, daß man das Studium der Details nicht brauchen könnte.

Für den Bau einer Maschine ist es genau das richtige. Hier würden wir mit dem unscharfen Bild nicht weiterkommen. Die Maschine würde nicht funktionieren. Doch schon für den sinnvollen Einsatz dieser Maschine in der Umwelt brauchen wir das Muster des Systemzusammenhangs — und das erfassen wir nur, wenn wir uns auf eine höhere Ebene der Aggregation begeben, so daß sich eine Resonanz mit unserem eigenen Organismus, mit der Struktur eines lebensfähigen Systems einstellt, an der alleine wir die Wirkung unseres Tuns im größeren Zusammenhang bemessen können.

Damit plädiere ich für eine neue Arbeitsweise, nicht nur in der Schule und Hochschule, die die Umwelt nicht nur in ihren zu Fächern auseinandergerissenen Details sieht, sondern die die Fähigkeit entwickelt, sie in ihrer Ganzheit zu erkennen — die aber auch den Menschen in seiner Ganzheit sieht, nicht nur in der Intelligenz seines Geistes, sondern auch in der Intelligenz seiner Gefühle, seiner Glieder und seines Körpers. Denn auch die Zellen unserer Gewebe, unseres Fingers, unserer Augen sind intelligent. Sie zu vernachlässigen hieße, den Menschen in Richtung eines intellektuellen Monsters auszubilden, ihn durch Überbetonung einiger weniger Gehirnareale zu einem geistigen Krüppel zu machen.[2]

Um zu einer neuen Art des Lehrens und des Lernens zu kommen, müssen diese grundlegenden Erkenntnisse von den Lehrenden akzeptiert werden — aber auch vom Schüler. Denn es gibt höchst individuelle Lerntypen, weil die Eingangskanäle unserer sinnlichen Wahrnehmungen von Mensch zu Mensch sehr verschieden und in spezieller Weise ausgeprägt sein können.

Es ergibt sich daraus eine weitaus größere Vielfalt, etwa in den Aufnahmemöglichkeiten eines Lernstoffs, als wir dies lediglich nach der unterschiedlichen Resonanz unserer Sinnesempfindungen vermuten können: Danach gibt es vielleicht vier oder fünf große Lerngruppen von Menschen: den visuellen Sehtyp, den auditiven Hörtyp, den haptischen Fühltyp, vielleicht noch den verbalen Typ und den Gesprächstyp.

Ein Lehrender sollte darauf grundsätzlich eingehen und seinen Unterricht entsprechend einrichten. Darüber hinaus erzeugt aber nicht nur deren unterschiedliche Kombination, sondern auch ihre Wechselwirkung mit weiteren emotionalen, motorischen und hormonellen Funktionen eine überraschend große Zahl grundverschiedener Lerntypen, und man sollte meinen, daß damit wohl kein Lehrer mehr für den Unterricht etwas anfangen kann.

Das Gegenteil ist jedoch der Fall. Für jeden, der in irgendeiner Form unterrichtet, ist schon das bloße Wissen um diese Vielfalt von größter Wichtigkeit — auch wenn er selbst als Lehrer im Unterricht glatt überfordert wäre, wollte er gleichzeitig jeden einzelnen Lerntyp optimal ansprechen. Schon im Bewußtsein, daß es nicht den Schüler gibt, ja nicht einmal den guten oder den schlechten Schüler, wird er viele ›Fehlleistungen‹, aber auch viele ›Glanzleistungen‹ als Resultat zufällig falscher oder richtiger Ansprache des Lerntyps verstehen und nicht ausschließlich als Ausdruck der Dummheit, Faulheit, Intelligenz, des Fleißes oder des Interesses eines Schülers. Darüber hinaus wird man den Lehrern jedoch durchaus allgemeine Hilfen und Rezepte geben können, mit denen sie nicht sich selbst, sondern die Schüler so früh wie möglich anleiten sollten, ihren eigenen individuellen Lerntyp herauszufinden. Kurz, wir müssen das ganze Problem — wenn schon der Lehrer als aktiver Faktor ausscheidet — auf den Schüler abwälzen.

Doch gerade dies ist sogar besonders günstig für den Schüler. Denn so lernt er rasch, jeder für sich, das Beste aus jedem Unterricht zu machen. Das Lernen wird auf einmal für ihn interessant, es wird seine ureigenste Sache. Je mehr er darüber herausfindet, wie er am besten lernt, den angebotenen Stoff in sein ›Grundmuster‹ übersetzt, desto mehr wird er von sich selbst verstehen — auch wenn es nur darum geht, ob er etwa im Unterricht sich besser Notizen macht oder sich nachher mit seinem Freund über den Stoff unterhält, ob er laut liest oder mit dem Finger die Zeile entlangfährt. In jedem Fall wird er merken, daß nicht nur er, sondern jeder seiner Mitschüler anders als der andere lernt und daß der Lerntyp sowohl unabhängig vom Stoff ist — wer hat nicht schon erfahren, daß er in ein und demselben Fach je nach Lehrer oder Schule gut oder schlecht sein kann — als auch vom Intelligenzgrad, das heißt von der Fähigkeit, Zusammenhänge zu erkennen, Analogieschlüsse zu ziehen, Gelerntes zu kombinieren und sinnvoll zu verarbeiten.

Wenn wir nun ein solches Arbeiten gemäß unserem eigenen Lerntyp verwirklichen wollen, so müssen wir wissen, daß bei unserem klassischen Schultyp auch heute noch das Verbale, das Wort und damit ganz bestimmte Eingangskanäle, Symbolassoziationen und Kodifizierungen ungemein bevorzugt werden – unter sträflicher Vernachlässigung ganzer Gehirnpartien, die für das Lernen eingesetzt werden könnten, sich jedoch daran nicht beteiligen. Die Wurzel für diese Unterrichtsmethode liegt tief im Mittelalter, in der Klosterschule, in der Predigt mit ihrer Sitzordnung, in einer körperfeindlichen Grundeinstellung, die den Geist vom Fleisch getrennt sah, obwohl doch kein einziger Gedanke ohne die Tätigkeit von Körperzellen zustande kommt.[3]

Um ein neues Verständnis der Wirklichkeit voranzutreiben, das die ›Muster‹ der Realität erkennt, muß sich in erster Linie etwas an den Lernformen unserer Schulen ändern, indem sie vom ersten Schultag an nicht das mit der Realität vernetzte Denken regelrecht austreiben. Ich sage bewußt austreiben, denn wir müssen es keineswegs als etwas Fremdes neu lernen, wir müssen es lediglich wiederentdecken. Denn es entspricht unserer innersten Natur. Dazu ein paar konkrete Beispiele:

● Wenn auf die Frage: »Was ist ein Stuhl?« ein Vorschulkind noch sagt: »Ein Stuhl ist, wenn man sich draufsetzen kann«, so wird jenes mit der Umwelt verflochtene Ding in der Schule sehr bald unter dem Begriff ›Möbelstück‹ eingeordnet.

● In einem Haus wird es bald nicht mehr etwas sehen, worin man wohnen und leben kann, sondern das Haus wird zum ›Gebäude‹.

● Gelb, rot oder blau ist nicht mehr eine Blume oder der Abendhimmel, sondern eine ›Farbe‹,

● Sommer ist nicht, wenn die Frösche quaken, wenn ein warmer Wind weht, wenn es nach Heu riecht, sondern er wird zur ›Jahreszeit‹.

● Und ein Frosch ist nicht etwa ein wichtiger Bewohner eines Feuchtgebietes, sondern er wird in die Familie der Ranidae eingeordnet, diese wiederum in die Ordnung der Anuro, die selbst wieder zur Klasse der Amphibien gehören. Und da bleibt er dann![2]

Der Zusammenhang verschwindet, und es entsteht eine Art Kreuzworträtsel-Intelligenz. Zusammenhänge werden zu Formeln verstümmelt, und dabei wird das Gehirn zu einem bloßen Speicher herabgewürdigt, in welchem sich die Realität, die sich dort einst so organisch einprägte, kaum noch wiederfindet. Hier würde ein Objektunterricht, der den Gegenstand des Lernens mit allen Sinnen des Organismus erfaßt, wie es die Waldorf-Pädagogik oder die Montessori-Schulen gezeigt haben, schlagartig die Auffassung des Lernstoffs verstärken, weil er nicht nur punktuell in abstrakten Begriffen, sondern an vielen sonst brachliegenden Gehirnarealen aufgehängt ist. Ebenso würde ein Projektunterricht, bei dem sich das Lernen um eine reale Aufgabe aufbaut, zu Neugier, Faszination und Erfolgserlebnis führen – weiteren Verankerungen für das Gelernte – ein Unterricht, der die Effizienz verzehnfacht, dadurch Zeit spart, aber auch die Anwendung des Gelernten in sinnvoller Weise ermöglicht.

Doch in unseren Schulen spielt die vernetzte Realität immer weniger mit. Nach dem Unterricht geht die Klappe runter, keine Möglichkeit, den Stoff mit der Wirklichkeit zu verbinden.

Es ist unendlich traurig, zu verfolgen, wie zunehmend unter Lernen nur noch das abstrakt-intellektuelle Lernen verstanden wird, wobei ganze Gehirnbereiche brachliegen, künstlich aus dem Spiel gebracht werden. Dadurch aber bleibt manche Intelligenz, deren Schwerpunkt nicht im Verbal-Abstrakten liegt, auf der Strecke, wird durch Willkür zum ›Versager‹ gemacht.

Bei einer solchen Selektionsweise wundert es nicht (wenn man das Verhältnis zwischen Mensch und Umwelt in unserer Industriegesellschaft untersucht), daß sich fast automatisch eine immer größere Unfähigkeit breitmacht, die Realität in ihren wahren Zusammenhängen überhaupt noch zu erkennen.

Statt nur mit Begriffen von Dingen sollten wir auch mit den Dingen selbst arbeiten, mit ihren Wechselwirkungen, mit ihrer Beziehung zur Umwelt. Und sofort würden auch die Begriffe sich im Gehirn nicht nur spärlich, sondern vielfach verankern können. Sie würden den visuellen, den haptischen, den gefühlsmäßigen und den auditiven Kanal in gleicher Weise nutzen und dadurch viel stärkere Assoziationsmöglichkeiten bieten als bei einem realitätsfremden Eintrichtern.

● Die Hauptforderung muß also lauten: Wenn schon nicht auf alle Lerntypen eingegangen werden kann, so muß ein wirksames

Schulsystem zumindest die Entfaltung all der unterschiedlichen Lerntypen erlauben, etwa des lesenden Einzelgängers, des ganz auf den Lehrer fixierten ›Mitarbeiters‹, des diskutierenden Gesprächstyps, des durch praktische Anwendung motivierten, des durch Wettbewerb angeregten wie des durch Wettbewerb frustrierten Typs, des sich bei Musik entspannenden und dessen, der sich im dicksten Betrieb am besten konzentriert, oder des durch Tätigkeit speichernden, des mit bereits vorhandenen wie auch mit erst später möglichen Assoziationen arbeitenden Typs — und hundert anderer. Jeder muß also die Möglichkeit haben, den angebotenen Lernstoff, die angebotene Information in die Sprache, in die Assoziationsmöglichkeiten seines eigenen Grundmusters zu übersetzen.

Jedes Wissen um den eigenen Lerntyp verbessert neben der Leistung selbst auch die gesamte emotionale Struktur. Die Tatsache, daß das Lernen auf einmal klappt — ganz gleich, auf welchem Weg —, bedeutet ein Erfolgserlebnis, welches das Denken befreit und das Lernen verbessert.[3])

Aus unseren Untersuchungen und den daraus entwickelten Methoden zu einem biologisch sinnvollen Lernen haben sich für eine Reihe von Medien (die ja gemäß ihrem ursprünglichen Sinn zwischen den Menschen und ihrer Umwelt vermitteln sollen) deutliche Hinweise ergeben, die sowohl der Lernende wie der Ausbilder im Sinne der angestrebten Bewußtseinsentwicklung nutzen sollte.

Die Fähigkeit, vernetzt zu denken, hängt weiterhin eng damit zusammen, inwieweit wir die ›Querverdrahtungen‹ unserer verschiedenen Gehirnareale und Wahrnehmungsfelder nutzen. Was heißt dies für den Unterricht? Nun, es bedeutet nichts anderes, als die Aufnahme eines Informationspakets zu einem Ganzheitserlebnis zu machen. Dazu müssen beim Lernvorgang möglichst die vorhandenen Neutronenbahnen, das heißt die gut eingespielten Gedankenverbindungen benutzt werden, wie sie zwischen den verschiedenen Gehirnarealen (inklusive der Gefühlsverknüpfungen und hormonellen Stimulation) bestehen. Eine Lernhilfe, die von beiden, dem Lehrer (indem er dazu die Möglichkeit gibt) wie dem Schüler (indem er seine individuellen Querverbindungen herausfindet) eingesetzt werden sollte. Dies kann selbst bei einem einzigen Eingangskanal der Fall sein, z. B. beim Lesen, wenn durch einen didaktisch aufbereiteten Text auch die anderen Eingangskanäle ›mitschwingen‹, die Phantasie angeregt statt getötet wird. Auf diese Weise wird das Gesamtgehirn für den Lernvorgang eingesetzt, so wie es auch den natürlichen Lernvorgängen des Menschen in seiner Umwelt entspricht. Eine Multimedia-Show ist also durchaus nicht unbedingt hierzu erforderlich. Ein weiterer Vorteil: Die Verankerung des Gelernten in dieser vernetzten Weise wird auch später eine umweltgerechte Anwendung in der Praxis erlauben und die vielfach auf der Basis eines abstrakten Lernvorgangs beobachtete Hilflosigkeit abschaffen.[1])

Falsche Wissensvermittlung
hindert Lernfähigkeit

Hierbei möchte ich speziell auf die Übermittlung von Informationen durch das Geschriebene eingehen, speziell auf das Schulbuch.

Es ist grauenvoll, was manche Schulbücher leisten. Denn was nutzen die gewaltigen, in einem Schulbuchtext eingepackten Stoffmengen, wenn sie die Lernfähigkeit töten. Was nutzt die exakteste akademische Formulierung, wenn sie sämtliche biologischen Lerngesetze verletzt? Sie verwirren den Schüler, nehmen die Lust am Lernen, blockieren die Aufnahme und das Verständnis, da nur sehr wenige Schüler aufgrund ihres Lerntyps darauf ansprechen können. Immer wieder springt einem dort ein unsinnig abstrakter Stil ins Auge, der wissenschaftlich zu sein glaubt, weil er möglichst alles mit Fachwörtern spickt, in geschraubter Weise alles in lauter Hauptwörtern ausdrückt und möglichst unanschaulich bleibt. Wir müssen uns fragen, was das eigentlich für Fachleute sind, die unsere Schulbücher mit solch einem verbalen Ballast vollstopfen und damit jede wirkliche Orientierung verhindern.

Was sind das für Pädagogen, die so auf jede Seite gewaltige, überflüssige Stoffmengen packen, damit die Lernfähigkeit töten und sich keinen Deut darum kümmern, was beim Lesen im Schüler vorgehen wird? Was sind das für Schulbuchredaktionen und Kultusminister, die solchen Büchern ihren Lauf lassen, ja sie sogar empfehlen?

68

Dabei gäbe es eine so einfache Möglichkeit, viele dieser grundlegenden Fehler zu vermeiden, und zwar indem man Text und Layout von Schulbüchern grundsätzlich von den Schülern miterarbeiten läßt. Durch eine solche Bearbeitung wird ein Text entstehen, an den sich die Schüler auch leicht erinnern können, weil er im Aufbau, in der Satzkonstruktion und in der Wortwahl assoziierbar ist. Und nur dann ist der Schüler in der Lage, diesen Lernstoff im Langzeitgedächtnis zu verankern und auch darin zu verarbeiten: über das Speichern hinaus auch mit ihm zu denken, was ja wohl das Hauptziel der Schule sein müßte.

Solange Schulbuchautoren es nicht verstehen oder nicht für nötig halten, ihre eigentliche Aufgabe zu erfüllen – nämlich das Buch für den Schüler zum Gesprächspartner zu machen und Neugier, Staunen, Begeisterung, Beziehung zum Leben, Spaß und Spannung bei ihm zu wecken –, so lange ignorieren sie die Gesetze der Gehirnfunktionen, und so lange müssen Schüler mit Büchern vorliebnehmen, die ihnen oft mehr schaden als nützen.

Das heißt aber nichts anderes, als daß wir die Aufnahme von Information, auch wenn sie nur durch einen gelesenen Text erfolgt, durch die Art dieses Textes zu einem Ganzheitserlebnis machen sollten. Denn auch ein geschriebener Text kann ja schließlich mehr als nur abstrakte Worte zum Schwingen bringen. Wenn er intelligent gemacht ist – und das sollte man eigentlich von einem Schulbuchschreiber erwarten –, dann kann er ohne weiteres sonst oft brachliegende Gehirnareale aktivieren, wie hier im motorischen und haptischen Bereich, die emotionalen Verarbeitungsfelder des limbischen Systems und die Motivation und die Erzeugung eines lernfreundlichen Aha-Erlebnisses über das Antippen des Hypothalamus durch die Aktivierung eines lernfreundlichen Hormonmusters.

Deswegen auch gleich ein paar einprägsame Textbeispiele. So haben wir einmal den einfachen Satz: »Die Mutter kocht in der Küche«, unter dem man sich ja durchaus etwas Bildhaftes vorstellen kann, ins Schulbuchdeutsch übersetzt. Er heißt dann: »Der weibliche Elternteil ist im Begriff, die für Nahrungszubereitungsmaßnahmen reservierte Raumeinheit im Sinne der entsprechend dafür vorgesehenen Arbeitsabläufe der Nutzung zuzuführen.«

Es ist klar, daß diese Information, obwohl sie den gleichen Inhalt hat wie vorher, sich eigentlich nur an wenigen Wortbegriffen aufhängen kann, aber weder verarbeitet noch gespeichert wird. Ähnlich ist es mit folgendem authentischen Satz aus der Umweltpolitik: »Zur Vermeidung dilatorischer Formelkompromisse fordert eine optimalisierte Umweltpolitik die Institutionalisierung rationaler Zielfindungsprozesse, die operational definierbar und divergierenden Zielen im Sinne praktikabler Konkordanz angepaßt werden können.«

Wenn man diesen Satz aus dem Artikel eines Umweltjuristen übersetzt, heißt das lediglich folgendes: »Damit es mit den Umweltgesetzen vorangeht, müssen erreichbare Ziele gefunden werden, die man mit den bestehenden Zielen vereinbaren kann.« Das entpuppt sich dann aber als so trivial, daß man es auch ganz weglassen kann. Vielleicht würden bei einer solchen Überarbeitung auch unsere Schulbücher beträchtlich dünner werden.[2]

Eine Einführung in die Handhabung unseres Gehirns, eine Erfahrung des eigenen Lerntyps, die Nutzung unserer vielen Gehirnpartien, um eine ankommende Information in den richtigen Eingangskanal zu übersetzen und zu verarbeiten, das Umgehen mit dem Gelernten, das Abstrahieren, Vergleichen und Analogienbilden, das Hantieren mit dem Stoff, das Wissen, in welchen Tabellen wir ihn finden, und nicht sein tabellarisches Eintrichtern — all diese Dinge, die wir als allererstes lernen müßten, werden uns in der Schule vorenthalten.[3]

Jeder hat die Aufgabe, das Lernen neu zu lernen

Wir sollten also nicht vergessen, daß aus dem Mangel an vernetztem Denken in der Schule schließlich das unvernetzte Denken in unserer späteren Planungs- und Vorgehensweise resultiert, ganz gleich, ob es darum geht, Firmen in einem neuen Gewerbegebiet anzusiedeln oder eine Straße oder ein Kraftwerk zu bauen, die dann nachher mit der sozialen, ökonomischen und ökologischen Wirklichkeit nicht zurechtkommen.

Der Schluß, den wir daraus ziehen können, ist nicht angenehm. Denn das heißt nichts anderes, als daß unsere Schulen und Hochschulen die Auszubildenden betrügen, weil sie ihnen ein falsches Wirklichkeitsbild präsentieren.

Ich möchte diese Aussage noch einmal symbolisch belegen (vergleiche hierzu auch das Computerbild in Kapitel 5): So wie ein in kleine Quadrate zerlegtes Bild aus den einzelnen Quadraten keine Aussage auf das Ganze zuläßt, so können wir noch so sehr darin geübt sein, die einzelnen Dinge unserer Umwelt getrennt nach Fach- und Lebensbereichen zu beschreiben. Das wird uns nichts bringen, solange die in Wirklichkeit verbindenden Beziehungen fehlen. Doch diese sind durch Fachgrenzen, Branchen- und Ressortgrenzen zerschnitten. Und damit ist die Wirklichkeit, wie sie ist, aus dem Gesichtskreis unserer Betrachtung verschwunden. Wollen wir sie wiederfinden, so genügt es nicht, beim Lernen noch so exakte Details aufzunehmen, wir müssen auch die Beziehungen zwischen den Details kennen. Denn nur in der Theorie, nicht aber in der Praxis liegen die Dinge so fein säuberlich getrennt. In der Wirklichkeit haben wir es, wie gesagt, ausschließlich mit komplexen Systemen zu tun.

Auch dazu ein augenfälliges Beispiel: Experten, gut ausgebildet, betreiben beispielsweise unsere Landesplanung so, daß sie vielfach die Dinge auch nur für sich betrachten, wie sie hier stehen: Straßen, Häuser, Wälder, Gewerbegebiet, Arbeitslosenzahl, Bevölkerungsmigration, Grünflächen, Pendler, Verkehrsaufkommen usw.... Und so behandeln sie sie auch: als Straßen, Wälder, Siedlungen und Menschen. Doch in Wirklichkeit erfahren sie dadurch nicht das mindeste über ihre Funktion, über ihre eigentliche Rolle im System. Denn die ist von Fall zu Fall verschieden.

Sie ergibt sich nicht aus den Komponenten selbst, sondern aus ihren Wechselwirkungen und Regelkreisen, die allein etwas darüber aussagen, ob dieser Lebensraum stabil ist, ob seine Abhängigkeiten sich vergrößern, welche Komponenten kritisch sind, oder wo er aus dem Gleichgewicht gerät. Wir können noch so sehr dafür sorgen, daß die Einzelkomponenten unserer Welt, also jene Straßen und Häuser und Fabriken, fein säuberlich geplant und sorgfältig gebaut und abgesichert sind, mit dem VDE-Prüfsiegel usw., und dennoch kann das Zusammenspiel des Ganzen in ein Chaos führen.[2])

So haben wir zwei ganz pragmatische Gründe, weshalb wir zu einem mehr mit der Realität verbundenen Lernen hinstreben müssen. Einmal weil wir nur so das Gelernte sinnvoll auf unsere

Umwelt anwenden und so der komplexen Realität angemessene Entscheidungen treffen können. Und zweitens, wie ich mehrfach gezeigt habe, weil der Lernvorgang als solcher im Kontakt mit der Realität und ihrer vernetzten Dynamik weit effizienter abläuft.

Ich glaube einfach, daß unsere heutige Lage eine solche neue Sicht der Dinge verlangt. Nachdem wir in unserer Industriegesellschaft den kognitiven Gehirnbereich und seine monokausale Logik im Laufe der letzten Jahrhunderte so großartig entwickelt haben, müssen wir in einem bewußten Willensakt auch die anderen Gehirnpartien in unser Denken und Handeln miteinbeziehen. Damit meine ich vor allem Funktionen der rechten Gehirnhälfte wie Kreativität und Intuition, die Fähigkeit, Wesentliches zu erkennen, weiterhin den äußerst subtilen und in der Informationsverarbeitung extrem schnellen Gefühlsbereich und über ihn natürlich auch das gesamte hormonelle Wechselspiel. All das muß neben dem kognitiven Bereich auf einer neuen Ebene in unser Denken (und damit auch Lernen) offiziell und gleichberechtigt Eingang finden.

Wir stehen heute vor der Aufgabe, unsere Spezies zu einer neuen, überlebensfähigen Integration mit der Umwelt hinzuführen. Das bedeutet Verhaltensänderungen. Diese setzen eine Beweglichkeit des Denkens voraus und sind immer mit einem Lernprozeß verbunden. Die Art der heutigen Wissensvermittlung geht jedoch an dieser zukunftsorientierten Erziehungsaufgabe völlig vorbei.

Anders handeln kann der Mensch nur durch anders sein. Alles, was unsere Kinder hierzu lernen müßten, wird ihnen vorenthalten, und das, was sie nicht brauchen, ja gerade jene scheinbaren Notwendigkeiten einer nicht mehr lebensfähigen technokratischen Welt werden ihnen eingeimpft.

- Immer mehr lernen, ohne zu verstehen!
- Immer mehr Wissen, aber keine Weisheit!
- Immer mehr Forschung, die das Wissen vermehrt, den Lernstoff vergrößert und doch nicht weiß, wohin sie führt!

Diese Art der ›Fortentwicklung‹ hat unsere Zivilisation, vielleicht sogar unsere Spezies, in eine Sackgasse geführt. Wir müssen unbedingt, und zwar umgehend, aus der bisherigen Entwicklung lernen — und dies nicht nach den alten Mustern!

Deshalb müssen wir, nachdem wir jenen kognitiven Bereich und seine Logik so großartig entwickelt haben, auch die anderen, mehr unbewußten Gehirnpartien der Mustererkennung, der bildhaften und analog arbeitenden Bereiche, der emotionalen und intuitiven Vorgänge und damit den Gesamtorganismus wieder in unser Denken und Handeln einbeziehen.

Die ganze eigenartige Entwicklung unseres Geistes in künstlichen, meist nur in sich selbst stimmigen Begriffsgebäuden, die in ihrer Realitätsferne selbst an der Realität jener Gehirnzellen vorbeigehen, mit denen sie gedacht wurden, diese Entwicklung war offenbar nur möglich auf der Basis einer Ignorierung der Einheit zwischen Denken und Fühlen, zwischen Intellekt und Organismus. Setzen wir diesen Weg noch weiter fort, so wird er uns höchstwahrscheinlich vollends unfähig machen, mit der Wirklichkeit sinnvoll umzugehen.[3]

Es gibt hoffnungsvolle Zeichen einer Einsicht in unserer Gesellschaft, die nach neueren Untersuchungen selbst hochbegabte Hochschulabsolventen dazu bringt, lieber eine weniger hochdotierte Tätigkeit auszuüben (auch wenn diese nach landläufiger Meinung ihrem beruflichen Niveau ganz und gar nicht entspricht), als sich vom Berufskampf aufzehren zu lassen und nur der Karriere zu leben. Ein sinnvolles reichhaltiges ›Leben‹ ist wieder wichtiger geworden und rangiert vor Geld und Prestige.

Ich glaube, daß nur dann, wenn sich im Menschen eine Liebe zu positiv-schöpferischer Arbeit entwickelt, die sich im Beruf auch verwirklichen kann, daß nur dann der Mensch wirklich ›lebt‹. (Schließlich dauert nach einer Repräsentativbefragung des Instituts zur Erforschung sozialer Chancen [ISO] der ›tatsächliche Arbeitstag‹ der berufstätigen Bundesbürger im Juni 1988 einschließlich der Hausarbeit statistisch immerhin 12,2 Stunden!)

Daß diese Orientierung an neuen Werten offensichtlich im Gange ist, das ist, meine ich, eine sehr gesunde Entwicklung, die wir begrüßen sollten. Und wenn wir beginnen, das Lernen neu zu lernen und seinen Wert nicht mehr im bloßen Notenspiegel zu sehen, nur dann, und nicht mit guten Zensuren, werden wir uns, wie Arthur Koestler sagt, ›die Zukunft geneigt machen‹ und ihren wahrscheinlich sehr ungewohnten Problemen gegenüber gewappnet sein.

Kapitel 3

Kommunikation ist überlebenswichtig
Vom kybernetischen Reifegrad unserer Systeme

Inzwischen ist es kein Geheimnis mehr, daß unsere Industriege-sellschaft in einem Umbruch begriffen ist. Es ist naheliegend, daß bei der unabdingbaren Neubesinnung in unserer Lebens- und Wirtschaftsweise der Kommunikation eine ganz besondere Rolle zufällt.

Eigentlich kann sich keine gesellschaftliche Gruppe heute mehr leisten, über die Rahmenbedingungen, die wir als Men-schen in unserer Umwelt vorfinden, nicht Bescheid zu wissen. Daß viele in der Vergangenheit glaubten, darüber hinweggehen zu können, hat sich meist bitter gerächt. Die schier unüberwind-lichen Probleme, vor denen wir heute in fast allen Bereichen ste-hen, sind die Folge davon.

Doch welche Instanz kann uns die Richtung vorgeben, in die wir bei dieser Aufklärungsarbeit gehen müssen?

Welche Erkenntnishilfen stehen uns zur Verfügung, sowohl was die Wahl der Themen und ihres Inhalts als auch die wirksam-ste Form der didaktischen Umsetzung betrifft?

Fangen wir bei dem allgemeinsten Ziel an — es geht um das Überleben der menschlichen Gesellschaft und ihres Lebensrau-mes. Wobei ›Überleben‹ nicht bloßes Vegetieren bedeutet, son-dern Entwicklungsmöglichkeit, Entfaltungsmöglichkeit und Selbstverwirklichung, also das, was alle lebenden Systeme von den nichtlebenden unterscheidet. Was uns dazu fehlt, ist im Grunde genommen Aufklärung darüber, wie sich komplexe dy-namische Systeme am Leben erhalten.

Und da gibt es ein interessantes System, welches über rund vier Milliarden Jahre gezeigt hat, wie es das auf geschickteste Weise anstellt: nämlich die biologische Welt, das System unserer Biosphäre. Nebenbei ist es auch das einzige System, dem dies auf unserem Planeten bisher gelungen ist.

In solchen entscheidenden Momenten unserer Gesellschaft wie heute werden wir uns notwendigerweise darauf besinnen müssen — obwohl wir das lange Zeit über unserer stürmischen technischen Entwicklung, bei der alles machbar schien, vergessen haben: daß auch wir selbst immer ein untrennbarer Teil dieser Biosphäre sind, von Kopf bis Fuß aus lebenden Zellen bestehen, und daß wir allein schon durch die universelle Sprache unseres genetischen Codes, der sich in Form der DNS-Spiralen in jeder unserer Zellen befindet, mit allen anderen Lebensformen auf diesem Planeten auf engste Weise verbunden sind.

In der Tat erfahren wir nun aus dieser Quelle des biologischen Lebens sowohl die Gesetzmäßigkeiten, nach denen sich Systeme am Leben erhalten: die Techniken, Strukturen, Funktionen und Organisationsformen (und niemand dürfte sich was dabei vergeben, von einer Firma zu lernen, die seit Milliarden Jahren nicht pleite gemacht hat), als auch die Art und Weise, wie wir im Hinblick auf dieses Ziel unsere Kommunikation bewerkstelligen sollen. Auch die Kommunikationsaufgaben von Rundfunk, Fernsehen, Telefon, Fernschreiber, Online-Computer und Home-Computer haben ja in lebenden Systemen ihre Analogien.

Wie ich an anderer Stelle schon sagte, ist z. B. auch unser Gehirn kein isolierter Computer, sondern steht mit den ganzen Lebensfunktionen unseres Körpers in ständiger Rückkopplung. Über das Gehirn erfolgt die Stimulation der Sexualorgane, der Schilddrüse, der Verdauungsorgane und wird auch die Streßreaktion gesteuert. So kommt es, daß die Speicherung und Verarbeitung jeglicher Wahrnehmung, jeglicher Information — ob wir nun wollen oder nicht — auch stark von deren emotionalem Gehalt beeinflußt wird, wobei zum Teil interessante Regelkreise in Aktion treten. Etwa beim Mann durch den Anblick eines nackten Mädchens: Der Primärreiz, über das Auge in die visuellen Wahrnehmungsfelder geleitet, wird dort sozusagen ›geometrisch‹ interpretiert. Durch die Meldung: ›Achtung, interessante Rundung‹ werden gewisse Neuronen des Hypothalamus aktiviert. Wäre das ›Ding‹ viereckig, so würde der Impuls woanders hinwandern.

Der Hypothalamus stimuliert nun durch Ausschüttung eines

Triggerhormons die Hypophyse, die — soweit von anderer Seite keine Bedenken vorliegen — nunmehr ein gonadotropes, das heißt auf die Keimdrüsen gerichtetes Hormon ausschüttet. Diese werden aktiviert, und nun erst durchströmen die eigentlichen Sexualhormone den Organismus. Diese führen nicht nur zu den verschiedensten organischen Reaktionen, wie leichter Blutdruckanstieg, Erröten, Pulsbeschleunigung und Erektion, sondern werden gleichzeitig wieder als neue Wahrnehmung, als chemische Wahrnehmung im Gehirn gespeichert und mit anderen Informationen gekoppelt. Unser Denken verläuft in andere Bahnen, andere Entscheidungen werden gefällt.

Aber auch die Hypophyse reagiert auf das Signal der Sexualhormone. Die Meldung: »Hallo, wir sind da!« veranlaßt sie, die weitere Ausschüttung von gonadotropen Hormonen zu stoppen. Denn es könnte ja sein, daß die Dame längst verschwunden ist und der ganze Betrieb nun völlig unnötig weiterläuft. Befindet sich die Brust dagegen noch im Blickfeld, so erfolgt ein neuer Impuls, und das Ganze bleibt in Aktion.

Diese eigenartige Signalweitergabe von Relaisstation zu Relaisstation ist typisch für die biologische Informationsverarbeitung, eine Art Staffettenlauf. Anders als wenn die Wahrnehmung über eine durchgehende zentrale Anweisung in einem Schritt zu Ausschüttung der Sexualhormone führen würde, ist hier an mehreren Stellen eine Kontrollmöglichkeit gegeben, das System sozusagen gegenüber der Umwelt geöffnet, um den Vorgang notfalls zu stoppen oder erst gar nicht in Gang kommen zu lassen — einer der typischen Regelkreise mit negativer Rückkopplung, die dafür sorgen, daß immer alles von allein wieder ins Lot kommt.

Neben der hormonellen Kommunikation kennen wir noch die gezielte elektrochemische Informationsübertragung durch die Nervenleitungen mit ihrer Sofortwirkung von rund einer hundertstel Sekunde. Zirka 500 000 Kilometer lang ist das Gesamtnetz der Verbindungen zwischen unseren 15 Milliarden Gehirnzellen. Die Nervenverbindung entspricht in gewissem Sinne der Telefonleitung zwischen zwei Teilnehmern. Und genauso haben auch die hormonellen Regelkreise (mit ihrer Aufgabe, ganze Körperzustände zu regulieren) trotz der etwa zweihundertmal langsameren, stofflich-flüssigen Übertragung ihr Pendant in der Technik.

76

So verläuft die hormonelle Informationsübertragung eher analog der Ausstrahlung eines Rundfunksenders, das heißt als ›Meldung an alle‹. Ihre Wirkung hängt dann nur noch von der Existenz eines geeigneten Empfängers ab. Die Abklingzeit kann hier im Gegensatz zur nervlichen Erregung viele Stunden, ja Tage dauern (auch beim Rundfunk — man denke z. B. an die sich an ein Ereignis anhängenden politischen Kommentare), weshalb sich manche Folgereaktionen in ihrer Rückkopplung stark überlagern.

Das Studium der Software- und Hardwarefunktionen des menschlichen Gehirns als Informationszentrale unseres Organismus lehrt uns jedenfalls sehr deutlich, wie wir seine Funktionen einsetzen, wie unser Bild von der Wirklichkeit entsteht und wie wir am effizientesten lernen müßten. Und das zeigt so ziemlich alles, was unsere Wissenschaft mittlerweile über diese Funktionen weiß, daß die Lernformen unserer Schulen keineswegs die besten sind, um die Wirklichkeit zu verstehen, allein schon, weil sie nicht mit dem biologischen Organismus, sondern größtenteils — und dies mit unnötigem Aufwand — gegen ihn arbeiten und damit gegen ein System, dessen Funktion sie stören, statt sie zu nutzen!

In dieser Unfähigkeit des einzelnen, mit seinem Organismus richtig umzugehen, finden wir eine auffallende Parallele zu dem unbeholfenen Umgang der Zivilisationsgesellschaft mit ihrer Umwelt, die sie — ebenfalls unter großem Aufwand — vergewaltigt, statt ihre Systemkybernetik zu nutzen.

Alle Dinge wirken zusammen

Leider haben wir uns eben in der Vergangenheit kaum mit Systemen und ihren Gesetzmäßigkeiten beschäftigt, sondern meist nur mit ihren Teilen. Die Verflechtung dieser Teile — sei es in unserem eigenen Organismus, sei es in einem ganzen Lebensraum — gewinnt jedoch heute zunehmend an Bedeutung, manchmal größerer Bedeutung als die Teile selbst!

Dazu muß ich nun ein wenig auf den grundlegenden Unterschied zwischen komplexen Systemen und Nichtsystemen eingehen. Denn ein komplexes System, und damit auch unsere Lebensräume und Ballungsgebiete, unsere Wirtschaft ebenso wie die Natur, sind etwas ganz anderes als ein Nebeneinander von Einzeldingen. So sind die Elemente eines Systems immer durch ein dynamisches Wirkungsnetz zu einer Gesamtheit, zu einem Ganzen organisiert.

Sobald aber Organisation im Spiel ist, erlangt vor allem der Informationsfluß, also die Kommunikation, eine vorrangige Bedeutung. Sie ist das wichtigste Element eines jeden Organismus. Sei dies das System eines Ballungsgebietes oder eine einzelne Körperzelle, in der auch wieder Tausende von Abläufen zu einem verschachtelten System von Regelkreisen verknüpft sind, z. B. die Stoffwechselzyklen einer einzigen menschlichen Körperzelle.

Der Grund für die Vernetzung der Informationsflüsse ist klar: Damit ein solches System für längere Zeit überlebensfähig ist, müssen sich die Systembestandteile gegenseitig regulieren können, mit sich selbst und mit der Umwelt in Rückkopplung stehen. Und dazu gehört in erster Linie ein ausgeklügelter und gut funktionierender Informationsaustausch.

Die Regelmechanismen sind im Prinzip in allen Systemen die gleichen, in einer einzelnen Körperzelle genauso wie in einem Ökosystem oder in der inneren Struktur von Rundfunkanstalten. Sie von dort, wo sie am effizientesten funktionieren, nämlich aus der biologischen Welt, auf die vom Menschen geschaffenen Bereiche zu übertragen, ist übrigens eine zentrale Aufgabe meines Instituts.

Es ist in der Tat verblüffend, wie alle wesentlichen Systemgesetzmäßigkeiten in der Natur (ganz ähnlich wie die physikalischen Gesetzmäßigkeiten) auch für unsere künstlichen Systeme gelten. Dies erlangt vor allem dann besondere Bedeutung, wenn Systeme sich in ihrer Struktur verändern. Und das wiederum tun sie vor allem, wenn sie wachsen, wenn die Zahl der Elemente, aus denen sie bestehen, zunimmt. Genau das ist heute auf diesem Planeten der Fall. Nicht nur die Dichte der Menschheit hat exponentiell zugenommen, auch alles, was wir schaffen, herstellen und verteilen, die Energiedichte, die Materialdichte, kurz alle Teile des Systems sind so dicht aufeinandergerückt, daß das System als Ganzes plötzlich eine tausendfache Dichte hat.

Was passiert nun, wenn ein System eine Dichteschwelle überschreitet? Eine Reihe von Ergebnissen aus der Biologie und der

Verhaltensforschung zeigen, daß sich entweder der Schritt zu einer höheren Organisationsform vollzieht, oder aber das System zusammenbricht. Ein Vorgang, bei dem übrigens der Streß in Form des sogenannten Dichtestresses eine wichtige Rolle spielt. Dieser Dichtestreß läßt, wie gesagt, zwei Möglichkeiten zu: Entweder macht er krank, steril, aggressiv, was alles zur Vernichtung von großen Teilen der Population und damit zu geringerer Dichte führt, oder aber, er zwingt zur Anpassung an die neue Dichte, das heißt zu einem neuen Verhalten, zu neuen Kommunikationsformen, die zu einer Organisation auf höherer Stufe führen.

Wenn daher bisher weit auseinanderlebende Einzelwesen so weit zusammenrücken, daß sich ihre Lebensräume, ihre Privatsphären erstmalig überschneiden, so müssen sie auf einmal Kommunikation lernen, z. B. bei Vögeln, indem sie Warnlaute ausstoßen, um das Revier abzugrenzen. Von dort geht es zur nächsten Dichteschwelle, wo schon gegenseitige Verständigung in der Gruppe nötig ist, z. B. bei der Futtersuche. Weiter dann zur Zusammenarbeit und Hilfe in der Gruppe mit entsprechenden Sozialordnungen bis zur gemeinsamen Umweltgestaltung, zur Einrichtung von Behausungen usw. Auch unsere neuen Kommunikationsformen wie Radio, Fernsehen und Computerterminals liefen parallel zu unserer Dichtezunahme. Eine Entwicklung, die jedoch durchaus nicht immer reibungslos verlaufen muß. Denn jedesmal, wenn sich bisher isolierte Lebensräume überschneiden, entsteht Streß, allein schon durch die häufigere Begegnung mit einem konkurrierenden Artgenossen.

Untersuchungen gibt es auch bei den Baumspitzhörnchen, den Tupajas. Bringt man zwei konkurrierende Tiere zusammen, so zeigt das dominante Tier einen glattbehaarten Schwanz; das unterlegene Tier sträubt dagegen die Haare, ist stark gestreßt.

Im Tierversuch fand man heraus, daß schon wenige Stunden Dichtestreß, wie er allein schon durch den in der Enge erzwungenen Anblick eines in der Rangordnung höheren Artgenossen erzeugt wird, zur völligen Impotenz führen kann.

Ein mikroskopischer Schnitt durch die Hodenkanälchen eines derart gestreßten Baumspitzhörnchens zeigt vorher eine reiche Anfüllung mit Samenzellen. Schon nach sechs Stunden herrscht hier völlige Leere. Die Produktion von Samenzellen wurde gestoppt — offenbar mit dem Ziel, die Population nicht noch weiter anwachsen zu lassen. Eine temporäre Sterilität, die erst nach einer langen Erholungsphase noch einmal behoben werden kann. Ganz ähnliche Streßsituationen wie bei in Gefangenschaft gehaltenen Tupajas finden wir in der Schule. Auch hier sind die Schüler dem Anblick eines überlegenen Artgenossen, des Lehrers, ausgesetzt, ohne den Streß auf natürliche Weise, nämlich durch Furcht oder Angriff, abbauen zu können. Angreifen können sie nicht, weil der andere überlegen ist — höchstens indirekt oder versteckt (z. B. durch Schießen von Papierkügelchen!) —, und Flucht ist ebenfalls nicht möglich, denn die Klassentür ist zu. (Und ich bin sicher, daß auch in manchen Redaktionen der eine oder andere Tupaja mit gesträubtem Schwanz sitzt.)

Es ist nun recht interessant, daß es auch Fälle gibt, wo der überlegene Artgenosse durch den unterlegenen in Streß geraten kann. Auch das wird der eine oder andere bereits kennen. Am Institut für Nachrichtentechnik in München wurde der Informationsfluß zwischen zwei Totenkopfäffchen untersucht. Das eine war das dominante Tier, sozusagen der Held, das andere das untergebene Tier. Nennen wir sie Herr und Sklave. Durch sorgfältiges Registrieren bestimmter Verhaltensweisen, wie Zusammensitzen, Weggehen, Imponieren, Bedrängen, wurden die Informationseinheiten, die sogenannten Bits, die von einem Affen zum anderen gehen, nach einer einfachen Entropieformel bestimmt.

Dabei ist etwas ganz Erstaunliches herausgekommen: Der Herr registrierte weit mehr Informationen, die vom Sklaven ausgingen, als der Sklave vom Herrn. Das heißt aber, der Herr war krankhaft bemüht, genau all das zu erfahren, was der Sklave gerade tat. In Zahlen ausgedrückt, nahm der Herr, also das dominante Tier, von den Verhaltensäußerungen des unterlegenen Tieres (in Informationseinheiten gemessen waren das 0,6 Bits) immerhin 0,2 Bits auf, also etwa ein Drittel der Gesamtinformationen. 0,4 Bits gingen verloren. Und jetzt kam die Überraschung.

Von den 0,6 Bits, die das überlegene Tier durch die gleichen Gesten, wie Imponiergehabe, Girren, Bedrängen oder ›Den-Hintern-Zeigen‹ dem unterlegenen Tier mitteilte, nahm dieses jedoch nur 0,02 Bits, also nur ein Dreißigstel der Gesamtinformation pro Zeiteinheit auf. Das heißt aber zehnmal weniger als der Herr vom Sklaven. Während das unterlegene Tier sich also im Gegensatz zu dem bei den Tupajas beschriebenen Fall praktisch einen Dreck darum kümmerte, was ihm das überlegene Tier mitteilte, war dieses sehr darauf bedacht, alle Informationen von dem unterlegenen zu ergattern; vermutlich in dauernder Angst, seine Überlegenheit zu verlieren. Fazit: Der Herr richtet sich mehr nach dem Sklaven, als der Sklave nach dem Herrn; gewissermaßen ein ›Soldat-Schweijk-Leutnant-Lukasch‹-Verhältnis.

Schon diese paar Beispiele zeigen, daß die Kommunikationsarten, die bei lebenden Systemen eine Rolle spielen, sehr verschieden sind. Bei den Tupajas und den Affen war es der bloße Anblick des anderen. Die gesamte Lebewelt, deren Organisation und somit Existenz mit einer funktionierenden Kommunikation steht oder fällt, ist so von einem Netz unterschiedlichster und oft mysteriös erscheinender Kommunikationsarten durchzogen, die wir erst nach und nach entdecken oder in der Technik nachvollziehen.

Bei Insekten kennen wir die äußerst wirksamen Pheromone, von denen wenige Moleküle genügen, um Männchen und Weibchen über viele Kilometer unfehlbar zueinanderfinden zu lassen (es sei denn, wir reden ihnen durch biologische Schädlingsbekämpfung mit künstlichen Sexuallockstoffen dazwischen). Und wenn wir beobachten, wie Ameisen eine ganz andere Spezies, nämlich Blattläuse, füttern, melken und beschützen, so liegt die Erklärung für diese Gastfreundschaft, die eigentlich eine Art Haustierhaltung ist, in der Fähigkeit der Gäste, mit den Ameisen in der gleichen chemischen und mechanischen Sprache, nämlich durch Geruchsstoffe und Betastungsriten zu kommunizieren.

Ganz anders wieder die Stechmücke. Sie arbeitet mit einem akustischen Peilsystem, dessen Technik jetzt Vorbild für eine neu entwickelte Radarantenne geworden ist. Lachse und Aale wiederum finden ihre weit entfernte Heimat durch Entlangtasten an den von dort stammenden, also in Richtung auf jene Heimat immer dichter werdenden typischen Molekülgruppierungen und schwimmen sozusagen in der ihnen eingeprägten Duftlandschaft einfach ›bergab‹. Andere Fische, wie die Zitterwelse, kommunizieren dagegen elektrisch. Wie die Urwaldbewohner ihre unterschiedlichen Trommelsignale, senden sie Ionenimpulse durch das Wasser. Eine Verständigung, die selbst zwischen völlig getrennten Becken funktioniert, die lediglich über eine elektrische Leitung verbunden sind.

Man denke weiterhin an das vielgestaltige Sonar-Echo-System der Delphine, mit dem sie sich ein akustisches Bilderlebnis ihrer Umwelt verschaffen, ganz zu schweigen von den Orientierungsmöglichkeiten der Wandervögel, sei es am Erdmagnetfeld, an Gravitationsschwankungen, am Sonnenstand oder an kleinsten Luftdruckänderungen — alles biophysikalische Wechselwirkungen, die ebensowenig wie diejenige zwischen Wünschelrute und menschlichem Nervensystem in den Bereich Wahrnehmungen gehören, sondern im Grunde nur die hohe Diversität der Natur auch im Kommunikationsbereich offenbaren — vielleicht, damit immer einige ihrer Funktionen auch unter ungewöhnlichen Bedingungen gewährleistet sind.

Ich habe mir diese Aufzählung erlaubt, um deutlich zu machen, daß wir mit unseren technischen Neuentwicklungen erst einen kleinen Zipfel dieser überwältigenden latenten Kommunikationswelt unserer Biosphäre ergattert haben — Kommunikationsmöglichkeiten, die die Natur sicher auch für uns noch für besondere Fälle in Reserve hat.

Höherrangige Organisation nur mit verbesserter Kommunikation

Ein solcher besonderer Fall wäre in der Tat die Überschreitung einer neuen Dichteschwelle. Nicht nur bei Amöben, auch bei höheren Tieren können wir beobachten, daß eine Spezies, die eine gewisse Dichteschwelle überschreitet, sich neu organisieren und dazu vor allem neue Verständigungsarten zwischen ihren Individuen aufbauen muß, will sie nicht durch eine Katastrophe auf die frühere Dichte zurückfallen. Eine gewisse Ähnlichkeit mit unserer eigenen Situation ist hier nicht abzuleugnen.

Die Frage ist nur, ob die Entwicklung der Holographie, der Laserstrahlen und Glasfaserkabel, der Infrarotsteuerung, der Ultraschallkamera, ja von BTX, Telefax, Teletext und anderen neuen Informationsmedien unsere Kommunikation wirklich verbessert. In der Tat eröffnen sich dadurch ja weitere Fenster in eine bisher unbekannte Kommunikationswelt. Das reicht jedoch nicht aus.

Erst ein neuer sinnvoller Einsatz dieser Medien, der nicht einfach Bestehendes auf andere Weise übermittelt, könnte uns bei der inzwischen eingetretenen Menschendichte helfen, die offenbar auch bei unserer Spezies nunmehr nötige neue Verständigungsebene zu erschließen — und damit auch eine wieder lebensfähigere Organisation. Dazu würde z. B. gehören, daß wir so, wie in der Biosphäre üblich, endlich auch unser Kommunikationsgeschehen einer vernünftigen Aufgliederung in grob materielle, in fließende und in immaterielle ›Verkehrsarten‹ folgen lassen.

Wir sehen aus diesen wenigen Streiflichtern, daß es Kommunikation in allen Lebensbereichen gibt — bis hinunter auf Bakterienebene —, und daß das Kommunikationsgeschehen wesentlich mit den Überlebensstrategien einer Art zusammenhängt. Gerade in einem so umfassenden und vernetzten System wie demjenigen der menschlichen Gesellschaft kommt daher einer funktionierenden Kommunikation zwischen seinen Teilen eine ständig wachsende Bedeutung zu. Dabei ist der Begriff sehr viel weiter zu fassen, als dies üblicherweise getan wird. Und deshalb ist auch jegliche Art von Kommunikation wegen ihrer zentralen Rolle für und ihren Einfluß auf den Menschen nur aus ihrem Systemzusammenhang heraus richtig zu beurteilen.[1]

Dabei ist auch bedeutsam, um komplexen Problemen heute und in Zukunft besser gerecht zu werden, daß die Menschen in den meisten Lebensbereichen eine bessere Kommunikation und Zusammenarbeit pflegen als bisher. Wer die Verflechtung eines Problems mit seinem Umfeld akzeptiert, vernetzt denkt, kommt folgerichtig auch zu neuen Formen der Teamarbeit, wo die Gesamtlösung nicht durch eine Summierung, sondern eine Vernetzung von Einzellösungen angestrebt wird.

Die Elemente eines Netzwerks sind: das Endereignis, die Teilereignisse, die Einzeltätigkeiten und einsinnigen Wege, die diese Elemente miteinander verbinden und ihre Interdependenten herstellen. Hinzu kommen Termin- und Kostenfaktoren. Solche Netzwerke wurden erstmalig 1956 unabhängig und fast gleichzeitig von Industrie und Militär in den USA entwickelt. Kelley von Remington Rand und Walker von Dupont entwickelten zusammen die CPS-Methode (Critical Path Scheduling), die seitdem in vielen Großprojekten mit ungeheurem Vorteil angewandt wird. Die PERT-Methode (Program Evaluation and Review Technique) verdankt ihre Entstehung dem Polaris-Projekt der US-Navy, in welchem sie ihre Feuerprobe glänzend bestand. Der

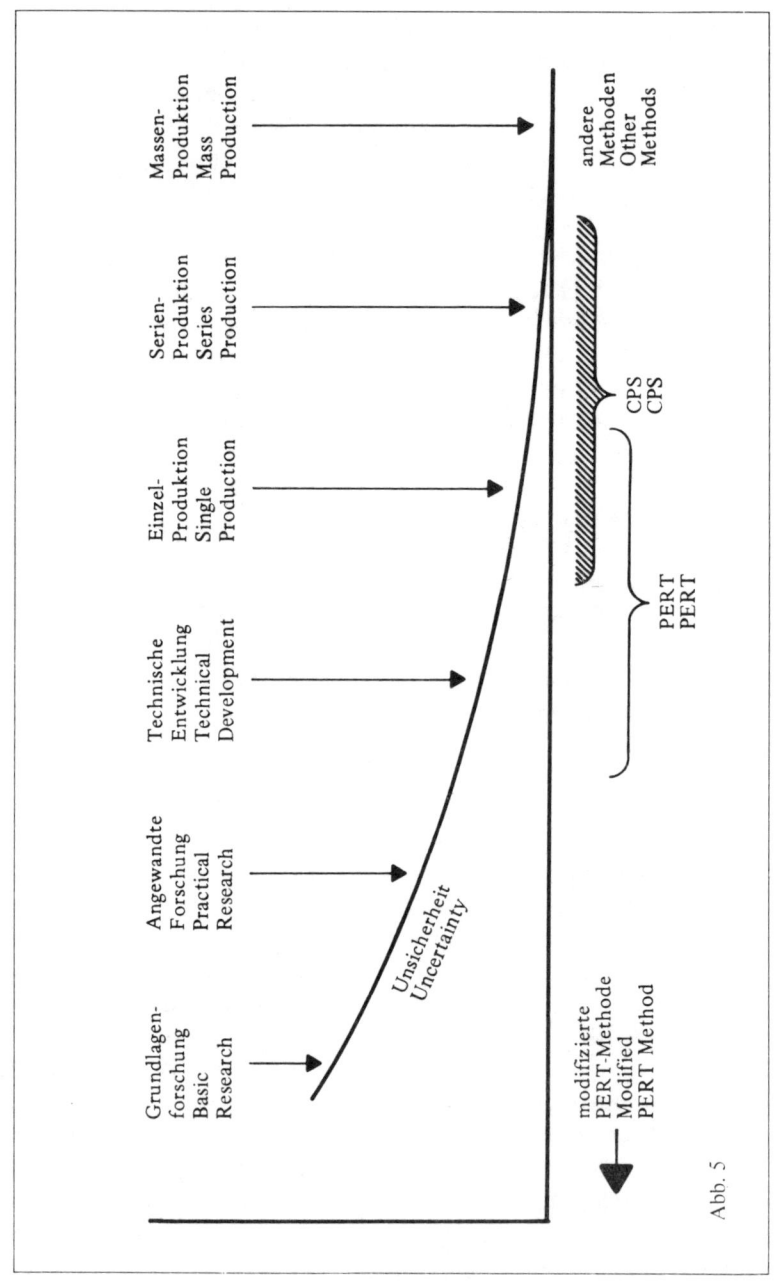

Grundlagen-
forschung
Basic
Research

Angewandte
Forschung
Practical
Research

Technische
Entwicklung
Technical
Development

Einzel-
Produktion
Single
Production

Serien-
Produktion
Series
Production

Massen-
Produktion
Mass
Production

Unsicherheit
Uncertainty

andere
Methoden
Other
Methods

CPS
CPS

PERT
PERT

modifizierte
PERT-Methode
Modified
PERT Method

Abb. 5

Vorteil gegenüber herkömmlichen Planungsmethoden ist der, daß Tätigkeitsplanung (die ja zweidimensional ist) und Terminplanung (eindimensional) übersichtlich getrennt werden können. Wenn der in das Netzwerk eingebaute Faktor Zeit nur noch durch die Aufeinanderfolge der Einzeltätigkeiten, also durch seinen qualitativen Gehalt eines ›Vorher‹ und ›Nachher‹, jedoch nicht mehr quantitativ durch seine Dauer vertreten ist, wird es möglich, die PERT-Methode, die hier noch kaum in das Gebiet angewandter Forschung hineinragt, in Richtung größerer Unsicherheitsfaktoren zu verschieben. Auf geeignete Aufgaben der angewandten und Grundlagenforschung angesetzt, kann sie dann auch beim Vorstoß in unbekannte Gebiete zu einer sinnvollen Arbeitskonzeption führen.

Da die Einzeltätigkeiten − abgesehen von ihrer Zugehörigkeit zu den vernetzten Teilereignissen − auch untereinander vernetzt sind, werden aus dem Gesamtnetzwerk mehrere Wochen gültige personengebundene Teilnetzwerke herausgezogen, die noch die nächst kommunizierenden Arbeiten der anderen Mitglieder erhalten und so ein optimales Einspielen einer Prioritätenskala erlauben. Nach weitgehender Erfüllung dieser Teilnetzwerke erlaubt die Gruppenbesprechung vor dem Hauptnetzwerk die Entfernung erledigter Punkte, das Vorrücken neuer sowie die Verteilung der neuen Einzeltätigkeiten nach apparativer und personeller Kapazität in relativ kurzer Zeit.

Abgesehen von den Gruppenbesprechungen, in denen vor dem Netzwerk zügig, gründlich und schnell das gesamte Projekt durchgekämmt wird, ist durch die offenliegende Planung jeder Beteiligte jederzeit auch über die Arbeiten der anderen und somit über den Stand des Gesamtprojekts orientiert. Ein wichtiger Effekt dieses ständigen Orientiertseins über Sinn und Platz der eigenen Tätigkeiten liegt eindeutig in einer stark erhöhten Anteilnahme und Arbeitsfreude, verknüpft mit neuen Möglichkeiten einer konstruktiven Kritik aller Mitarbeiter − auch der Laboranten. Die Beweglichkeit der Darstellung von Abläufen mit modernen Kommunikationsmedien, beispielsweise einer Magnettafel, von Film oder Video, erlaubt dabei zu jeder Zeit, die Zielsetzung nach neu auftauchenden Gesichtspunkten zu revidieren.

Die jederzeit der logischen Verknüpfung gemäße Dokumentation und die sofortige Ablesbarkeit des Forschungsstadiums durch die Netzwerktechnik erlaubt auf der soziologischen Seite erstens ein unvorbereitetes Aussetzen selbst der ganzen Gruppe zwecks Urlaub, Umzug oder wegen anderer dringender Arbeiten zu beliebiger Zeit, ohne daß nachher Wochen vergehen, bis man sich wieder eingearbeitet und zurechtgefunden hat.

Zweitens ermöglicht die Netzwerkdarstellung die schnelle Einführung von Leuten, die nicht unmittelbar beteiligt sind, z. B. von Besuchern, kaufmännischen Gutachtern, Geldgebern und Verwaltungsfachleuten.

Die Einführung eines neuen Mitarbeiters ist natürlich mindestens ebenso rasch zu bewerkstelligen, so daß es als dritte Konsequenz möglich wird, jedes Gruppenmitglied einschließlich des Gruppenleiters zu jeder Zeit kurzfristig zu ersetzen, ohne daß gleich das ganze Forschungsprogramm zusammenbricht.

Nicht zuletzt wird schließlich auch die Gruppe als Ganzes durch die Netzwerktechnik und die bewußte Einordnung der eigenen Tätigkeit erst zu einem richtigen Team, in dem der einzelne sein Problem nicht mehr als sein eigenes Baby behandelt oder gar von dessen Erfolg abhängt. Wenn einer nicht weiterkommt, wird die Schuld nicht mehr a priori in der Person, sondern in der Sache gesucht. Denn jede Arbeit ist, weil gemeinsam geplant, auch ein wenig die Arbeit aller anderen. So gibt z. B. nicht der einzelne, sondern das Team eine erfolglose Tätigkeit auf. All das bedeutet natürlich eine völlige Abwendung vom Forscher im Alleingang, ohne dabei dessen Eigeninitiative und Eigenkreativität zu schmälern. Sein Ehrgeiz zielt jetzt mehr auf Erfüllung des Gruppenziels.

Fast automatisch wird dabei weitgehend jede Rivalität ausgeschaltet. Denn Prestigestreitigkeiten über die Wichtigkeit der eigenen Tätigkeit sind z. B. einfach nicht mehr substantiell, da ja die Prioritätenskala im Netzwerk festliegt. Kurz, das Verhältnis der einzelnen Teammitglieder wird offener, sachlicher, unemotionell, weil der einzelne sich nicht mehr mit seinen Arbeiten identifiziert. Eine Schiffsbesatzung, die man rein äußerlich zunächst mit einem Team vergleichen könnte, weil sie ebenfalls aufeinander angewiesen ist, ist also völlig anders strukturiert. Dort sind die Tätigkeiten genau fixiert und die Verantwortungsbereiche nicht überschreitbar, während die rationelle Teamarbeit in der Forschung genau das Umgekehrte verlangt.

Man fragt sich natürlich sofort, ob man den Gefahren einer hierin verborgenen ständigen Tendenz zur Anarchie und Verantwortungslosigkeit auf die Dauer begegnen kann? Vielleicht liegt eine der Hauptleistungen der Netzwerktechnik darin, jene Gefahren gebannt zu haben. Zunächst einmal haben wir selber erfahren, daß die Verantwortung des einzelnen bereits durch die Gruppenbesprechungen und die dadurch garantierte Mitwirkung jedes Teammitglieds an der Gesamtplanung besonders stark aufgerufen ist. Man könnte sich auch den Extremfall vorstellen, daß jeder sich auf den andern verläßt und A seinen Teil der Aufgabe nicht bearbeiten kann, weil er dazu die Ergebnisse von B benötigt, die sich jedoch auf die von C stützen, der aber seinerseits erst die Ergebnisse von A einsehen muß, ehe er beginnen kann. Auch hier schafft eine Netzwerkdarstellung sofortige Klarheit, weil sie solche Kreisprozesse ohne Ausgang, die ja auf logische Fehlschlüsse in der Planung hinweisen, sofort erkennt und zu ihrer Beseitigung zwingt.[2]

Hemmfaktoren für das >neue Denken<

So rational ein solches Verfahren erscheint, so hindernd sind noch zahlreiche Tatbestände, wie ich sie einmal in einer Analyse unserer eigenen Forschungsarbeit 1969 für meine Antrittsvorlesung als Privatdozent zusammengestellt habe. Unter anderem schilderte ich dabei die Schwierigkeiten, aus dem eingefahrenen Trott herauszukommen: »Zunächst seien einige Aspekte angeführt, die, indem sie auf eine Änderung der Gesamtsituation hemmend wirken, bereits vor der Umstellung mit hineinspielen. Diese Hemmfaktoren tragen dazu bei, daß auch in den Fällen, in denen eine Änderung erwogen wird, dann meist doch die klassische Art der Verfolgung von Aufgaben beibehalten wird.«

1. Faktoren gegen Änderung der Situation

Neben äußeren Faktoren, wie Angst der Umgebung (z. B. des Institutdirektors) vor Objektivierung der Forschungsarbeit (seines Instituts) oder vor Entstehung einer die eingefahrenen Wege störenden Gruppe gibt es drei innere Faktoren, die eine Gruppe abhalten, sich auf Netzwerkplanung und Rationalisierung umzustellen.

1.1. Der Zeitfaktor

Man steckt so tief im Tagespensum, ist ständig im Zeitdruck und hat so ›dringende‹ Arbeiten zu erledigen, daß man einfach die zusätzliche Zeit scheut, die zu einer grundlegenden Revidierung und Neuorganisierung des bisherigen Arbeitsvollzugs notwendig ist.

1.2 Der Mythos vom einsamen Forscher

Wie dies der Science-Soziologe H. Shepard generell betont hat, gibt es das Argument, den Mythos, daß der wirklich schöpferische Wissenschaftler unfähig sei, mit anderen zu kooperieren, geschweige denn, daß er seine Forschung planen könne oder gar in ein Netzwerk einspannen. Dem muß man entgegnen, daß die heuristische Darstellung eines Forschungsprojekts im Netzwerk ja nicht etwa Entscheidungen abnimmt oder gar die Freiheit des Forschers beschränkt, sondern daß sie nur die gleichzeitige Präsenz aller zu einer Entscheidung wichtigen Daten garantiert und dadurch zur objektiveren Betrachtung der Situation zwingt, was im Licht einer Weiterentwicklung des Bewußtseins für jeden Wissenschaftler wünschenswert sein dürfte, wenn auch nicht allgemein beliebt.

Im folgenden seien die wichtigsten Beobachtungen über die psychologische Situation nach der Umstellung auf die neue Arbeitsstruktur kurz summiert.

2. Effekte der neuen Situation

2.1 Konsequenzen der offenen Planung

Abgesehen von den Gruppenbesprechungen, in denen vor dem Netzwerk zügig, gründlich und schnell das gesamte Projekt durchgekämmt wird, ist durch die offenliegende Planung jeder Beteiligte jederzeit auch über die Arbeiten der anderen und damit über den Stand des Gesamtprojekts orientiert. Ein wichtiger Effekt dieses ständigen Orientiertseins über Sinn und Platz der eigenen Tätigkeiten liegt eindeutig in einer stark erhöhten Anteilnahme und Arbeitsfreude, verknüpft mit neuen Möglichkeiten einer konstruktiven Kritik aller Mitarbeiter.

2.2. Neue Möglichkeiten durch rasche Gesamtorientierung

Die schnelle Information durch die zu jedem Zeitpunkt der logischen Verknüpfung gemäßen Dokumentation und das unmittelbare Ablesen des augenblicklichen Forschungsstadiums durch die Netzwerktechnik ermöglicht der Gruppe zu jedem Zeitpunkt eine unvorbereitete Unterbrechung des Projekts wegen Urlaub, Umzug oder anderer dringender Arbeiten, ohne daß nachher Wochen vergehen, bis man sich wieder eingearbeitet und zurechtgefunden hat.

2.3 Ehrgeiz und Prestige

Das Abwenden von der Identifizierung mit den durchzuführenden Einzelaufgaben scheint automatisch jede Rivalität auszuschalten. Denn die so verbreiteten Prestigestreitigkeiten über die Wichtigkeit der eigenen Tätigkeit sind auf einmal nicht mehr substantiell, da ja die Prioritätenskala im Netzwerk festliegt und da jeder weiß, daß durch die Verflechtung aller Arbeiten jede Zurücksetzung der Tätigkeit eines anderen Teammitglieds sich auf irgendeine zukünftige eigene Tätigkeit auswirken wird, ebenso wie jeder durch verstärkte Hilfsbereitschaft auch selbst schneller weiterkommt. Das betrifft sowohl Kompetenzfragen auf Planungsebene als auch kleine Streitigkeiten um bevorzugte Geräteausnutzung. Das scheint mir besonders bei unserer deutschen Mentalität wichtig, wo sich Individualismus oft darin ausdrückt, daß jeder allein glänzen will — der Haupthinderungsgrund für rationelle Zusammenarbeit.

Doch bleiben die besten Netzpläne und besten Kommunikationstechniken wirkungslos, wenn nicht die Menschen bereit sind, sich diesen neuen Ideen zu öffnen. Es ist also nützlich herauszufinden, wo, also in welchem Arbeitsbereich, die unterschiedlichen Typen von Mitarbeitern am produktivsten sind.

Paul Matussek hat in diesem Zusammenhang einmal eine Art Fragebogen zusammengestellt, mit dessen Hilfe es möglich ist, für jeden Typus die optimale Position in einer Gruppe zu finden:

für den depressiven Typ, den hysterischen, den schizoiden, den zwanghaften und selbstverständlich deren verschiedene Mischungsgrade. Die Fragen lauteten etwa:
— Welche Motive bewegen ihn bei der Wissenschaft?
— Wo und wie kann er seine Fähigkeiten am besten einsetzen?
— Bewertet er seine Leistungen adäquat?
— Ist er in der Lage, mit anderen zusammenzuarbeiten, oder nicht?
— Wann hört er auf, wirklich schöpferisch zu sein?
— Merkt er das oder nicht?
— Wie reagiert er auf das Nachlassen seiner schöpferischen Fähigkeiten?

Mit Hilfe solcher Fragen ergibt sich die Möglichkeit, für jeden Typ die optimale Stellung in einer Gruppe zu finden. Untersucht man diese Punkte unter Berücksichtigung der verschiedenen Stufen des Prozesses der Kreativität, wie sie nach amerikanischen Untersuchungen von Hutchinson und Ott aufgezeigt wurden, dann sieht man, daß diese Stufen von den verschiedenen Typen in verschiedener Weise durchlaufen werden.

Ich will die Schritte kurz anführen: Problemaufstellung — Vorbereitung — Entmutigung — Befruchtung — Erkenntnis — Nachprüfung — Mitteilung (problem finding, preparation, frustration, incubation, illumination, verification, communication).

Psychologische Betrachtungen dieser Art und ihre Auswirkungen auf die Arbeit in der Gruppe, wie wir sie in der Praxis erfahren haben, können helfen, bewußter und unengagierter seine Forschungen ebenso wie die Kommunikation mit den Kollegen durchzuführen. Der Weg geht dabei in Richtung einer absoluten Ehrlichkeit. Solche Betrachtungsweisen zeigen jedoch auch, daß die zur Zeit noch vorherrschenden sozialen Strukturen in Wissenschaft, Politik und anderen Bereichen angesichts der auf uns zukommenden Aufgaben ausgesprochen archaisch sind. Es gibt jedoch Anhaltspunkte dafür, daß man dies zunehmend erkennt und sich zu einer inneren Revision entschließt, ohne die vorgegebene Aufgaben mit Sicherheit nicht bewältigt werden können.

Wir können beobachten, wie aus dieser Erkenntnis heraus eine ursprünglich für wirtschaftliche und sogar militärische Projekte entwickelte Planungstechnik auf einmal in der Wissenschaft Fuß faßt, dort einen bestimmten Arbeitsstil entstehen läßt und, ehe er noch diesen Bereich annähernd durchdrungen hat, bereits von dort auf die politische Verwaltung übergreift. Offenbar spürt man gerade in Regierungskreisen, daß die herkömmlichen Strukturen bei den heutigen Anforderungen versagen, ohne daß man sich konsequenterweise sofort diesen neuen Kommunikationstechniken öffnet.

Ein zeitgemäßer öffentlicher Dienst muß einer wesentlich größeren Freizügigkeit Platz machen, was die in ihm tätigen Menschen betrifft, die einerseits mehr Initiativmöglichkeiten erhalten müssen, andererseits auch mehr an der Verantwortung tragen sollten.

Merkmale der kommenden Verwaltung, die modern, flexibel und bereit für die Probleme von morgen ist, sind die Computer, eine langfristige Planung bei Beachtung der verschiedenen Grenzen (und der Begrenztheit unserer Ressourcen) und eine fortschreitende Auflockerung des herkömmlichen hierarchischen Systems zugunsten der Teamarbeit.

Ich habe mich überzeugen lassen, daß die ersten Umstellungen in dieser Richtung tatsächlich im Gange sind. Sie mögen aus rein sachlichen und opportunistischen Gründen angegangen worden sein, und man wird einschränken müssen, daß diese neuen Strukturen nur wegen ihrer größeren Effizienz (sowohl politisch-propagandistischer als auch bürokratischer Art) angestrebt werden. Sie werden jedoch – und das ist das Entscheidende – zwangsläufig die gleichen psychologischen Konsequenzen haben, die sie in der Forschung zeigten, Konsequenzen, die man auch in der Politik nicht ignoriert, sondern teils wünscht, teils mit in Kauf nimmt. Sobald aber der Beamte, analog zu unseren Erfahrungen mit der Netzwerkplanung, jederzeit über das, was beabsichtigt ist, »rechtzeitig und ausreichend informiert ist«, sobald er laufend Sinn, Zweck und Ziel staatlicher Maßnahmen erfährt und so Gelegenheit hat, hierzu seine eigene Meinung zu äußern, werden für viele Funktionen der Verwaltung Initiative, Phantasie (!) und unternehmerischer Mut gefragt sein. Damit könnte die schon lange fällige Lockerung der Strukturen unserer Staatsverwaltung beginnen.

Ich habe versucht, durch diese parallelen Tendenzen in politischen und Verwaltungsorganen, also in einem meiner üblichen Arbeit extrem fremden Bereich, anzudeuten, wie weit die Allgemeingültigkeit der Erfahrungen vor allem über die psychologisch-soziologischen Konsequenzen geeigneter moderner Organisationstechniken reichen mag.[3])

Das gilt natürlich in erster Linie für die veränderte Situation auf unserem Planeten, auf die der Mensch mit einer Neuorganisation reagieren muß, die auch eine Neuorientierung der Kommunikation bedingt. Denn zukünftig darf — gleich auf welchem Gebiet — nicht mehr von dem jeweiligen Einzelproblem ausgegangen werden, sondern davon, wie sich dieses Problem im Gesamtzusammenhang mit allen anderen Lebensbereichen — Wirtschaft, Sozialverhalten, Naturhaushalt, Infrastruktur, Gemeinwesen usw. — stellt.

Notwendig ist die Neuorientierung der technischen Zivilisation

Lassen Sie mich deswegen noch ein Wort dazu sagen, welche allgemeine Richtung unsere zunehmend irritierte und ratlose Gesellschaft einzuschlagen hat, wenn sie auf diesem Planeten überleben will. Ich beziehe mich dabei auf die zu Anfang angesprochene Rückbesinnung auf unsere Zugehörigkeit zu dieser Biosphäre mit all ihren Spezies. Es spukt leider immer noch in manchen Köpfen herum, daß wir als die Krone der Schöpfung herausfallen aus den für andere Kreaturen geltenden biologischen Gesetzen. Dies zu glauben und darauf unser Handeln auszurichten, wäre ein für die menschliche Spezies tödlicher Irrtum.

Wichtig sind alle Bestrebungen, einen Konsens zu finden. Lassen Sie mich deswegen die drei wichtigsten Richtungen nennen, die, allerdings oft durch den wechselseitigen Einfluß der verschiedensten Interessengruppen, völlig durcheinandergeworfen werden, weil sie im Grunde drei verschiedenen Bewußtseinsstadien entsprechen.

Der erste Weg wäre ein Zurück zur Natur. Ein solch einfaches Aufgeben der zivilisatorischen Errungenschaften würde jedoch bei weitem kein Leben ohne Krankheit oder gar eines mit höherer Lebensqualität bedeuten. Das beweist der allgemein schlechte Gesundheitszustand unzivilisierter Völker. Dieser Weg ist heute utopisch, denn bei der heutigen Menschendichte kommen wir ohne technische Hilfen nicht mehr aus.

Die zweite Möglichkeit, nämlich auf dem bisherigen Weg fortzufahren, scheint zu einer absoluten Vergewaltigung der Natur
(und zwar den Menschen mit eingeschlossen) durch Chemie,
Technik und Medizin zu führen. Das Endstadium, die vollmechanisierte, vollmedikamentisierte, keimfreie Welt wäre jedoch,
da sie sich nicht mehr im natürlichen Gleichgewicht mit der Biosphäre befindet, so labil, daß die kleinste Störung zum biologischen Tod führen würde. Einzelne Beispiele lassen das heute
schon erkennen: Hohe Infektionsanfälligkeit, Aids, Resistenz
von Bakterien durch steigende Anwendung von Antibiotika, Resistenz von Insekten durch steigenden Pestizideinsatz und vieles
andere.

Die dritte Möglichkeit liegt weder in einem Zurück zur Primitivität noch in einer Entwicklung zur absoluten Technokratie,
sondern in einem fundierten Verstehen und Berücksichtigen der
Wechselwirkungen zwischen Mensch und Biosphäre, in einem
Ausnutzen von Regelkreisen und Symbiosen, statt in deren Zerstörung. Heute, wo der vor mehreren Jahrtausenden sporadisch
begonnene Zivilisationsprozeß mit einmal fast die ganze Umwelt
erfaßt hat und die einst nahezu unbegrenzten Möglichkeiten der
Selbstregulation erschöpft sind, wird dieser Weg des vorausschauenden Steuerns der einzig gangbare sein.

An die Stelle der hauptsächlich von machtpolitischen und privatwirtschaftlichen Interessen unbekümmert vorangetriebenen,
im ganzen jedoch nicht einmal koordinierten technischen Entwicklung, wird eine kybernetische Technologie treten müssen.
Eine Technologie, die sich im Gleichgewicht, ja in einer funktionierenden Symbiose mit der Biosphäre befindet. Die zeitliche
Verschiebung, der time-lag, durch die existierenden Regelkreise
und ihre jeweiligen Feedback-Effekte, verlangt dazu jedoch in
der politischen und wirtschaftlichen Planung die Einbeziehung
weit größerer Zeiträume als bisher.

So wie vor einigen tausend Jahren mit fortschreitender Bevölkerungsdichte die Jäger und Sammler mit ihrer Tagesvorsorge
nicht mehr weiterkamen und den ungeheuren Sprung von der
Eintagsplanung auf die 365mal längere Jahresplanung wagten
und Pflanzer und Hirten werden mußten, scheint bei der heutigen Bevölkerungsdichte auch für uns wieder ein Punkt gekommen zu sein, wo wir unser zeitliches Bewußtsein wandeln müssen

und nicht das nächste Haushaltsjahr, sondern das nächste Jahrhundert in den Interessenkreis unserer heutigen Handlungen einbeziehen müssen: eine neue Ebene der Kommunikation mit der Zukunft.

Selbst wenn wir die moralische Verpflichtung gegenüber unseren Nachkommen, die mit den von uns heute gelegten Umweltveränderungen später fertig werden müssen, nicht spüren, sollten wir uns unter Berufung auf unseren eigenen Egoismus folgendes klarmachen: Zukunftsplanung spürt ihre Wirkung nicht erst in der Zukunft. Sie beeinflußt zu allererst einmal ganz konkret unsere Gegenwart, da wir eine jede Beeinflussung der Zukunft nur über eine entsprechend angelegte Steuerung der Gegenwart erwarten können, ist dieses zukunftsbezogene Handeln evolutionär sinnvoll, dann wird es zwangsläufig unsere Entscheidungen auch schon für die heutige Situation günstig beeinflussen. Denn alle biologischen Erfahrungen − und die sind schließlich mehrere Milliarden Jahre alt − sprechen dafür, daß dasjenige Ausgangssystem erhalten und gefördert wird, das einer sinnvollen und funktionsfähigen Zukunft entspricht − quasi als ›positives Feedback durch evolutionär sinnvolles Design‹.

Das heißt nichts anderes, als daß wir von der bisherigen Zivilisationsstufe, die auf der einfachen Logik linearer Ursache-Wirkungsbezüge beruht, den Schritt auf eine kybernetische Zivilisationsstufe vollziehen müssen. Eine Neuorientierung in unserem Denken, Planen und Handeln, das sich endlich von der Fixierung auf isolierte Einzelobjekte, Einzelmaßnahmen, Einzelvorstöße und Einzelaspekte abwenden muß − gleich, aus welcher Richtung sie auch kommen − und statt dessen überlebensfähige Teilsysteme aufbaut, die − weil sie im Systemzusammenhang durchdacht − dann später auch mit diesem Systemzusammenhang zurechtkommen werden, statt immer wieder negative Überraschungen zu bringen, wie das heute ja meist der Fall ist.

Daß eine solche Neubetrachtung unserer zivilisatorischen Marschrichtung auch eine Fülle interessanter Innovationen bringen wird (und zum Teil in einzelnen Bereichen schon gebracht hat), ist selbstverständlich. Einen wirklichen Vorteil im Sinne der Überlebensfähigkeit unserer menschlichen Spezies − und das ist schließlich das einzige wirklich zählende Kriterium, nach dem wir uns zu richten haben − kann eben nur dann erreicht werden,

94

wenn wir den gleichen Grundregeln gehorchen, mit denen es die lebende Natur verstanden hat, sich nicht nur vier Milliarden Jahre am Leben zu erhalten, sondern sich bei konstanter Biomasse (also unter Nullwachstum) und dennoch großem Umsatz weiter zu entwickeln und zu entfalten.

Je mehr unsere Wirtschaftsweise − und dazu zählt auch natürlich die Kommunikation − diesen Grundregeln entspricht, um so höher ist ihr sogenannter ›kybernetischer Reifegrad‹, das heißt, um so zukunftsorientierter wird sie sein.[1])

Wissenschaft braucht die Öffentlichkeit — Öffentlichkeit braucht die Wissenschaft!

Wenn über Umweltprobleme, Großprojekte oder Nachfolgelasten gesprochen wird, muß ich heute noch mit Bekümmerung feststellen, daß sich die Diskutanten oft nicht ausreichend mit dem zur Verfügung stehenden wissenschaftlich erarbeiteten Material befaßt haben. Diese so sehr vernachlässigte Symbiose zwischen Wissenschaft und Gesellschaft hängt mit der Entwicklung zusammen, die ich bereits 1974 in meinem Buch *Das Kybernetische Zeitalter* so beschrieben habe:

»Wir haben erfahren, daß die Bevölkerungsexplosion mit ihrem Problem, Nahrung, Wohnung und Zusammenleben der anwachsenden Menschheit zu meistern, im Grunde auf nichts anderem basiert als auf wissenschaftlichen Errungenschaften und ihrer konsequenten Anwendung auf die Umwelt und uns selbst. Diese Entwicklung hat in einer Art positiver Rückkopplung zu einer mindestens ebenso alle Vorstellungen sprengenden Wissenschaftsexplosion geführt. So quillt Jahr für Jahr eine Flut von über sechs Millionen wissenschaftlicher Arbeiten aller Art aus den unzähligen Forschungslaboratorien der Welt. Täglich 17 000 Publikationen, die unsere bisherigen Erkenntnisse mit neuen Daten und Ergebnissen überrollen und von denen jede einzelne das Ergebnis jahrelanger intensiver Beschäftigung ist. Nur eine der Konsequenzen hieraus: Die Akten des US-Patent-Office enthalten zur Zeit elf Millionen Patente — verteilt auf 300 große Klassen, darunter 8500 verschiedene technologische Gruppen mit jeweils zehn Untergruppen. Allein für den Vertreter eines einzigen Fachgebietes, für den Chemiker, sind bereits 28 000 verschiedene Fachzeitschriften von Interesse, deren Zahl bisher Jahr für Jahr um rund 2000 weitere angewachsen ist. Von 1960 bis 1970 sind zu den bekannten chemischen Verbindungen noch einmal 1,2 Millionen neuer Stoffe hinzugekommen – mehr als bis dahin überhaupt verzeichnet waren.«

Mit der hier geschilderten Flut von Ergebnissen ist jedoch keineswegs eine symbiontische Kommunikation, ein ›Sich-nach-dem-Empfänger-Richten‹, etwa im Sinne einer ›Gebrauchsanweisung‹ verknüpft, sondern eine praktisch dem Zufall überlassene Verselbständigung jener Forschungsergebnisse, wie es in einem Editorial der Zeitschrift *Bild der Wissenschaft* von mir skizziert worden ist.

»Die Anwendung der Ergebnisse dieser täglichen Flut von über 17 000 ›papers‹ auf unser Leben, auf die Technik, auf die Umwelt geschieht unkontrolliert und unterliegt wieder anderen, meist marktwirtschaftlichen Gesetzen. Wissenschaft und Gesellschaft sind somit heute zu einer engen Symbiose verflochten, ohne daß sich jedoch die eine oder andere Seite wirklich dieser Symbiose bewußt ist und entsprechend handelt. Wie viele unsinnige Entscheidungshilfen gab die Wissenschaft an die Technik und die Technik an die Wirtschaft, und welch unreflektierte Aufgaben gab die Wirtschaft dann wieder an die Wissenschaft! Denken wir nur an die letztlich durch diesen stupiden Kreisprozeß in Gang gekommene Produktionslawine mit ihrem Raubbau an Rohstoffen und der sich zuspitzenden Umweltsituation. Die Kommunikation zwischen Wissenschaft und Gesellschaft liegt also im argen. Im Vergleich mit Berichten über langweilige politische Routinearbeit werden wissenschaftliche Entwicklungen als Tagesnachricht bei uns noch klein geschrieben. Immer noch werden sie der Gesellschaft als schöngeistige Schnörkel der Sparte ›Kultur und Wissen‹ serviert oder als journalistischer Geck mit Frankenstein-Image. Wenn wir die wissenschaftliche Entwicklung aus dieser mittelalterlichen Isolation einer unbeteiligten, lediglich bestaunenden Betrachtung herausholen wollen und sie in eine reflektierende Wissenschaft überführen, dann sollte man die Wissenschaftspublikation dort hinstecken, wohin sie seit langem gehört: in die Sparten Gesellschaftspolitik und Zeitgeschehen.«

Dieser Appell wie viele andere aus beiden Lagern wurde durchaus vernommen, und man konnte später Wissenschaftssendungen auch in den Hauptsendezeiten sehen; doch ein notwendiger Durchbruch erfolgte natürlich nicht im mindesten in dem Maße, wie es einer echten gesellschaftlichen Reflexion der wissenschaftlichen Tätigkeit und den tiefgreifenden Konsequenzen ihrer positiven und negativen Erfolge (und Scheinerfolge) angemessen wäre.

»Die Neuentwicklungen überschlagen sich jedenfalls immer noch in einem unvorstellbaren Tempo, ohne daß sich trotz Tausender Verbesserungen das Elend auf diesem Planeten verringern würde. Jahr für Jahr gibt es mehr hungernde Menschen, Jahr für Jahr mehr Analphabeten und immer noch Kriege, Unterdrückkung und wirtschaftliche Unsicherheit. Die wissenschaftlichen Bemühungen scheinen irgendwie in eine falsche Richtung zu laufen, zur Selbstbefriedigung zu führen statt zur Befruchtung der gesellschaftlichen Belange. Die meisten ›Verbesserungen‹ setzen punktuell an, im Sinne einer puren Fortschrittsmentalität der unreflektierten Bewunderung neuer Errungenschaften, die schon als solche gerechtfertigt erscheinen, dies jedoch im Sinne einer wirklichen Verbesserung unserer Lebensqualität dadurch allein jedoch keinesfalls sind.

Die lebendigen Berührungspunkte zwischen der wissenschaftlichen Welt mit ihren scheinbar eigenen Gesetzen und dem Laien, das heißt der Gesellschaft, sind äußerst spärlich. Der Uninformiertheit des Laien, vor allem des Politikers, über naturwissenschaftliche Zusammenhänge steht auf der anderen Seite das Desinteresse der Wissenschaft und die Orientierungslosigkeit des sogenannten wissenschaftlichen Fortschritts (an den tatsächlichen Bedürfnissen der Gesellschaft) gegenüber. Denn neben der Frage nach wissenschaftlicher Bedeutung und Qualität eines Forschungsobjektes steht schließlich die weitaus entscheidendere Frage, ob jener zu erwartende ›Fortschritt‹ auch zu wünschenswerten Zielen führt. Andererseits ist es von weitgehender Gefährlichkeit für sämtliche Lebensbereiche, wenn politische, kommunale und wirtschaftliche Entscheidungen getroffen werden, ohne die gesamt-naturwissenschaftliche Abklärung der davon betroffenen Verflechtung vorzunehmen.«

Wenn ich daran denke, daß ich diesen Text bereits vor vierzehn Jahren verfaßt habe, und die Umweltprobleme immer größere und gefährlichere Dimensionen angenommen haben, ohne daß sich die entscheidenden wesentlich geändert hätten — dann ist nur zu hoffen, daß möglichst bald begriffen wird, daß es mit

den bisherigen Methoden sicher nicht gelingt, unsere Zukunfts-
probleme zu lösen, sondern daß wir den Ereignissen nur immer
weiter hinterherhinken können

*Notwendig ist Symbiose zwischen Wissenschaft
und Gesellschaft*

Gerade die Umweltproblematik und die in dieser Beziehung ne-
gierten vitalen Wechselwirkungen zwischen Mensch und Biosphäre sind ein Spiegel − wenn nicht sogar die Folge − jener
fehlenden Symbiose zwischen Wissenschaft und Gesellschaft. In
dem von der Studiengruppe für Biologie und Umwelt herausgegebenen Umweltsachbuch *Das Überlebensprogramm* heißt es dazu:
  »Denn auch heute noch erfährt die breite Öffentlichkeit höchstens sporadisch durch die Nobelpreisverleihungen, den Bau
neuer Forschungszentren oder Kernreaktoren oder die sich in der
letzten Zeit häufenden Berichte über Umweltkatastrophen einen
Bruchteil der im Grunde für sie äußerst wichtigen Vorgänge in
der wissenschaftlichen Welt.
  Nur wenn dieser Informationsfluß und damit eine Grundbedingung für eine erfolgreiche Symbiose gewährleistet ist, wird die
Wissenschaft über öffentliche Meinung, Parlament und kommunale Zusammenarbeit auf spontane Unterstützung und Verständnis von seiten der Bevölkerung hoffen können.
  Es läßt sich nicht mehr leugnen, daß vor allem wir Wissenschaftler stärker versuchen müßten, Brücken zu schlagen zwischen isolierten Forschungsergebnissen, ihren Anwendungsmöglichkeiten in der Praxis und den allgemeinen Auswirkungen auf
unsere Zukunft. Offenbar ist das sehr schwer. Denn mit dem Abgehen von einem dem Uneingeweihten unverständlichen Fach-
chinesisch ist neben dem Verlust an Prestige zwangsweise auch
ein Karten-auf-den-Tisch-Legen verbunden, das dem herkömmlichen Typ des Wissenschaftlers wenig behagt. Warum? Weil er
dann beurteilt, weil er sinngemäß kontrolliert werden kann.
  Gegenseitige Kontrolle von Wissenschaft und Gesellschaft
wird jedoch für die Zukunft immer wichtiger. Wenn somit wirk-
same Maßnahmen zum Umweltschutz nur mit Zustimmung und
Unterstützung oder sogar nur unter dem Druck der Öffentlich-

keit durchgesetzt werden können, erscheint eine Aufklärung und damit Einsicht der Öffentlichkeit auf völlig neuem Niveau notwendig und sollte daher unter Berücksichtigung der ... konkreten Systemzusammenhänge neu konzipiert werden.

Düstere Farben schrecken nicht mehr, auch keine toten Fische, wenn die weitere Information fehlt. Gefühlvolle Naturapostel haben ihre Aufgabe in der ersten Phase erfüllt. Die zweite, die rationale Phase, hat begonnen. Man will gesicherte Fakten, will nicht nur wissen, daß Kohlenmonoxid oder Lärm oder Streß gefährlich sind, sondern wie sie wirken, welche konkreten Konsequenzen das hat, wie die Dinge zusammenhängen. Übertreibungen führen dagegen zu Unglaubwürdigkeit, da die ständige Konfrontation mit einer zwar irritierenden, aber zunächst nicht tödlichen Realität ernüchtert. Erst wenn der Bürger die konkreten Bezüge zwischen Ursache und Wirkung erkennt, kann er bereit sein, Gewohnheiten zu ändern und auch Maßnahmen zu unterstützen, die unbequem erscheinen.«

So viel zu einem allein durch die sich zuspitzende Umweltsituation gebotenen Wechsel in der wissenschaftsbezogenen Öffentlichkeitsarbeit. Ein Wechsel von der Ebene emotionaler Einsicht auf die Ebene faktischer Einsicht, der gleichzeitig eine neue Art der Wissensvermittlung verlangt. Einer solchen scheint jedoch gerade die fachspezifische Struktur unseres Ausbildungswesens zutiefst entgegenzustehen.[1]

Auch hier sind die Änderungen im Sinn einer interdisziplinären Ausbildung zu gering und auf keinen Fall ausreichend. Einen Orientierungsimpuls ›von oben‹ zu erwarten, ist müßig; ob die heutige Studentengeneration bei allem Druck, dem sie (bewußt?) ausgesetzt wird, dazu imstande ist, ist fraglich – auch wenn sie mit ihren intellektuellen Anteilen durchaus weitaus mehr sensibilisiert und zukunftskritisch ist als früher.

In diesem Zusammenhang möchte ich einen meiner Vorträge dokumentieren, den ich am 23. 6. 1965, also drei Jahre vor der heute schon legendären Achtundsechziger-Unruhe an den deutschen Universitäten, im Rahmen der Katholischen Hochschulwoche an der Universität des Saarlandes in Saarbrücken gehalten habe. Ich bekam damals das Thema ›Saar-Uni, ein Weg der Kultur?‹ gestellt und übte dann diejenige Kritik, wie ich sie auch heute immer wieder üben werde, wenn ich die Situation von Studenten an manchen Instituten unserer Universitäten beobachte, wo Zeit, Geld, Energie und hoffnungsvoller Idealismus vergeudet werden. Am Rande möchte ich erwähnen, daß wohl aufgrund dieses Vortrags als auch der daraus erwachsenden Turbulenzen an der Universität und in der Presse mein Vertrag mit der Universität des Saarlandes nach Entscheid einer eigens einberufenen Sitzung des Senats nicht verlängert wurde.

»Saar-Uni, ein Weg der Kultur?

Meine sehr verehrten Damen und Herren,
das Thema des heutigen Abends endet, wie Sie gesehen haben, mit einem Fragezeichen. Die einen werden dies mit Schmunzeln bemerkt haben, die anderen vielleicht mit Mißbilligung. Wie dem auch sei, dieses Fragezeichen – ich selber bin übrigens unschuldig an dem Titel – ist insofern wichtig, als es den Inhalt meines Referats weitgehend bestimmt, weil damit bereits etwas von dem Thema vorweggenommen ist. Es wird damit nämlich von vornherein die Möglichkeit bestritten, daß es eventuell gar keine Frage sein könnte, daß unsere Universität ein Weg der Kultur ist.

Andererseits wirft diese eine Frage eine Kaskade weiterer Fragen auf. Kann z. B. überhaupt eine unserer heutigen Universitäten zeitgemäße Kultur vermitteln, ist es noch ihre Aufgabe, wie sieht dies bei den besonderen Umständen der saarländischen Universität aus? Inzwischen arbeiten hier 6840 Studenten: Was für eine Kraft stellen diese fast 7000 Intellektuellen dar? Sind darunter wenigstens einige hundert, die echte kulturelle Impulse werden geben können? Wenn ja, wo gehen diese Impulse hin, profitiert die Bevölkerung dieses Landes überhaupt davon? Was also hat das Saarland von seiner Universität, was hat die Universität vom Saarland? Schließlich: Ist unsere heutige Kultur überhaupt noch auf eine Schicht begrenzt? Ist sie modern, antimodern?

All dies stürmt natürlich auf einen ein, wenn man sich einem solchen Thema gegenübergestellt sieht.

Ich möchte versuchen, in diese Punkte eine gewisse Ordnung hineinzubringen, sie in ihrer wechselseitigen Beeinflussung abzustimmen und immer wieder die Fäden von dort zu den besonderen Bedingungen an der saarländischen Universität zu knüpfen. Beginnen möchte ich zunächst damit, den Begriff der

101

völlig neuen Kultur anzudeuten, die sich in der Entstehung befindet.

Durch die Entwicklungen in der Nachrichtentechnik, im Weltverkehr und in der weltumspannenden wissenschaftlichen Zusammenarbeit stehen wir vor dem eigenartigen Phänomen, daß es keine Kulturkreise im ursprünglichen Sinne mehr gibt. Es gelingt immer weniger, die Trennung in Kulturen wie früher durch vertikale Trennungsstriche durchzuführen — also hier französische Kultur, dort indische, dort überhaupt keine Kultur —, sondern die Trennungslinie geht heute eher quer durch alle diese früheren Kulturbereiche hindurch. Immer mehr wird deutlich, daß sich Menschen aus dem gleichen früheren Kulturkreis nicht mehr verstehen, daß sie oft weniger Gemeinsamkeiten miteinander haben als mit Gleichgesinnten aus anderen der früheren Kulturkreise. Das Niveau einer bestimmten Geisteshaltung, eines bestimmten Gebildetseins ist heute immer mehr zu einem Niveau im Sinne des Wortes geworden, zu einer geistigen Schicht, die horizontal den ganzen Erdball umspannt. Und diese Trennung innerhalb der früheren Kulturkreise, die Neuordnung von der einstmals vertikalen Gruppierung in eine horizontale Schichtung vollzieht sich in einem stillen Kampf. Diesen Kampf, geboren aus der Unzufriedenheit, mit dem Nächsten nicht mehr die gleiche Sprache sprechen zu können, finden Sie in Kreisen der wissenschaftlich Arbeitenden ebenso wie unter den bildenden Künstlern, den Musikern, den Publizisten, den Politikern und innerhalb der Religionen, ja auch unter den Geschäftsleuten.

Diese Spaltung hat auch nichts mit dem Grad der Zivilisation zu tun, nichts mit dem Grad der Intellektualität. Sie hat nichts mit der Religionsart zu tun: Die Trennung geht quer durch die katholische Kirche, quer durch das Judentum, quer durch eine solche Weltanschauung wie die Anthroposophie. Sie hat auch gar nichts mit unserer so groß aufgeblasenen Ost-West-Spannung zu tun, die vollzieht sich auf einem ganz anderen Feld. Ich fand das Phänomen gleichermaßen unter den Sowjets, wo sich ein bestimmter neuer Geist mit den selben Problemen herumschlagen mußte, wie in den USA, und wir finden die gleiche Spannung innerhalb der eigenen Reihen in Israel wie in Ägypten. Aber alle, die sich hier gegen den Ungeist wehren müssen, spüren sofort, ganz gleich aus welchem Lande und auch ganz gleich aus welcher Bevölkerungsgruppe sie kommen, wenn da jemand ist, der die gleiche ›geistige Sprache‹ spricht.

Es festigt sich allmählich ein weltumspannendes Netz einer neuen Kultur, das sich quer durch alle Länder zieht — von John F. Kennedy über Max Born, Aldous Huxley und Hans Werner Henze zu Jewtuschenko, nur um mit einigen bekannten Repräsentanten zu zeigen, aus welch verschiedenen Bereichen sie kommen können.

Doch was ist das Merkmal dieser heutigen, neuen Kultur? Welches sind die Gemeinsamkeiten innerhalb der einwirkenden, querliegenden Kulturschicht, die gleichzeitig die Ursachen jener quer durch alle Bereiche gehenden Spaltung sind? Sie liegen in einem neuen Bemühen um einen neuen Individualismus: um einen Individualismus des wachen Bewußtseins, der sich gegen jede hierarchische Ordnung und andererseits gegen jegliche Denkvorschriften sträubt. Dem Phrasen zuwider sind, der sich gegen jede mechanische Wiederholung von Gedanken wehrt, der in jedem Moment versucht, schöpferisch zu sein, und der keine absolute Wahrheit anerkennt, selbst nicht die, daß es keine absolute Wahrheit gibt (in sich natürlich ewig ein Widerspruch).

Wenn dies das Wesen heutiger Kultur ist, dann leuchtet es ein — und hier kommen wir zum engeren Thema —, daß es da die saarländische Universität besonders schwer hat. Wir haben in dieser neuen Konzeption der Kultur das gleiche Phänomen wie — was ich später noch zeigen werde — wir es bei den Wissenschaftlern in bezug auf die Grenzgebiete haben: Wahre Kultur liegt zwischen den Bereichen. Lebensraumgebundene Kultur dagegen muß heute zur Unkultur werden.

Die Situation muß hier schwieriger sein, weil, abgesehen von ihrer ungünstigen Randlage, einige Fakultäten unserer Universität sich noch besonders abkapseln, relativ wenig Austausch pflegen und dazu noch in der Zusammensetzung ihrer Studenten sehr bodenständig sind.

Jeder wird zugeben, daß Saarbrücken nicht den Charakter einer Universitätsstadt trägt. Eher trifft dieser Begriff noch auf Dudweiler zu. Denn der Kontakt mit der Bevölkerung ist trotz aller Bemühungen, aller Plakate, Zeitungsartikel, Hochschulsendungen, Ankündigungen von Vorträgen sehr spärlich. Gut, unsere Volkshochschule veranstaltet (ich glaube einmal im Jahr) eine

Hochschulwoche der Universität des Saarlandes. Ein guter Ansatz ist diese Woche der katholischen Hochschulgemeinde. Aber das ist doch eigentlich nicht das, was man von dem Vorhandensein einer solchen geistigen Kapazität, die eine Universität repräsentieren könnte, erwartet. Denn wo ist das geistige Wechselspiel, die gegenseitige Befruchtung z. B. mit unserem Theater, mit der Kunstschule und den wissenschaftlichen Vereinen? Sie ist einfach nicht da. Woran liegt das alles?

Liegt es vielleicht an der erwähnten Bodenständigkeit? Zum Teil ja. Für eine Universität, die doch möglichst vielfältige Elemente enthalten sollte, sind fast 50 Prozent der Studenten aus der engeren Umgebung etwas bedenklich. Denn von den 6840 Studenten dieser Universität sind 3183 Saarländer. Junge Leute, die zu Hause wohnen, die im ständigen Kontakt mit dem Elternhaus stehen, ihre Wäsche von der Mama waschen lassen, in gewissem Sinne also jeden Morgen ihre Ermahnungen auf den Weg bekommen, die oft in dörflichem Milieu leben und nur zum täglichen Besuch in die geistige Atmosphäre ihrer Alma mater kommen, die, mit einem Wort, das wesentliche Element allen Studierens vermissen lassen, nämlich das Sich-Auseinandersetzen als Individuum mit einer zunächst fremden geistigen Welt ohne Schutz eines Heims. Viele Probleme, Nöte, Bedrängnisse und Kämpfe, viele Verlockungen und das Über-die-Stränge-Schlagen ist hier von vornherein nicht möglich. Und das Fehlen dieser Möglichkeit verhindert ein Erstarken; eine Festigung, die stark genug macht, später einmal eigene Wege des Denkens zu gehen, mit anderen, zunächst fremden Kreisen Kontakt aufzunehmen. Eben diese individuelle Kontaktaufnahme mit neuen, zunächst fremden geistigen Elementen und Strömungen, die ja eine Fähigkeit ist, die man erst erlernen muß, wird durch die Nähe des Elternhauses torpediert. Zu diesen zunächst fremden Kreisen gehört z. B. auch die Stadt und ihr Kulturleben.

Wer in Saarbrücken mit der Bevölkerung, mit Künstlern, mit geistigen Gruppen Kontakt hat, sind daher auch nicht die saarländischen Studenten, sondern die aus den anderen Bundesländern oder die Ausländer. Denn sie haben es gelernt, einen solchen Austausch zu suchen, ohne den es nun einmal keinen Weg der Kultur gibt. Nicht umsonst ist ja das Studieren immer schon mit einem Umherziehen verbunden gewesen: mit einem öfteren

Wechsel des Milieus, um sich für die Vielfalt aller existierenden geistigen Strömungen zunächst offen zu halten.

Deshalb die dringende Empfehlung: Saarländer, studiert nicht an dieser Universität. Geht raus, verlaßt die Atmosphäre der Geborgenheit, sonst schadet ihr eurer eigenen kulturellen Entwicklung und ihr schadet der Entwicklung dieser Universität. Das klingt hart. Entschuldigen Sie. Aber ich bin selber Saarländer und darf es daher vielleicht sagen.

Und doch gibt es schwerwiegendere Hindernisse, die den Weg zur echten Kultur verbauen können, wenn wir uns ihrer nicht bewußt werden. Es ist kein Geheimnis, daß bis auf einige wenige Lehrstühle unsere Universität keinen internationalen Ruf besitzt. Akademiker im Ausland, die nicht direkt zu einem Fachkollegen der saarländischen Universität Kontakt gehabt haben, wissen im allgemeinen nichts von der Existenz dieser Universität.

Man könnte sagen, das ist nicht so schlimm, denn von den über 477 amerikanischen Universitäten (die reinen Colleges sind hier bereits abgerechnet) haben über 150 eine Studentenzahl von über 4000. Daß darunter ebenfalls solche sind, von denen kaum ein Mensch außerhalb gehört hat, ist selbstverständlich. Doch ebenso selbstverständlich ist es, daß man von jenen Provinz-Universitäten keine großen Kulturimpulse erwartet. Von der saarländischen Universität erwartet man sie aber, sonst wäre das heutige Thema nie gestellt worden.

Aber will man überhaupt Kapazitäten hier haben? Manchmal habe ich den Eindruck, daß von seiten des Lehrkörpers international bekannte Namen gar nicht erwünscht sind. Nun, man mag zu Nobelpreisträgern, zu wissenschaftlichen Stars stehen, wie man will, von der Freiheit, die sie sich aufgrund ihrer Erfolge erlauben können, profitiert immer auch ihre Umgebung, sie erst bringen Imponderabilien in eine Universität, stören die Fakultätssitzungen durch ungewöhnliche Ideen und Vorschläge, weil sie es sich erlauben können, und sie ermuntern — und das ist das wichtigste — andere Kräfte der gleichen inneren Haltung (wenn auch nicht der gleichen inneren Kraft), ebenfalls individuell vorzugehen. All dies ganz abgesehen von der Anziehungskraft, die sie auf qualifizierte Mitarbeiter ausüben, bei einer Fakultät, die jedoch ausschließlich aus einem guten Durchschnitt, also ohne solche Spitzenelemente, aufgebaut ist (so schlecht, daß die Umwelt daran Anstoß nimmt, will man einerseits ja nicht sein, so gut zu sein, daß man damit auffällt — denn Qualität verpflichtet auch wieder —, scheut man sich auch), das heißt, wo die Qualität genau da liegt, wo sich gut einschlafen läßt; bei einer Fakultät dieser Art ist es klar, daß es dann diejenigen Lehrstuhlinhaber, die Kulturträger im neuen Sinn sein könnten, sehr schwer haben. Sie liegen in einem ständigen Kampf zwischen ihrer inneren und äußeren Pflicht.

Bevor wir nun weitergehen und fragen, ob nicht von einer Universität auch ohne die Namen internationaler Größen im Vorlesungsverzeichnis ein starker kultureller Impuls ausgehen könnte, will ich zu dem Mangel an attraktiven Geistesgrößen, der an der saarländischen Universität nur in besonderem Maße deutlich wird, aber als Trend in Deutschland inzwischen allgemein geworden ist, von einer anderen Seite her Stellung nehmen.

Wie oft hört man die Frage, wie es möglich war, daß bei den günstigen Voraussetzungen, die unser Jahr Null, nämlich 1945, bot, dieses Land in seinen alten Trott zurückgefallen ist. Besonders bedauerlich natürlich auf dem Feld des Universitätsaufbaus, des Universitätslebens. Wie konnte unser Volk wieder so rasch einschlafen und den negierenden, absolutierenden, antischöpferischen, dynamikfeindlichen, eingeschlafenen Kräften so ausgeliefert sein? Hierüber ist viel gesagt und geschrieben worden. Ich möchte jedoch einen Punkt besonders betonen.

Als ich vor einigen Wochen das berühmte Weizmann-Institut in Israel besuchte und die geistige Dynamik und intellektuelle Bereitschaft zur Auseinandersetzung sah, die dort herrscht, wurde mir ganz klar, daß ein wesentlicher Grund unserer Tendenz zum Einschlafen darin liegt, daß das jüdische Element heute völlig fehlt.

Die Lystiker der Hitlerpartei wußten genau, was sie taten, als sie Deutschland von den Juden ›reinigten‹. Der Erfolg blieb auch nicht aus. Unser Kulturleben und besonders unsere Universitäten müssen ab jetzt wohl ein für allemal ohne das jüdische Element auskommen. Und das ist Gift für uns. Denn bei unserem konformistischen Volkscharakter war, ähnlich wie in den USA, vor allem der gewisse Prozentsatz an Juden, die in Kunst, Wissenschaft und sozialem Leben mitwirkten, von einer ungeheuren Wichtigkeit, von einer Bedeutung, die sie vielleicht selber gar nicht ahnten. Sie brachten das störende Element hinein, den ständigen Stachel, der nichts absolut wahr beließ, immer relativierte, immer in Frage stellte. An ihnen wurden wir immer wieder wach. Ich bin sicher, daß es gerade um unsere Universitäten, deren Niveau ständig weiter absinkt, anders bestellt wäre, daß sie eine andere Struktur hätten (auf diese Struktur will ich gleich noch eingehen) und daß sie kräftemäßig anders aufgebaut wären, wenn wir in Deutschland die gleiche Zahl jüdischer Kulturträger hätten wie vor der Hitlerzeit. Nicht daß sie nun an sich das höhere Niveau repräsentieren würden, sondern einfach, daß unsere Universitäten dynamischer wären, daß die erneuernden Kräfte vielleicht mehr Mut gefunden hätten, der Universität inzwischen einen zeitgemäßen Aufbau zu geben.

An und für sich ist das eine müßige Spekulation über eine nicht vorhandene Situation. Ich warf den Gedanken jedoch auf, um zu zeigen, wie wichtig unbequeme Leute in einem zum Konformismus neigenden Volkskörper sind. Das Universitätsleben spiegelt natürlich einen solchen Vorgang in konzentrierter Form wider, und der Nachhall ist heute deutlicher denn je zuvor. Bezeichnend war übrigens, daß wir im gleichen Aufwaschen auch von nichtjüdischen schöpferischen, aber unbequemen Kräften unter den Schlagworten der ›entarteten Kunst‹ oder des ›Linksintellektualismus‹ ebenso gründlich ›gereinigt‹ wurden.

Wie sieht das heute aus? Nehmen wir z. B. folgende Randerscheinung, die neugegründete NPD, die Nationaldemokratische Partei Deutschlands. (Was die Buchstaben betrifft, wäre die NPD eine NSDAP ohne SA.) Wir finden hier den gleichen Respekt vor unseren Vätern, die gleiche Beschränkung auf den deutschen Kulturraum, die Ablehnung jeglicher Selbstkritik, die gleiche Intoleranz und Anmaßung gegenüber anderen Kunst- und Denkrichtungen, wie ich sie zu Beginn mit dem Wort Unkultur bezeichnet habe.

Hier liegt auch der tiefere Sinn des Wortes ›Linksintellektueller‹. Denn ist Ihnen nicht schon aufgefallen, daß eigenartigerweise niemand vom Rechtsintellektuellen spricht? Warum wohl nicht? Offenbar deshalb, weil heute vielleicht rechts, also national, nicht mehr mit dieser wahren Kultur, die zwischen den Nationen ihren Platz hat, in Einklang zu bringen ist. Weil eine gewisse Portion Engstirnigkeit zu jedem Nationalismus gehört, soweit er mit Abkapselung und Intoleranz gegenüber allem nicht Bodenständigen zu tun hat. Also Rechtsintellektualismus mag zumindest im Sinne des neuen Kulturbegriffs in sich ein Widerspruch sein.

Nach dieser Abschweifung zurück zu der Frage, ob nicht auch ohne aufrüttelnde Geister etwas geschehen kann. Kommt es hierbei nicht schließlich auf die Aktivität jedes einzelnen an, und stehen diesem einzelnen nicht die gleichen Lehrbücher und Wissensquellen zur Verfügung wie woanders auch? Warum sollten sich z. B. aus den Reihen der Saar-Studenten nicht genausogut wie in Harvard diejenigen entwickeln können, denen ein schöpferischer Funke innewohnt?

Nun, hier kommen wir an das große Problem der Lehre oder besser der Union von Lehre und Forschung. Wenn ein Teil wahrer Kultur in dem individuellen Eindringen in ein Gebiet der Wissenschaft oder der Kunst liegt, in einer wachen Suche nach Erkenntnis (und in dem Bewußtsein vom ständigen Wandel dieser Erkenntnis, das bescheiden macht), in dem Aufbau eines Gefühls für Zusammenhänge, das die eigene Lebensführung beeinflußt und sowohl Landesgrenzen wie Berufsgrenzen auflöst, wenn das wahre Kultur ist, dann muß diese Kultur erst in unsere heutige Universität hineingebracht werden. Von ihr kommen kann sie nicht.

Denn wo werden Erkenntnisse ermöglicht, die in wissenschaftliches und erkenntnismäßiges Neuland vorstoßen? Doch wohl nur in einem schöpferisch fruchtbaren Milieu, in dem auch der Nachwuchs mit den Problemen der vordersten Linie vertraut ist.

Eine sehr weise Einrichtung war daher einmal die Habilitation gewesen. Jeder, der in den Lehrkörper einer Universität aufgenommen werden sollte, mußte durch eine Habilitationsarbeit beweisen, daß er in der Lage war, selbständig, also im Gegensatz zur Doktorarbeit ohne jede Anleitung und mit eigenen Ideen ein Forschungsgebiet anzugehen. Erst dann wollte man ihm – und dies mit vollem Recht – die Lehrfähigkeit zuerkennen. So heißt es auch heute noch z. B. in der Habilitationsordnung der naturwissenschaftlichen Fakultät in braver Überlieferung der Tradition:

›Die Habilitationsschrift muß eine selbständige wissenschaftliche Arbeit über ein selbständiges Thema sein. Sie muß einen über das Niveau einer Dissertation hinausgehenden Beitrag zur Förderung der wissenschaftlichen Erkenntnis liefern.‹

Unsere Universitätsstruktur macht es heute kaum noch möglich, diesen Sinn einzuhalten, so daß eine Habilitation zur bloßen Farce werden kann.

Mir sagte einmal ein Lehrstuhlinhaber: Das Wichtigste ist, daß ein Professor den Lehrbuchstoff den Studenten gut beibringen kann. Aber dafür sind meines Wissens doch die Lehrbücher da. Was den Studenten vom Professor mitgeteilt werden sollte, ist der schöpferische Funke, das Infragestellen von festgefaßten Vorstellungen; ist die Anregung, bestehende Ideen auf eigene Faust noch einmal neu zu durchdenken. Denn nur dann kann man sie − auch wenn man sie dann wieder als richtig bestätigt − im Innern erfassen. Der Lehrbuchstoff sollte nicht dargestellt werden, sondern er sollte vielleicht zerpflückt oder auch in größeren Zusammenhängen gegliedert werden in den Vorlesungen, aber vor allem sollte er weitergeführt werden − auch für die ersten Semester. Denn wo soll ein Student die Kraft hernehmen, während der vielen Jahre der Ausbildung wach zu bleiben, wie soll er verhindern, zu einer Lernmaschine zu werden, wenn nicht aus den Impulsen, die von einer Herausforderung ausgehen, in der Art, daß ihm gerade die noch offenen, die noch fraglichen Gebiete gezeigt werden.

Aber − solch eine Aufgabe als Lehrer verpflichtet. Sie fordert Mut zur Freiheit des Denkens − und dieser Verpflichtung scheint man heute nicht mehr gewachsen zu sein. Nur so ist es zu verstehen, daß sich unsere Fakultäten oft ängstlich hinter ihrer Selbstherrlichkeit festsetzen und sich um keinen Preis einer Kritikmöglichkeit, einem Eingriff von außen öffnen wollen.

Wir haben nämlich in unseren Fakultäten ein ähnliches anachronistisches Nachfolgeinstitut der mittelalterlichen Inquisition, wie das Heilige Offizium, welches bekanntlich ›rechtschaffene Gelehrte beschuldigt und verurteilt, ohne ihnen oder ihren Verteidigern Gehör zu leihen‹. Etwas Unglaubliches existiert so neben unserer modernen Demokratie ausgerechnet in der Institution der Universitäten, die in ihrer Elitefunktion doch den anderen Einrichtungen eines Staates voraus sein sollten. Die Selbstbegutachtung und Absolutheit ihrer Entscheidungen, aber auch die Ergänzung der Fakultäten aus sich selbst heraus, das heißt die

Zahl der Besetzung eines Lehrstuhls, ohne daß die eigentlich Betroffenen, die Studenten und Assistenten, überhaupt gefragt werden, führt dort zu einem geistigen Narzißmus, wie er sonst seinesgleichen sucht.

Die hierarchische Struktur vom Studenten bis hinauf zum Dekan (die sich bei uns sogar in der unterschiedlichen Farbe der Parkplaketten widerspiegelt), in der oft statt geistiger Partner ein Abhängigkeitsverhältnis zwischen Vorgesetzten und Untergebenen zu beobachten ist, begünstigt diese Tendenz. Wer das ›Jawohl, Herr Doktor‹ mancher Studenten kennt, die mangelnde Zivilcourage in Diskussionen, die Furcht durch klärende Fragen oder kritische Äußerungen vielleicht eine Lücke im Wissen preiszugeben, der sieht, daß in der muffigen Atmosphäre einer solchen hierarchischen Ordnung keine Entfaltung des freien Geistes möglich ist. Einfach, weil hier die Stimulation zur freien Meinungsäußerung, zum geistigen Messerwerfen ebenso fehlt wie die Anspornung, eigene Ideen zu entwickeln. Statt einer mutigen geistigen Elite wird der geistige Handwerker gezüchtet. Denn so sinnvoll und befreiend Handwerk im eigenen Sinne, das heißt im physischen Schaffen ist, so gefährlich ist Handwerk, auf den geistigen Bereich übertragen.

Viele Persönlichkeiten, besonders deutlich Ralf Dahrendorf, haben den neuralgischen Punkt unserer Universitäten, den Punkt, an dem bisher alle Ansätze zu einer Erneuerung zerbrochen sind, in der Selbstzufriedenheit unserer Fakultäten erkannt. Denn wo sonst das Aussterben einer Generation genügt, um einen Wechsel des Kurses zu ermöglichen, da verhindert die früher zum Erhalt der Tradition sinnvolle Selbstaufstockung der Fakultäten heute, daß sich in absehbarer Zukunft hier irgend etwas ändern könnte.

Zu diesem, in unserer demokratischen Umwelt also sehr undemokratischen Phänomen möchte ich Ihnen etwas von anderer Seite vorlesen:

›Wissenschaftliche Abhandlungen werden verboten, ohne daß der Autor den Grund erfahren darf. Denn bis heute gilt in der deutschen Universität das ungeschriebene, aber sakrosankte Gesetz, daß die Tätigkeit des Fakultätsrats jenseits jeder Kritik zu bleiben habe. Im Schutz dieses Tabus können die Mitglieder bis heute an mittelalterlichen Methoden festhalten. Mit Hilfe von

Beckmesser-Methoden gelang es den Fakultäten jahrzehntelang, die Zugluft der neuen Zeit vom Universitätsleben fernzuhalten. Kritiker verurteilten sie durch die Abhängigkeit innerhalb der hierarchischen Ordnung kurzerhand zum Schweigen. Aktionen der Gegenbewegung in den eigenen Reihen wurden nur selten öffentlich bekannt, meist sogar nur dann, wenn reformfreudige Wissenschaftler ihre Lehrstühle verlassen hatten oder auf den Index kamen. Es muß endlich die Meinung der Kritiker widerlegt werden können, im Universitätsleben könne es gar kein echtes Ringen mit geistigen Fragen, sondern nur von oben dirigierte Meinungen geben.‹

Was ich Ihnen eben vorlas, stammt nicht aus einem kritischen Artikel über die deutsche Universität. Der Text gehört vielmehr zu einem *Spiegel*-Kommentar über die Vorgänge zwischen Kardinal Frings und dem Heiligen Offizium. Ich habe nur einige Bezeichnungen aus dem kirchlichen Leben durch solche aus dem Universitätsleben ersetzt: Theologie durch Wissenschaft, Kirche durch Universität, Offizium durch Fakultätsrat und ähnliches, und der ganze Artikel konnte übernommen werden.

In diesem Sinne ist es klar, daß eine neue Kultur, in deren Licht die herkömmliche Bildung unzeitgemäß und daher unbefriedigend erscheinen muß, nicht von der älteren, sondern von der jüngeren Generation ausgehen wird, daß diese Kultur also der älteren Generation, der unserer Eltern und Großeltern, höchstens von der jüngeren nahegebracht werden kann und nicht etwa umgekehrt. Denn was wir von unseren Vätern erhoffen konnten, haben wir deutlich genug erlebt, und es gibt kaum einen Grad von Dummheit, Intoleranz, Abkapselung gegenüber der Welt, der von ihnen nicht erreicht worden wäre. Das ist allerdings als sehr grobe Feststellung zu verstehen, nicht nur grob in ihrer Schärfe, sondern auch in ihrer Grenzsetzung, und wir dürfen sie nicht verallgemeinern. Denn so wie von den kulturfeindlichen Kräften innerhalb unserer Fakultäten immer wieder aus der jüngeren Generation heraus Nachfolger gefunden werden, die getreu im alten hierarchischen Fahrwasser schwimmen, also in den bestehenden Rahmen hineinpassen, so finden wir ältere Leute durch ihre Zugehörigkeit zur neuen Kultur ausgezeichnet:

Bei der Nobelpreisträgertagung 1964 in Lindau, die der Übertragung des schöpferischen Funkens an die Jugend dienen sollte, eben weil eine solche in vielen Universitäten nur noch sporadisch auftritt, war eine gewisse Enttäuschung zu spüren über das Niveau der Vorträge, die neben einem brillanten Fachwissen gerade hierin, also in einer intellektuellen Herausforderung auf breiter Ebene, etwas vermissen ließen. Dagegen spürte man zu oft durch: ›Wir haben die Wahrheit in diesem oder jenem Teilgebiet entdeckt. Wie weit ist die wissenschaftliche Erkenntnis doch schon vorgedrungen! Jetzt endlich haben wir für dieses oder jenes Phänomen die endgültige Erklärung in Händen.‹ Eine unbefriedigende und nicht stimulierende Haltung. Im Gegensatz dazu war es eigenartigerweise Max Born, der große theoretische Physiker, der mit seinen über achtzig Jahren den jugendlichsten Geist von allen spüren ließ.

Ich zitiere nur einen Satz aus seinem wissenschaftlichen Vortrag über die Erscheinungen der physikalischen Wirklichkeit. Er sagte: ›Der Glaube an eine absolute Wahrheit und der Anspruch, im Besitz derselben zu sein, sind die Wurzeln allen Übels in dieser Welt.‹ Leider wird diese Haltung fast immer nur von den ganz Großen vertreten, und das Gros der Universitätslehrer, durch deren Hände die Mehrzahl der Studenten gefiltert wird, läßt den lebendigen Geist zu fixierten, also absoluten Formen erstarren. Daß aus solcher Atmosphäre nur schwer der Wunsch nach einer ein Kulturleben schaffenden Wechselwirkung mit anderen Ansichten, anderen Lebensbereichen auftaucht, ist eigentlich selbstverständlich. Vielleicht eine weitere Erklärung für die beobachtete Abkapselung gegenüber der Außenwelt.

Nach dieser Abzweigung in eine Reihe von neuen Fragestellungen, ausgehend von der Formulierung oder besser der Andeutung eines neuen Kulturbegriffs, wollen wir nun zu einem anderen Punkt überwechseln, der vielleicht für die mangelnden Impulse unserer heutigen Universitäten verantwortlich gemacht wird und bei dessen Analyse wir wieder zu unserem Kulturbegriff zurückfinden werden. Ich meine die Spezialisierung, der man vergebens versucht hat, mit dem Studium generale ein Gegengewicht zu geben.

In der Tat wirft man der modernen Spezialisierung in viele einzelne Fachrichtungen vor, mit zum Abbau der Humboldtschen Idee der Universitäten beigetragen zu haben. Ich glaube, das ist falsch. Die Spezialisierung − vor allem wie ich sie in den Naturwissenschaften sehe – kann nur dann zu diesem negativen Resultat führen, wenn sie nicht tief genug geht. Ich will dies kurz an einem Beispiel erläutern.

Nehmen wir uns dazu ein Problem meiner Fachrichtung, der Biochemie. Ein großes Rätsel aller lebenden Organismen ist die Tatsache, daß sich aus einer einzigen Eizelle durch wiederholte Teilung in zwei Tochterzellen eine Differenzierung herausbildet, die schließlich, trotz des gleichen Chromosomensatzes, zu völlig unterschiedlichen Zellarten führt. Wie wir sehen, bilden sich daraus Hautzellen, Knochenzellen, Leber- und Herzzellen oder auch Blutkörperchen. Nun kann man sich auf dieses Problem spezialisieren und diese Spezialisierung so weit treiben, daß man zu dem Punkt gelangt, wo man nun z. B. jahrelang einzelne Ascidieneier untersucht und nach der Zellteilung die Verteilung eines bestimmten Enzyms mißt. Hierzu muß man sich in komplizierte Methodiken, in technische Apparate einarbeiten, womöglich auch eigene Apparate hierzu entwickeln. Dann kommt der Punkt, an dem man sich entweder auf den Weg einer mechanischen Unkultur begibt, das heißt, wo man in der Materie steckenbleibt oder wo man noch tiefer in die Materie eindringt, so tief, daß man schließlich den Kopf auf der anderen Seite wieder hinaussteckt.

Der erste Fall tritt bei vielen Leuten dann ein, wenn sie sich durch die entwickelte Methodik fixieren lassen, sich an eine bestimmte Methode festgeklammert haben, nicht nur an eine technische, auch an eine theoretische Methode (daher dürften wir dieses Phänomen natürlich genauso bei den Geisteswissenschaftlern antreffen). Man wird also von der Methodik eingefangen, verliert den Blick für den eigentlichen Ansatzpunkt der Forschung, in unserem Fall würde man die Bestimmung dieses Enzyms verfeinern, seine unterschiedliche Verteilung in den Tochterzellen unter hundert verschiedenen Bedingungen messen und damit natürlich durchaus brauchbares Material für andere wissenschaftliche Kräfte liefern, die aus dieser und vielen anderen Arbeiten dann ein Mosaikbild über den Gesamtvorgang zusammenstellen. Aber letzten Endes ist man in dieser Arbeit zur Maschine geworden, die nur noch in eine fixierte Richtung denkt.

Auf diesem Weg jedoch geht man über die Methode jener Enzymbestimmung hinaus und fragt, sobald man ihre unterschiedliche Verteilung gemessen hat, nach dem nächsten Problem, nämlich wieso die eine Zelle wissen kann, wie sie ihr Enzym verteilen soll bzw. wie die anderen Zellen ihre Enzyme verteilt haben. Dies ist ein Schritt weiter in die Tiefe. Der Forscher kommt durch diese Frage, die natürlich eine noch weitgehendere Spezialisierung innerhalb des Problems verlangt, zwangsweise mit anderen Methoden in Berührung. Er muß sich nun mit ähnlichen Wechselwirkungen in der Physik auseinandersetzen, vielleicht mit Resonanzkräften, mit den Quasikräften des Pauli-Prinzips, die ein ›Wissen‹ von Elementarteilchen um die Existenz weitentfernter anderer Elementarteilchen bewirken, ohne auf eine übliche Energieübertragung angewiesen zu sein. Er wird sich die neuen ›long-range-interactions‹ der Astrophysiker ansehen. Geht er noch tiefer, kommt er vielleicht mit Fragen der Gruppentheorie oder der Statistik kleiner Zahlen in Berührung und schließlich vielleicht mit rein philosophischen Fragen der Ordnung der Materie in Zeit und Raum − alles im Rahmen seines speziellen Problems.

Der erste Weg war also eine Spezialisierung in der Methodik, die natürlich vom Thema gesehen gar keine Spezialisierung ist, denn sie geht ja letzten Endes vom eigentlichen Thema weg und beschäftigt sich vielleicht nur noch mit dem Bau immer feinerer Enzymbestimmungsgeräte. Der zweite Weg war eine Spezialisierung in das gestellte Thema hinein, die unter Benutzung immer anderer Methodiken und neuer Theorien vonstatten ging, so wie man beim Zusammenbau eines technischen Werkes mit fortschreitender Vollendung immer andere Werkzeuge benutzen muß − die jedoch dadurch im Thema selber zu einer solchen Tiefe gelangte, daß diese Spezialisierung auf einmal getrennte Disziplinen überbrückte, also wieder zur Allgemeingültigkeit wurde und damit einen Platz in der neuen Kultur des individuellen Bewußtseins einnimmt.

Durch das Festlegen der Fachrichtungen und Fakultäten, wie es weit in der Vergangenheit geschah, und durch die Bindung der Lehrstühle an diese Fachrichtungen, ist es äußerst schwierig, auf Grenzgebieten zu arbeiten. Eine völlig neue Gliederung wäre hierzu notwendig. Das Problem ist so unumgänglich geworden, daß man aber nicht mehr daran vorbei kann. Was geschieht nun? Die alte Einteilung ist festgelegt, also kann man die nötigen

Grenzgebiete nur in Form neuer Lehrstühle hinzufügen. In der Tat schießen Institute für Biophysik, Biodynamik, Molekularbiologie, für Arbeitspsychologie, Systemforschung, Semantik usw. nur so aus dem Boden. Einfach, weil fast nur auf solchen Grenzgebieten, in dem erwähnten tiefen Eindringen, ja Durchdringen des Spezialproblems und der dadurch entstandenen Zusammenführung der früher getrennten Disziplinen wirklich neue Erkenntnisse erlangt werden können.

Die Parallelität dieses Phänomens zur anfangs erwähnten Auflösung der Grenzen unserer bisherigen Kulturbereiche und zur beschriebenen Quergliederung in Schichten auf völlig neuem geistigen Niveau ist erstaunlich. So, wie in dem Gesamtkulturbereich eine für unsere Zeit gültige Kultur nur zwischen den bisherigen Einzelkreisen zur Entfaltung kommt, so scheint auch zu unserer Zeit angemessene Wissenschaft immer mehr auf die Zwischenbereiche der Fachrichtungen angewiesen zu sein. (Da man den Begriff Wissenschaft auf verschiedene Weise definieren kann, möchte ich ihn hier als die Art verstanden wissen, die der ständigen Evolution ihrer selbst fähig ist.)

Wenn man in den Naturwissenschaften die modernste Literatur liest (ich habe mir von Kollegen aus den anderen Disziplinen und auch aus der Kunst sagen lassen, daß sich dort der gleiche Vorgang abspielt), dann stellt man fest, daß immer mehr einzelne Forscher und Arbeitsgruppen und mit ihnen Studenten die Originalität besitzen und den Elan, über den toten Punkt der methodischen Festlegung hinauszukommen. Die beobachtete Divergenz unserer einstmals universitären Humboldtschen Bildung in schließlich viele tausend Spezialrichtungen ist also letzten Endes vielleicht nur eine temporäre Erscheinung, die aus dieser Divergenz heraus − und auf einem neuen Niveau − wieder zur Einheit des Wissens führt. Es ist dies ein Vorgang, der völlig neue Berührungspunkte zwischen Biologie, Physik, Philosophie und auch der Kunst schafft. Berührungspunkte, die eine viel echtere Bindung zwischen diesen verschiedenen Gebieten bedeuten als die früheren, weil sie in einer aktiv erschaffenen Erkenntnis auf höherer Stufe beruhen.

Es gibt Beispiele, wo mit Beckmesser-Methoden verhindert wird, daß dieser zweite Weg gegangen werden kann, und wo das Steckenbleiben in der Methodik zum Idol erhoben ist. Die schöpferischen und die verschiedenen Disziplinen verbindenden Elemente werden hierbei geknebelt, und von Kultur in unserem Sinn kann hier nicht mehr die Rede sein. Leider bewegen sich viele Universitäten, und ich glaube nicht zuletzt die saarländische, weitgehend auf diesem Weg. Ist es deshalb verwunderlich, wenn Pamphlete erscheinen, immer mehr Aufrufe entstehen über den Bildungsnotstand, wenn Fernsehsendungen dieses Dilemma zum Gegenstand haben oder sogar eine wissenschaftliche Gesellschaft für die Erneuerung der deutschen Universität gegründet wird?

Denn so wichtig mechanisches Vermitteln von Wissensstoff ist, so wichtig auch Ausarbeiten und Nacharbeiten von vorgezeichneten Forschungsproblemen ist, sehr wichtig sogar, so darf es doch nicht den Hauptplatz auf einer Universität einnehmen. Oder wir müssen zur Erreichung zeitgemäßer Kultur die Universitäten verlassen und uns neue Institutionen einrichten, die dann einer geistigen Elite einen fruchtbareren Boden bieten können. Einen Boden, der auch kulturell schöpferische Impulse nach außen gibt und auch gewillt ist, solche von außen zu empfangen.

Nun von hier geht natürlich wieder eine direkte Linie zu der Furcht mancher akademischer Kreise vor unbequemen Ideen. Denn bei der Konfrontation mit etwas Neuem ist man entweder gezwungen mitzudenken, über den bisherigen Horizont hinaus weiterzudenken, neue Anschauungen sich zu bilden (und das ist trägen, eingefahrenen Geistern ein Greuel), oder — man gibt offen zu (vielleicht aus einer gewissen Genügsamkeit heraus), daß man stehengeblieben ist, stehen bleiben möchte. Allerdings dann mit der Folge, daß man eine vielleicht gewohnte Autorität aufzugeben gezwungen ist, daß der errichtete Thron zu wackeln beginnt.

Baumgartner vom Institut für Hochschulforschung in Mannheim, der für seine radikalen Ansichten bekannt ist, bezeichnete in diesem Sinn ›die Rechtsstellung des ordentlichen Professors als völlig überholt, da sie zu einer Zeit geschaffen wurde, wo dieser glaubte, er sei ein kleiner Herrgott. Das größte Hindernis für die Entwicklung neuer Kulturimpulse aus der Universität heraus ist die Konzentrierung der Macht in den Lehrstühlen und damit in der Fakultät‹. In voller Bestätigung des Ausspruchs von Max Born über die absolute Wahrheit meint er weiter: ›Ein Professor, der sich einbildet, ein absolutes Wissen in seinem Fach zu besitzen, ist im Grunde wissenschaftsfeindlich. Sobald er dies jedoch einsieht, muß er aber auch die Konsequenzen ziehen und seinen Machtanspruch aufgeben. Tut er dies nicht, betrügt er sich selbst.‹

Dies zeigt, daß es äußerst schwierig ist, den bestehenden Status mit Willen der vorhandenen Fakultäten zu ändern. Um so erfreuter ist man über das ausnahmsweise Gelingen der Sprengung eines solchen Bannkreises, mit dem sich eine Fakultät umgibt. Ich denke hier an die wenigstens äußerliche Umordnung der physikalischen Fakultät der technischen Hochschule München in sechzehn Parallel-Lehrstühle gleichberechtigter Wissenschaftler, die in parallelen Arbeitsgruppen für die Ausbildung des Nachwuchses und seine Familiarisierung mit den modernsten Ideen sorgen. Sechzehn Parallel-Lehrstühle und kein Chef bedeuten, daß jeder Professor völlig offen der wissenschaftlichen Herausforderung durch den anderen preisgegeben ist. Seine Kritiker sind nicht mehr von ihm abhängig. Zu einem solchen Schritt gehört Mut. Der Mut der Ordinarien zur Aufgabe der schützenden Hülle ihrer Autorität, der im Fall München noch dadurch gestützt wurde, daß der Physiker Mößbauer nur unter dieser Bedingung den ihm angebotenen Lehrstuhl annehmen wollte. Mößbauer erhielt vor einigen Jahren den Nobelpreis für Physik für eine aufregende Entdeckung über die Errechnung des Bindungszustandes von Atomen. Gerade die Begleitumstände dieses Falls scheinen mir zu zeigen, wie wenig hier der Boden für den zweiten Weg der Spezialisierung in die Tiefe geeignet ist. Mößbauers Doktorarbeit beschrieb den jetzt berühmten Effekt, der offenbar in seiner eigenen Umgebung in seiner Tragweite gar nicht erkannt werden konnte, einfach weil die hiesige Ausbildung zu wenig auf die aktuelle Erforschung wissenschaftlichen Neulandes gerichtet ist. Denn wie sonst wäre das offenbare Desinteresse an seinen Arbeiten, die er übrigens ohne den Namen seines Doktorvaters veröffentlichen durfte, zu erklären gewesen? Als sich Mößbauer nach seiner Promotion an seine Habilitation machen wollte, hieß es, soviel ich erfahren habe, er solle damit noch warten und erst noch eine Zeitlang so im Institut arbeiten.

Die Fortsetzung seiner Geschichte ist bekannt: Seine Arbeit wurde in den USA entsprechend eingeschätzt, er erhielt bald einen Ruf als ›Full-Professor‹ nach Pasadena, Kalifornien, und wurde für seine Doktorarbeit mit dem Nobelpreis ausgezeichnet. Seine Auswanderung hat übrigens — trotz allem — auch der deutschen Wissenschaft als zweiten Mößbauer-Effekt einen großen indirekten Dienst erwiesen, da einige weitere Leute aus ihrem Schlaf aufgewacht sind.

Um zum Ausgangspunkt zurückzukehren: Wie weit ist durch die Behandlung all dieser Folgefragen die Beantwortung unserer Primärfrage gediehen, ob die saarländische Universität ein Weg der Kultur ist? Es gibt in jeder Fakultät sowohl unter den Studenten wie unter den Assistenten und Professoren eine kleine Zahl wirklich tragender Kräfte, die zwar aufgrund der veralteten Struktur unserer Universität (sie ist, obwohl eine Neugründung, getreu den gestrigen Vorbildern nachgeahmt bis hinein zum Emblem einer ›Universitas saraviensis‹) keine laute Aktivität entfalten können, aber die dafür als geistiges Potential indirekt im individuellen Bereich, im Alleingang sozusagen, durch ihren Kontakt mit anderen Universitätsangehörigen und anderen Kreisen durchaus echte kulturelle Impulse vermitteln können.

In ihrer Direktwirkung betrachtet, muß man dagegen verneinen, daß die Universität als solche, als Einrichtung, einen nennenswerten Weg der Kultur darstellt, in dem Sinne, wie eine zeitgemäße Kultur verstanden werden muß.

Das Fragezeichen unseres Titels wurde also von mir beseitigt und zunächst durch ein ›K‹ ersetzt (kein Weg der Kultur!). Es ist durchaus möglich, daß ich mich irre und auch das ›K‹ auf dem besten Wege ist, beseitigt zu werden. Wenn das der Fall ist, würde ich es nur begrüßen.«[2])

*Die uns umgebende Wirklichkeit
ist immer multidisziplinär*

Wenn ich heute die administrative Verkrustung an meiner Universität erlebe oder von Situationen in anderen Universitätsinstituten erfahre, wo die finanziellen Mittel fehlen, Studenten, Assistenten straff, aber einseitig geführt werden, oder auch die Professoren sich in der Öffentlichkeit befehden, dann möchte ich das ›K‹ weiterhin hochhalten.

118

Und was die weithin noch bestehende Spezialisierung betrifft, die das Lernen in voneinander völlig getrennte Fächer kanalisiert, das Studium in verschiedene voneinander isolierte Fakultäten und die Forschung auf Spezialinstitute verteilt, dann werden als unmittelbare Folge dieses von der Umwelt losgelösten Denkens auch Industrialisierung und Technologie und letztlich alle Eingriffe des Menschen in seinen Lebensraum in ein eindimensionales Vorgehen gepreßt, mit einem ebenso einordnenden, fachbezogenen, simplen Ursache-Wirkungs-Denken, wie es dem intensionalen Einordnen von Begriffen bei den heute noch dominierenden Lehrsystemen entspricht.

In der Tat ist die Realität, die uns umgebende Wirklichkeit – und um eine Einsicht in diese geht es hier –, nirgendwo fachspezifisch, sondern sie selbst ist unbekümmert, um jene künstliche intellektuelle Einteilung bereits in ihren kleinsten Entitäten multidisziplinär und damit auch nur so richtig zu erfassen. Natürlich zeigt sich diese Diskrepanz nicht zuletzt auch besonders kraß im Vokabular vieler längst von der Realität ihrer eigenen Umwelt abgeschnittenen Philosophen, Politologen, Rechtssoziologen und so weiter. Die endgültige Bindung an ein unkybernetisches Denken, das der in der Praxis stark vernetzten Realität nicht im mindesten gerecht wird, ist perfekt. Wir erleben zur Zeit auf erschütternde Weise, wie das realitätsfremde Eintrichtern von Wissensstoff in unseren Schulen und Instituten jegliche weitere Verarbeitung des Stoffes außerhalb, das heißt im Kontakt mit der Realität, verhindert. Das Lernen wird zum bloßen Merken unter Verzicht auf die Mitwirkung wesentlicher Gehirnpartien.

Die verbreitete Unbeliebtheit der sogenannten trockenen Wissenschaft beruht eben nicht zuletzt auf jener von der Sache her nicht im mindesten gebotenen Entfremdung des Wissensstoffes von der Realität.

Doch alles, was die Wissenschaft der Öffentlichkeit anzubieten hat, kann verständlich, meist sogar mit Modellcharakter, an die vielfältigen Interessenfelder der Öffentlichkeit angeknüpft werden.

Bei der Untersuchung der regionalen Planungsprobleme eines Lebensraumes beispielsweise ging es unter anderem darum, ein praktikables Simulationsmodell eines Verdichtungsraums aufzubauen. Hier die Grundforderungen, die sich für ein solches Simulationsmodell ergaben und aus denen deutlich die angestrebte Symbiose zwischen Wissenschaft und Öffentlichkeit hervorgeht:

1. »Das Modell muß die reale kybernetische Vernetzung aller relevanten Lebensbereiche der betreffenden Region aufzeigen.
2. Es darf keine theoretische Abhandlung entstehen, sondern ein echtes Arbeitsinstrument für den Anwender.
3. Dieses Instrument soll möglichst gleichzeitig verschiedenen Anwendergruppen dienen — nicht zuletzt, um auch dadurch wieder der realen Vernetzung zu entsprechen.
4. Es muß trotz seiner Ausrichtung auf eine bestimmte Region Allgemeingültigkeit besitzen und in seinem Prinzip auch auf andere Regionen übertragbar sein.«

In einem anderen, eigens der Arbeitsplanung gewidmeten Kapitel heißt es dann: »Wenn man die Entwicklung eines kybernetischen Modells in der Praxis angehen will, so ist es sicher folgerichtig, wenn man dazu die Erkenntnisse der kybernetischen Denkweise bereits in die Arbeitsweise selbst mit einbezieht. Die Vorteile sind offensichtlich:

— Forschungsprojekte können entscheidend rationalisiert und weitaus effizienter durchgezogen werden, wenn die hier schon von der Sache her gebotene Vernetzung auch im Arbeitsablauf, z. B. durch Netzwerkplanung, praktiziert wird.
— Dadurch kann an verschiedenen Stellen des Vorhabens gleichzeitig angesetzt werden, und Vorarbeiten werden nicht erst dann begonnen, wenn man eigentlich schon ihr Ergebnis braucht.
— Die einzelnen Bearbeiter sehen durch die sichtbar dargestellten Verknüpfungen ihre momentane Aufgabe ständig im Gesamtzusammenhang. So entsteht zwischen allen Teilen des Projekts ein inneres Feedback, welches die Richtung des weiteren Vorgehens laufend kontrolliert.
— Versucht man, schon während der Arbeit die Aussagen sinnvoll darzustellen und durch Beispiele und Analogien zu veranschaulichen und durchsichtig zu machen, funktioniert auch die nötige Kommunikation zwischen den verschiedenen Fachbereichen und Denkebenen weitaus besser.

– Logische Fehler – durch akademische und fachspezifische Formulierungen mit ihrer scheinbaren Exaktheit oft verdeckt – können durch den Zwang zur klaren und einfachen Darstellung des Inhalts leichter erkannt und korrigiert werden.
– Auch Mißverständnisse, Sackgassen, Trivialitäten und Unwesentliches werden als solche eher erkannt, und die Bemühungen gehen nicht wie so oft am eigentlichen Ziel vorbei.
– Damit läßt sich das Ergebnis von vornherein besser in die Praxis umsetzen. Der Flaschenhals zu geringer Verständlichkeit und Einsichtigkeit verschwindet. Er kann bekanntlich die Anwendung einer noch so hervorragenden Facharbeit völlig blockieren. Diesem Schicksal unterliegen Tausende irgendwo aufgestapelter Studien, deren Anfertigung man sich allein aus diesem Grunde hätte sparen können.
– All dies zeigt, daß es nur zum Nutzen der Sache sein kann, wenn auf eine vernetzte Vorgehensweise und damit auf die Art, wie man forscht, der gleiche Wert gelegt wird wie auf den Gegenstand der Forschung selbst, und weiterhin, wenn der didaktischen Aufbereitung des Inhalts eine ebensolche Bedeutung zugemessen wird wie dem Inhalt selbst.«

Dies als ein Beispiel zu den Möglichkeiten, wie man den für die Kommunikation zwischen Wissenschaft und Öffentlichkeit proklamierten kybernetischen Ansatz bereits in die Organisation eines Forschungsvorhabens und damit unweigerlich auch in das Endprodukt hineinnehmen kann. Letzten Endes erscheint es wissenschaftlich nicht nur legal, sondern unabdinglich, daß Prinzipien der Informatik, wie hier das Prinzip vernetzter Regelkreise, auf diese Weise – durchaus im Sinne ihrer eigentlichen Aussage – von denen, die darüber reden, auch gleich selber praktiziert werden. Mit der in solchen Ansätzen auch von anderer Seite schon vielfach verwirklichten neuen Kommunikationsstufe werden Wege für ein Feedback zwischen wissenschaftlicher Erkenntnis und der menschlichen Umwelt gelegt, wie sie zur Aufrechterhaltung eines überlebensfähigen Systems unabdinglich sind. Die Forderung an die Wissenschaft ist deutlich:
»Die hiermit angesprochene, bis heute ignorierte Symbiose zwischen der menschlichen Gesellschaft und der wissenschaftlichen Forschung als Ganzem ist in ihren Auswirkungen, ihrem

Nutzen und umgekehrt in den teuren Konsequenzen ihrer Mißachtung vom gleichen kybernetischen Ansatz her zu verstehen wie die biologisch-technologischen Symbiosen, die uns in unserer Umwelt so sehr fehlen. Um die erstere spezielle Symbiose in Gang zu bringen, müßten als erstes die dringend erforderlichen Kontakte zwischen Wissenschaftlern und Öffentlichkeit vermehrt werden. Dies verlangt jedoch, daß zunächst einmal die Wissenschaft zur Koordinierung mit der Gesellschaft bereit ist, sich selber bemüht, Brücken zu schlagen zwischen isolierten Forschungsergebnissen, deren Anwendungsmöglichkeiten in der Praxis und den allgemeinen Auswirkungen, die sich daraus für unsere Zukunft ergeben können – kurz, daß sie ihre Arbeit durchsichtig macht. Dazu gehört, daß unsere Universitäten und Forschungsstätten aufhören müssen, sich abzuschließen und autonome Provinzen neben der außerwissenschaftlichen Welt zu bilden.

Ein solcher Kontakt – soll er nicht nur mehrere Fachrichtungen, sondern auch mehrere Denk- und Handlungsebenen durchdringen – macht aber die Abkehr von einem dem Uneingeweihten unverständlichen Fachjargon notwendig, womit automatisch das schon erwähnte Karten-auf-den-Tisch-Legen verbunden ist. Zumindest in der deutschen Wissenschaft wurde die ›offene Forschung‹ wie auch der Verzicht auf eine distanzierende (und dem Eingeweihten die sonst fehlende Sicherheit gebende) Fachsprache lange Zeit als unzumutbar empfunden. Hayakawa, ein bedeutender Vertreter der allgemeinen Semantik, schreibt über den Fachjargon, der einen solchen Kontakt bisher maßgeblich verhindert hat, folgendes: ›Manche Leute betrachten die Erziehung lediglich als Aneignung eines Fremdwörtervokabulars, ohne entsprechendes Interesse dafür, um was es sich bei dem Vokabular handelt. Ein gelehrtes Vokabular hat jedoch zwei Funktionen: Erstens hat es eine Kommunikationsfunktion, indem es Gedanken ausdrückt, um sie mitzuteilen. In zweiter Linie hat es die soziale Funktion, seinen Benutzern Ansehen zu verschaffen und bei denen Respekt und Ehrfurcht hervorzurufen, die es nicht verstehen.‹«

In einem Editorial wurde auf einen einschlägigen Ausspruch des Präsidenten eines neuartigen belgischen Universitätsprojekts Bezug genommen, für den bei der Berufung geeigneter Professoren unter anderem folgendes Kriterium galt: »Wenn ein Forscher nicht seiner Putzfrau erklären kann, was er im Labor tut, hat er die Sache selbst nicht recht verstanden.« Und weiter:

»Für den Wissenschaftler selber bedeutet Wissenschaftspublizistik so etwas wie eine neuartige Kontrolle seines Denkens und Tuns: Ein Messen, ein Maßnehmen an den Belangen der Gesellschaft, zu der er gehört, die ihn bezahlt.«[1])

Bestehende Verteidigungssysteme
zur Bewahrung der Lebensgrundlagen nutzen

Angesichts der Gefährdung der Biosphäre darf kein Wissenschaftszweig sich der Öffentlichkeit vorenthalten: Dies betrifft besonders auch den Bereich der Sicherheitspolitik.

Für Militärexperten mag es vielleicht abwegig klingen, aber von dieser Warte aus scheinen sich in den Bereichen Umwelt und Kommunikation (Informatik) gerade für die Bundeswehr Aufgabenziele zu ergeben, die ihrer primären Philosophie, nämlich die Lebensgrundlage eines Volkes zu schützen, nicht einmal so fremd sein dürften. Das immer deutlicher werdende Umweltengagement der NATO, anfänglich auf ozeanographische und meeresbiologische Überlegungen beschränkt, inzwischen aber auch andere Bereiche einbeziehend, zeigt, daß man die ersten Fühler in dieser Richtung auszustrecken beginnt. Doch nicht nur vom Anliegen her, auch von der Natur der Sache her könnten sich enge Beziehungen zwischen Verteidigungsaufgaben und solchen des Umweltschutzes, ja selbst der Kommunikation zwischen Mensch und Biosphäre und auch der Kommunikation zwischen den von uns geschaffenen Teilsystemen von alleine einstellen:

1. Durch den technischen Apparat der verschiedenen Bundeswehreinrichtungen (Flugsicherung, Meteorologie, Pionierwesen, moderne Meß- und Überwachungsmethoden wie *remote sensing* und so weiter).
2. Durch die Struktur der Bundeswehr, das heißt die überregionale Organisation, die durch ihre strategischen und taktischen Erfahrungen beste Anwendungsvoraussetzungen für logistische Aufgaben des Umweltschutzes besitzt (Überwachungs-

123

netze, Katastropheneinsatz, Kommunikationsnetze zur strategischen Steuerung, Organisationsaufgaben in der Versorgung und Entsorgung mit Energie und Gütern).
3. Durch die besondere Stellung der Bundeswehr, daß heißt die deutlich größeren Koordinationsmöglichkeiten, die nicht an Gemeinden oder Länder gebunden sind, sondern auf Bundes- oder auf NATO-Ebene, ja durch die hier ungeachtet sonstiger politischer Differenzen bestehenden gleichen Interessen selbst auf internationaler Ebene eingesetzt werden könnten.
4. Durch das mit seinem Verteidigungsanspruch auf den Schutz der Bevölkerung gerichtete Ausbildungskonzept. Ein pragmatischer, aufgabenorientierter Ansatz in der Vermittlung von Fertigkeiten und Leistungen, die sich in ihrem Sicherungsanspruch eigentlich in zunehmendem Maß auch auf die mit dieser Bevölkerung eine biologische Einheit bildende Umwelt erstrecken müßten: auf Gefahren, die der Biosphäre und damit wiederum der Bevölkerung drohen.

In gewisser Weise bieten also Verteidigungssysteme wie die Bundeswehr aufgrund ihrer technischen Möglichkeiten, ihrer Stellung, ihrer Struktur und ihrer inneren Einstellung zum Schutz der Bevölkerung nahezu ideale Voraussetzungen, bestimmte Aspekte dieser neuen und für unsere Zukunft so wesentlichen interdisziplinären Aufgabenbereiche in ihrer Sicherheitspolitik einzugliedern. Es ist dabei nicht zu übersehen, daß damit bereits der erste Schritt zu einer bei der erreichten Dichteschwelle der Erdbevölkerung früher oder später nötigen Umgestaltung des Feindbildes und des Feindbegriffs erfolgt wäre. Eine Haltung, welche den ›Feind‹ nicht mehr unbedingt in einer Personen- oder Bevölkerungsgruppe sieht, die sozusagen das eigene Revier und damit die Sicherheit des Lebens bedroht, sondern in ganz anderen Gefahren, die eher an materielle und strukturelle Phänomene gebunden sind, wie sie uns ungeachtet der übrigen Bevölkerungsgruppen dieser Erde nicht nur potentiell, sondern real bedrohen: an das durch schädliche Gase, Flüssigkeiten und Abfälle bedrohte biologische Gleichgewicht (in das wir selbst eng eingegliedert sind), an die durch störende Eingriffe bedrohten natürlichen Ressourcen unseres Lebensraums, wie Luft, Wasser, fruchtbarer Boden, Tier- und Pflanzenwelt, an den Raubbau der Rohstoffe durch unsere aus den Fugen geratene Technokratie und Wachstumsideologie mit ihren Energie verschwendenden Technologien und nicht zuletzt an die durch all dies (und weitere Faktoren wie Lärm und Streß) bedrohte Gesundheit und Leistungsfähigkeit. Alles Phänomene mit Feindcharakter, potentielle Aggressoren, vor denen es uns zu schützen gilt. Phänomene, die direkt oder indirekt Gesundheit und Leben ebenso wie unsere wirtschaftliche Prosperität attackieren. Allein die damit zusammenhängenden bereits eingetretenen sozialen Lasten zum Beispiel sind diejenigen Verluste, die zur Zeit mit über 13 Prozent Zuwachs pro Jahr am steilsten ansteigen: In der Bundesrepublik müssen wir mit über 400 Millionen Betriebskrankentagen pro Jahr fertig werden, was einem Diebstahl durch den ›Feind‹ von einigen hundert Milliarden Mark pro Jahr gleichkommt. In ähnlicher Weise wird unsere wirtschaftliche Existenz von Rohstoff- und Energievergeudung bedroht, unsere Nahrungskreisläufe und andere profitable Wechselwirkungen mit der Natur durch die Belastungen von Boden, Gewässern und Luft und die damit zusammenhängenden Zerstörungen in Frage gestellt und nicht zuletzt die erwähnte psychisch-geistige Selbstverwirklichung, sprich Freiheit, durch unsere von völlig unbiologischen Mechanismen gesteuerte Lebensweise mit Streß, Frustrationen und Verkrampfungen bedroht, vor denen wir uns schützen müssen.

Die Aufzählung dieser im großen und ganzen ja bekannten Faktoren unter dem Aspekt der ›Sicherheit‹ dürfte ausreichend deutlich machen, daß die unserer heutigen Dichte entsprechende Verflechtung zwischen Mensch und Umwelt nichts anderes bedeutet, als daß Umweltschäden in jedem Fall gleichzusetzen sind mit Schäden am Menschen, an der Bevölkerung selbst. Für die Landesverteidigung würden sich − wenn wir diesen Gedanken einmal weiterspinnen − daraus deutliche Aufgaben auf dem Überwachungs- und Kontrollsektor, dem Schadensbeseitigungs- und Abwehrsektor, dem Abschirm- und Schutzsektor, auf der Ebene der Anleitung und Betreuung, der Prophylaxe und der gekoppelten Steuerung ergeben. Es sind dies Aufgaben, die
a) nicht nur potentiell vorhanden sind (wie in der paradoxen Lage der heutigen Militärs, die sich auf den Ernstfall vorbereiten, damit er in Wirklichkeit nie eintritt), sondern die unmittelbar real angepackt werden müssen und können, und weiter die,

b) die letztlich gerade solchen Menschen Erfüllung in ihrer Arbeit bieten, die eine berufliche Tätigkeit für das Wohl der Gesamtbevölkerung suchen und ihre ganzen Kräfte in den Dienst ihres friedlichen und gesicherten Zusammenlebens stellen wollen.

Der größere Rahmen, in dem dann dieser Wehrbeitrag steht, wird natürlich anders aussehen als in der Vergangenheit. Viel wichtiger als das Vorantreiben eines kaum noch nutzbaren technischen Fortschritts und materiellen Wohlstands und dessen Verteidigung bis an die Grenze der Realisierbarkeit wird es also sein, Mittel und Wege zu finden, die das Überleben auf der Erde unter Bedingungen sichern, die für die Menschheit insgesamt von höherer Qualität sind als die heutigen. Unnötig zu sagen, daß es in diesem Rahmen Siege zu erringen gilt, Abenteuer durchzustehen, Pioniertaten zu leisten und Neuland zu erobern – mit einem Wort, daß es hart zu kämpfen gilt. Ebenso selbstverständlich ist es, daß das In-die-Hand-Bekommen einer bisher durch Zufälle gesteuerten Entwicklung nur durch umfassende politische Planung und Strategie auf der Basis eines *exploratory forecasting*, einer Zukunftspolitik zu bewerkstelligen ist, die nicht einfach extrapoliert, sondern sich anhand von Simulationsmodellen der tatsächlichen Vernetzung und Steuerung ihrer Interdependenzen nach kybernetischen Grundregeln richtet. Eine Planung dieser Art besteht daher keineswegs in die Gegenwart unberührt lassenden Planzielen und Modellspielen, wie dies der in dem neuen vernetzten Denken noch Ungeschulte meist sieht. Diese Zukunftsplanung beeinflußt zunächst einmal ganz konkret unsere Gegenwart, da wir irgendeine Steuerung der Zukunft nur über eine entsprechend angelegte Beeinflussung der Gegenwart erwarten können. Wir werden weit mehr auch die Ebene des Planens mit der Ebene des Handelns verflechten müssen, zu den Möglichkeiten der ›Poiesis‹, des ›Erkennens durch Tun‹ zurückfinden müssen.

Wenn man die Kybernetik als Grundprinzip der Lebensvorgänge erkennt, werden auf dieser Grundlage nicht nur die zukünftigen Ziele der technisch-zivilisatorischen Bemühungen des Menschen in einem neuen Licht erscheinen, sondern auch die dafür eingesetzten Methoden. So erscheint das Problem der Wechselwirkung zwischen Mensch und Umwelt ja vor allem deshalb so außerordentlich kompliziert, weil es sich dabei, wie ge-

126

sagt, nicht um direkte lineare Ursache-Wirkungs-Beziehungen, sondern immer um eine Vielzahl miteinander verketteter, verschachtelter Regelkreise handelt. Die Untersuchung von Systemzusammenhängen zeigt, daß man deshalb der Problematik der Umweltschädigung nicht gerecht wird, wenn man sie ausschließlich mit linearer Zielgebung und mit mechanistischen Methoden disziplinorientiert (statt aufgabenorientiert) angeht, so wie dies die in Fachdisziplinen getrennte Struktur unserer bisherigen Forschungs- und Ausbildungsstätten bedingt. Diese Methode kann zwar in der Technik selbst auf größte Erfolge zurückblicken, da sie als technikgemäße Methode konsequent angewendet wurde. Auf die belebte Natur hingegen angesetzt, versagt sie ähnlich wie die strategische Methode des klassischen *operations research.*

Über das frühere, unbewußte Nachempfinden der belebten Natur zu einem bewußten Studium dort vorgegebener Strukturen und Funktionen gediehen, ist es zu einer eigenen Forschungsrichtung, der Bionik, geworden. Es ist interessant, daß es ein amerikanischer Luftwaffenmajor, Jack E. Steele, war, der den Begriff der Bionik (zusammengesetzt aus Biologie und Technik) 1958 prägte und diesen neuen Zweig als die Erforschung und Entwicklung technischer Systeme definierte, deren Funktionsweise natürlichen Systemen nachgebildet bzw. analog ist. Eine Forschungsrichtung also, die die bewährten Vorbilder der Biologie mit ihrer Millionen Jahre alten Erprobungszeit bewußt für die menschliche Technik nutzte. Dies beschränkt sich jedoch zunächst vor allem auf biologische Strukturen, wie Netz- und Überdachungskonstruktionen, und allmählich auch auf Funktionen (man denke an die Aerodynamik), während wir etwas anderes der Natur noch kaum abgeschaut haben: die Organisation des Lebendigen, die kybernetischen Grundgesetze, nach denen sie diese Techniken handhabt. Erst seit neuestem beginnt man die Kybernetik auch außerhalb der Regeltechnik in unsere konstruktiven Überlegungen zu übernehmen. Kybernetik bedeutet ja nicht nur ein Denken in Regelkreisen, sondern auch ein präventiv-prophylaktisches Denken, welches weitaus größere Zeiträume − durch die oft über viele Stufen gehende Vernetzung erzwungen − mit einbezieht.

Überall dort, wo wir in unserer Zukunftsplanung nicht auf dieses Denken in rückgekoppelten Kreisprozessen umschalten, werden wir uns weiterhin (fasziniert von einem dumpfen Produzieren und einer ›Schöpferleistung‹ in Teilgebieten) weder um das Vorher noch um das Nachher eines Produkts kümmern; weder um seine Herkunft und Rohstoffquellen noch um seine Folgen, seine Wechselwirkungen und Rückkopplungen mit unserem Lebensraum und mit der menschlichen Natur selbst. Erst wenn wir über die bisherigen Betrachtungen hinaus all diese Nutzenkategorien mit einbeziehen, werden wir zu kybernetischen, das heißt überlebensfähigen Lösungen kommen. Es sind Lösungen, die immer wieder, um dies noch einmal zu betonen, eine erhöhte Kommunikation zwischen allen beteiligten Elementen erkennen lassen: denn nichts anderes als neue Kommunikationsvorgänge liegen etwa dem Recycling zugrunde, dem Wiedereinführen von Abfallprodukten in den Produktionsprozeß, der Kombination von Technologien bisher getrennter Bereiche, und nichts anderes ist auch die Nutzung von Symbiosen, die Umlenkung von Arbeitskraft auf erhöhte Dienstleistung und die Nutzung (und Vielfachnutzung) vorhandener natürlicher Energien beziehungsweise bereits genutzter Abfallenergien. Darum noch einmal: In Harmonie mit der Biosphäre zu leben, verlangt keine Absage an die Technik als solche, sondern eine Technologie auf höherer Ebene.

Ein letztes Wort zu der Bedeutung von Symbiosen. Wenn wir Symbiosen nutzen wollen, so wäre es Unsinn und einer technokratischen Zerstörungs- und Wiederaufbaustrategie entlehnt, wenn wir bereits vorhandene Symbiosen aufkündigten, nur weil sie durch die Umstände in eine Sackgasse gerieten. Etwa diejenige unserer Gesellschaft mit dem industriellen Unternehmertum. Statt dessen sollten wir sie umlenken, erneuern und uns überlegen, wie man die ungeheure schöpferische und Pionierkraft des Gewinnstrebens unserer Marktwirtschaft für die so notwendigen Auswege aus der Umweltmisere nutzen könnte. Eine analoge Überlegung gilt für das Instrument der militärischen Verteidigung. Das ursprünglich aus einem gewissen Idealismus heraus getragene Streben der in der Landesverteidigung engagierten Menschen, nämlich die Bevölkerung gegen Feinde zu schützen, ihre Sicherheit zu garantieren, sollte nicht brachliegen oder unterdrückt, sondern ebenfalls genutzt werden. Nur auch dies wieder auf einer höheren Ebene: indem man vom Produktdenken beziehungsweise Instrumentariumsdenken (Waffeneinsatz) auf ein

Funktionsdenken (das Leben der Bevölkerung schützen und sichern) umschaltet. Das gleiche gilt für unsere Wirtschaftsunternehmen, die sich zum Beispiel nicht mehr als ›Autobauer‹ (Produktdenken) verstehen sollten, sondern als Branche, die im ›Verkehrsgeschäft‹ ist (Funktionsdenken). Und ähnlich wie diejenigen Industrie- und Wirtschaftsunternehmen, die frühzeitig ein entsprechendes Funktionsdenken und damit ein Denken in Regelkreisen für ihre Firmenpolitik heranziehen (beispielsweise für neue Recyclingsprozesse oder für das allmähliche Umsteigen auf langlebige Güter, weniger Produktion, dafür erhöhte Dienstleistungs-, Organisations- und Kommunikationsgeschäfte und vor allem auf energiesparende kybernetische Technologien), in Zukunft wahrscheinlich das Rennen machen werden, wäre es auch denkbar, daß diejenigen Staaten, die frühzeitig ein entsprechendes Umdenken vollziehen und ihre Sicherheitspolitik auf eine funktionierende Gesamtbeziehung zwischen Mensch und Umwelt ausdehnen, den anderen voraus sind, das heißt am ehesten überleben oder, wenn man so will, siegreich bleiben werden. Nur auf diese Weise — im Einklang mit der Biosphäre, von der die inzwischen so dicht aufeinandergerückten Menschen ja nur ein Glied sind — läßt sich die Humanisierung der Lebensbedingungen erreichen und erhalten. Und nur eine solche Zielsetzung kann uns helfen, die zukünftigen Probleme einer übervölkerten, in sich zerstrittenen, waffenstarrenden Erde zu lösen.[3]

Das ist eine faszinierende Aufgabe für Wissenschaftler aller Fachbereiche, mit ihren Forschungsergebnissen an andere Wissenschaftler und an die Öffentlichkeit heranzutreten, für Politiker, mit dem politischen Gegner über die Vernetztheit der Probleme zu sprechen — mit klaren Vorschlägen für eine Abrüstung, Kooperation in Wirtschafts- oder Umweltproblemen usw. —, für Journalisten und in den Medien Beschäftigte, immer wieder der Öffentlichkeit neue Erkenntnisse aufzubereiten, darüber zu berichten und Zusammenhänge mit anderen Themenfeldern herzustellen.

Nur interdisziplinäre Kommunikation brachte den Erfolg

Daß ich heute diese Anregungen mit Überzeugung vertreten kann, ist nicht zuletzt auf ein einprägsames persönliches Erlebnis zurückzuführen. Im Jahr 1957 hatte ich die Grundidee zu einem Effekt, der mehrere Jahrzehnte lang von vielen Wissenschaftlern als undiskutabel angesehen war.

Es handelt sich um die Übertragung eines rein geometrischen Prinzips, der spiegelbildlichen Asymmetrie, von physikalischen Kernprozessen (Paritätsverletzung) auf die in der belebten Natur angetroffene molekulare Asymmetrie (optische Aktivität).

Dazu durfte ich viele Jahre später eine Tagung von Wissenschaftlern aus aller Welt zum Thema eröffnen, und ich entschloß mich, nicht nur über die verschiedenen psychologischen Stadien eines Forschungsprozesses mit seinen Höhen und Tiefen, seinen Frustrations- und Inkubationsphasen zu berichten, sondern auch über die vielen Zufälle, Irrtümer, kreativen Phasen und Stockungen eines Forschungsprozesses vom Beginn der ersten Idee bis zur letzten Verifikationsphase.

Da mir der gesamte Vorgang, der sich immerhin über sechzehn Jahre erstreckt – und an dem mein erster Habilitationsversuch gescheitert war –, als vorzügliches Beispiel für die Notwendigkeit interdisziplinärer Information und Kommunikation dünkt, möchte ich ihn etwas ausführlicher darstellen, so wie er seinerzeit in *Bild der Wissenschaft* abgedruckt wurde.

Die Phasen und Stadien, die ich in Zusammenarbeit mit meinen beiden für dieses Abenteuer gewonnenen Kollegen Helmut Krauch (später Gründer und langjähriger Leiter der Studiengruppe für Systemforschung in Heidelberg, jetzt Honorarprofessor in Kassel) und Tilo L. V. Ulbricht (jetzt Direktor der Planning Section des Agricultural Research Council der britischen Regierung in London) durchlief, scheinen mir typisch für viele andere Forschungsprozesse zu sein und mögen daher bei jüngeren Kollegen vielleicht nützliche Assoziationen und Erklärungen zu ihren eigenen hervorrufen, vielleicht so manche Umwege erklären helfen, und auch wieder Mut machen, bei noch so ungewöhnlichen Vorhaben durchzuhalten.

Im Januar 1957 drückte mir V. C. Chappell, damals noch Assistent in Yale und später Leiter des Philosophie-Departments der

Universität in Chicago, auf einer Cocktailparty eine Notiz aus der *New York Times* in die Hand, worin die Entdeckung asymmetrischer Elementarteilchen durch Physiker der Columbia-Universität erwähnt war. Es war eine kurze Beschreibung der sensationellen Ideen von Lee und Yang über die Paritätsverletzung beim β-Zerfall, wofür sie später den Nobelpreis erhielten.

Der Text schien auf den ersten Blick nichts mit der optischen Aktivität der natürlichen Aminosäuren und Zucker zu tun zu haben, mit der ich mich damals, wie mein Freund wußte, im Zusammenhang mit Krebsforschungen beschäftigte. Ich versuchte, ihm diesen Irrtum verständlich zu machen, und begann während der Erklärung zu ahnen, daß es vielleicht doch nicht so sehr abseits lag und daß in der Tat eine Beziehung zwischen dieser physikalischen Entdeckung und einem der hartnäckigsten Rätsel in der Biologie bestehen könnte.

Die Existenz spiegelbildlicher Asymmetrie in der Natur ist ja aufgrund der Unwahrscheinlichkeit ihrer Entstehung neben dem Ursprung des Lebens selbst eines der erstaunlichsten Phänomene, die wir kennen.

Angesichts der Verletzung der spiegelbildlichen Gleichberechtigung in einem rein physikalischen Prozeß (so könnte man die Paritätsverletzung beim Betazerfall bezeichnen) schien nun diese Polarität der Symmetrien auch mit der Existenz von Materie ebenso wie mit der Existenz von Leben gesetzmäßig zusammenzuhängen, das heißt, eine der Grundvoraussetzungen für Bildung und Existenz von Materie und Leben zu sein. Aminosäuren, Zucker und viele andere Moleküle, die wie diese in zwei spiegelbildlichen Formen existieren können, treten ja im lebendigen Bereich ausschließlich in nur einer der beiden spiegelbildlichen Formen auf (z. B. alle Aminosäuren in der Linksform, alle Zucker in der Rechtsform), während sich bei einer synthetischen Herstellung im Reagenzglas Rechts- und Linksform immer in der statistischen Verteilung von genau 50:50 bilden.

Der Ursprung der Einsinnigkeit, der ›Händigkeit‹ *(handedness)* biologischer Prozesse hat die wissenschaftliche Welt seit ihrer Entdeckung durch Louis Pasteur beschäftigt. Doch letztlich konnten alle Erklärungen entweder auf eine zufällige ›Verunreinigung‹ des Versuchsobjekts mit biologischem und damit bereits asymmetrischem Material, wie bakterielle Kontamination oder

131

Forscherschweiß (ähnlich wie im Fall des ›Polywassers‹), zurückgeführt werden oder eben auf ein zufälliges Auftauchen von
Asymmetrie durch einen Überschuß der einen Form über die andere im Laufe statistischer Schwankungen.

Das gilt für die Bildung optisch aktiver Moleküle auf Quarz-
oberflächen, für die Abtrennung der einen spiegelbildlichen
Form während der Kristallisation, für den Effekt zirkular polarisierten Sonnenlichts oder für die kombinierte Wirkung des Erd-
magnetfelds und des Einfallwinkels des Sonnenlichts. In all diesen Fällen könnte eine Entropieverringerung (als Ausdruck eines
Zustandes höherer Ordnung, der durch statistische Schwankungen angesichts der vielen simultanen Situationen an vielen Stellen und zu vielen Zeitpunkten jederzeit lokal möglich ist) niemals
zu einer spontanen Erhöhung von Ordnung im Gesamtsystem
führen, wie wir sie heute in der lebenden Welt finden. All diesen
Möglichkeiten fehlt ein bereits existierendes, wesensmäßig asymmetrisches Agens, eine ständige Bevorzugung von rechts oder
links − genauso wie ein rechter Handschuh niemals von einem
linken durch eine symmetrische Hand unterschieden werden
kann, sondern nur durch eine Hand, in der − wie in Wirklichkeit
− rechts, links, oben und unten genau festliegen oder, phy-
sikalisch ausgedrückt, in der ein polarer Vektor mit einem axia-
len Vektor gekoppelt ist. Das heißt, daß in einem statistischen
System Asymmetrie immer nur durch Asymmetrie entstehen
kann.

Ich überlegte nun, wie man ein Experiment entwerfen könnte,
das die physikalische mit der biologischen Asymmetrie trotz des
gewaltigen Unterschieds im Energieniveau zu verbinden ver-
mochte. Ausgehend von der Tatsache, daß optische Isomere gleiche skalare Größen besitzen, das heißt identischen Energieinhalt,
müßte die bevorzugte Bildung eines von zwei Spiegelbildern eigentlich eine reine Angelegenheit der Wahrscheinlichkeitsgesetze
(d. h. von Entropieänderung) sein und im Grunde keinerlei energetische Einwirkung benötigen. Natürlich war dies Ketzerei und
erinnerte an den berühmten Maxwellschen Dämon.

Allerdings gab es keine Zweifel, daß innerhalb eines geschlossenen Systems nach der Boltzmann-Gleichung die Entropie
$S = k \cdot \ln W + C$ in Gegenwart asymmetrischer Betastrahlung
einen etwas unwahrscheinlicheren Ordnungszustand repräsen-

tierte (und damit kleiner war) als die Entropie eines ebensolchen Systems mit unpolarisierten Elektronen. Ich spekulierte daher, daß man eine Reaktionsmischung unter dem Einfluß asymmetrischer Betastrahlung zusammen mit dieser Strahlung als ein geschlossenes Teilsystem betrachten kann, in welchem ein Entropieaustausch stattfinden könnte.

Fälle von internem Entropieaustausch, etwa während der Kristallisation von übersättigten Lösungen, sind bekannt.

Der einfachste Weg weiterzukommen war, den Physiker Lee in New York anzurufen. Am nächsten Tag war ich bereits unterwegs zur Columbia-Universität, um von ihm etwas mehr über diese neue Art der Asymmetrie zu erfahren. Zunächst einmal war Lee sehr erstaunt zu hören, daß wir in der Biologie ebenfalls so etwas wie eine Trennung in rechts und links hatten. Zu dieser Zeit sah er jedoch keinen theoretischen oder experimentellen Ansatz, diese beiden Asymmetrien zusammenzubringen. Auch für ihn war all das noch sehr neu.

Aber er bestätigte, daß die physikalische Asymmetrie der schwachen Wechselwirkungen (etwa beim Betazerfall) auf der Kopplung von einem Spin (axialer Vektor) mit einem Moment (Polar-Vektor) beruhte, mithin genauso wie in der Chemie auf einem Schraubensinn basierte. Diese Fixierung auf einen bestimmten Schraubensinn wurde nach Lee den Elektronen während des Betazerfalls von den gleichzeitig auftauchenden Neutrinos übertragen. Somit waren es also die Neutrinos, jene geheimnisvollen masselosen Teilchen, die nach der ursprünglichen Zweikomponenten-Theorie von Lee und Yang eine wesensmäßige Asymmetrie der Materie besaßen.

Bis zu diesem Punkt war somit nicht mehr und nicht weniger als eine rein geometrische Verbindung zwischen der inneren Asymmetrie unseres physikalischen Universums und der asymmetrischen ›Händigkeit‹ aller Biosysteme aufgestellt. Für mich war dies jedoch Grund genug, auch nach einer möglichen ursächlichen Beziehung zwischen den beiden zu forschen. »Try an experiment«, sagte Lee. Und das taten wir.

In unseren ersten Experimenten benutzten wir den neuen Linearbeschleuniger der Yale-Universität, wobei wir einen Strahl relativistischer Elektronen durch eine Reaktionsmischung von Acetaldehyd, Äthanol und Chlorwasserstoffgas schickten, während daraus ein Chlor-Äthyläther entstand. Der Äther besaß ein asymmetrisches Kohlenstoffatom, konnte also in zwei spiegelbildlichen Formen existieren.

Zu diesen Experimenten konnte ich als dritten Mann Helmut Krauch gewinnen, der genau wie ich auf einem ›postdoctoralfellowship‹, und zwar im Department of Organic Chemistry, tätig und schon von Anfang an von der Richtigkeit meiner Hypothese überzeugt war.

Nach dem Versuch zeigten einige Proben des Produkts kleine Linksdrehungen, eine größere Zahl drehte nach rechts, doch die Abweichungen waren zu gering, um signifikant zu sein. Doch sehr bald wandelte sich unsere erste Enttäuschung in Hoffnung, weil wir unter der falschen Annahme experimentierten, daß wir mit polarisierten Elektronen arbeiteten. Als wir (Tilo Ulbricht, Helmut Krauch und ich) daher T. D. Lee und Frau Wu in Columbia besuchten und ihnen von unseren Experimenten erzählten, fanden wir heraus, daß das ein Irrtum war, an den zunächst auch Lee selbst nicht gedacht hatte.

Die ›synthetischen‹ Elektronen eines Beschleunigers entstehen – ganz analog zur chemischen Synthese – in exakt gleicher statistischer Verteilung von links und rechts – im Gegensatz zu den natürlichen Elektronen beim Betazerfall. Damit waren diese ersten Bestrahlungsversuche also echte Kontrollexperimente gewesen. Unterstützung fanden wir bei den Physik-Professoren Margenau und Onsager und auch bei Dick Wolfgang, dem Radiochemiker von Yale (der uns den Zugang zum Linearbeschleuniger beschaffte), die zumindest die Investition in ein entsprechendes Experiment für sinnvoll hielten.

Nachdem unsere Pläne durch einen Kernphysiker, Dr. Tremmel, im gleichen Sinn referiert worden waren, entschied die National Academy of Sciences, die Kosten für das Experiment zu tragen. Helmut Krauch und ich übernahmen den chemischen Teil, Tilo Ulbricht machte die Polarimetermessungen.

Als die Leeschen Berechnungen in dem klassischen Experiment von Frau Wu am Brookhaven National Laboratory bestätigt wurden und als in der Tat die ungleichmäßige Verteilung der beim Zerfall entstehenden Elektronen eine hohe Asymmetrie bewies, wurde zunächst einmal kar, daß eine direkte dynamische Wechselwirkung zwischen Molekülen einerseits und hochenergetischen Elektronen andererseits wegen des gewaltigen Unterschieds im Energieniveau verschwindend gering sein müßte. Bei einem normalen energetischen Mechanismus, über entsprechende Zwischenstufen, so hatten wir berechnet, würde der Effekt ungefähr 10 000- bis 100 000mal kleiner sein als in einem direkten, allerdings nicht energetischen Mechanismus über den erwähnten Entropieaustausch.

Für letzteren würde man lediglich ein System benötigen, in welchem die reagierenden Moleküle durch einen Übergangszustand *(transition state)* gehen müßten, in dem die Bildung beider optischen Isomere gleichermaßen möglich war. Diese Bedingung war zum Beispiel erfüllt, wenn ein sogenanntes planares Sp2-Carbonium-Ion als ein solcher chemischer Übergangszustand gerade dabei war, in das rechte oder linke Isomer des Produkts umzuklappen. Für die Bildung eines Überschusses der einen oder anderen der beiden Molekülformen würde dann keine zusätzliche Energie benötigt – ebenso wie auch die gewaltigen Energieunterschiede der beteiligten Systeme dabei ohne Belang wären.

Diese physikalisch-chemischen Bedingungen, unter anderem die Art der Strahlenquelle, ihre Geometrie und Intensität ebenso wie die Bedingung, daß das Produkt eine Flüssigkeit und damit im Polarimeter direkt meßbar sein sollte, grenzten die möglichen Reaktionen auf eine sehr kleine Zahl ein.

Eine der Reaktionen war wieder die Synthese von α-Chlor-Äthyläther, deren genauer Mechanismus über einen solchen planaren Transition State noch zuvor von Helmut Krauch durch O-18-Isotopenexperimente ermittelt wurde. Um auch den indirekten energetischen Mechanismus zu untersuchen, der nur einen sehr schwachen Effekt haben konnte, versuchten wir, die nötige extrem lange Bestrahlungszeit durch eine Vervielfachung der Quantenausbeute zu kompensieren.

Dazu wählten wir die Copolymerisation von Styrol mit Maleinsäureanhydrid, eine Reaktion, die unter Bildung freier Radikale verlief. An radioaktiven Quellen wurden uns Betaquellen wie Phosphor-32, Strontium-Yttrium-90, Yttrium-90 und Silber-108/110 angeboten, alle mit Intensitäten zwischen 100 mC und 1 C – für die damalige Zeit äußerst starke Quellen. Die Apparaturen waren so konstruiert, daß die Bestrahlung möglichst von allen Seiten kugelförmig genutzt wurde.

135

Nach jedem Experiment füllten wir die bestrahlten Reaktionsmischungen ebenso wie die unbestrahlten Kontrollen in die Polarimeterröhren und verschlüsselten diese mit Kodenummern, so daß Tilo Ulbricht nicht wußte, an welcher Probe er jeweils die Messungen durchführte. Fast alle unsere ersten Messungen zeigten kleine, aber signifikante positive Drehungen, was uns in eine solche Euphorie versetzte, daß wir mehrere Nächte durcharbeiteten, um unsere Testserie zu vollenden.

Zu jener Zeit existierten noch keine automatischen Polarimeter oder Computer, um die statistischen Berechnungen zur Signifikanz durchzuführen, so daß wir alles per Hand und Hirn durchführen mußten. Dann, eines Morgens, als wir sicher waren, daß unser Effekt stimmte, haben wir in Oak Ridge stolz den Nachweis eines möglichen Mechanismus für den Ursprung der optischen Aktivität verkündet.

Am folgenden Abend gab Alwin Weinberg, der damalige Direktor von Oak Ridge, eine Party für die Atomforschungspräsidenten der lateinamerikanischen Länder. Wir feierten mit und flogen am nächsten Tag zurück nach New Haven. Zur Reproduktion der Experimente ließen wir Apparate und Chemikalien in Oak Ridge, denn die beiden Kollegen Doherty und Shapira, in deren Labor wir zu Gast waren, wollten die Sache noch einmal wiederholen.

Tag für Tag warteten wir auf einen Brief aus Tennessee. Schließlich kam er — mit der traurigen Nachricht, daß die Streuung der Drehwerte keinesfalls eine so klare Aussage erlaubte, als wir sie glaubten ablesen zu können. Tilo Ulbricht und ich widmeten die letzten Tage unseres Aufenthalts in den USA der Wiederholung der Experimente mit stärkeren Quellen im National Laboratory in Brookhaven — unter anderem auch die Bestrahlung von razemischen (optisch inaktiven) Mischungen wie DL-Alanin im Hinblick auf eine asymmetrische Zersetzung, eine Aldolkondensation und die Bildung eines Oxazolidins, alles Produkte mit asymmetrischen Kohlenstoffatomen. Tatsächlich waren die Drehungen diesmal längst nicht so signifikant wie in Oak Ridge und damit ohne eindeutige Aussage.

Helmut Krauch, der noch einige Monate länger in den USA blieb, begann sich für die geheimnisvolle Fehlerquelle zu interessieren, die in den polarimetrischen Messungen aufgetaucht war.

Auch wir versuchten, die Experimente unter besseren Bedingungen und mit anderen chemischen Systemen im Laboratorium von Sir Alexander Todd in Cambridge zu wiederholen. Obgleich auch hier wieder positive Rotationen gelegentlich vorherrschten, zerrannen uns die Werte zwischen den Fingern. So mußten wir schließen, daß, selbst wenn wir tatsächlich optische Asymmetrie induziert hatten, diese sich an der Grenze der Beobachtung bewegte – unter einem Drehwert von 0,02. Lediglich die ersten Werte, die wir in Oak Ridge erhalten hatten, waren wirklich interessant.

So bereiteten wir eine Veröffentlichung für *Tetrahedron Letters* vor, um diese Resultate und unsere verschiedenen Ansätze, das Problem zu lösen, zu diskutieren. Die Arbeit wurde als ›completely insufficient for publication‹ abgelehnt.

Kurz darauf wußten wir, daß wir mit unserem Manuskript tatsächlich im Irrtum waren, denn Helmut Krauch hatte im Brookhaven National Laboratory des Rätsels Lösung gefunden. Wie so oft in der Forschung, lag sie in einer lächerlichen Kleinigkeit: Die Polarimeterröhren, die wir in Oak Ridge benutzt hatten, mußten unterschiedlich fest zugeschraubt worden sein. Die dort verwendeten Röhren hatten einen Schraubverschluß, der bei besonders festem Zuschrauben eine Torsionsspannung in dem darunterliegenden kleinen Glasdeckelchen erzeugte, was dann eine leichte optische Drehung der Polarisationsebene des Lichtes erzeugte, die uns eine optisch aktive Flüssigkeit vortäuschte.

Die moderneren Röhren in Brookhaven und Cambridge besaßen einen Bajonettverschluß, womit dieser Effekt ausgeschaltet war. Folgendes mußte daher in Oak Ridge passiert sein: Helmut Krauch und ich wußten natürlich beim Füllen der Polarimeterröhren, welche Flüssigkeit ›heiß‹ (bestrahlt) und welche die ›kalte‹ Kontrolle war. So haben wir offenbar, um sicherzugehen, daß nichts der äußerst wertvollen Lösung des Strahlungsexperiments verlorenging, die entsprechenden Röhrchen unbewußt mit mehr Sorgfalt, also fester zugeschraubt als die Kontrollen.

Da wir jedoch die Röhrchen mit Nummern kodierten (damit Tilo Ulbricht beim Ablesen der Meßwerte unbeeinflußt war), waren wir seinerzeit sicher, daß uns während der Messung kein psychologischer Effekt einen Streich spielen könnte – ohne uns klarzumachen, daß wir uns diesen Streich schon längst vorher selbst gespielt hatten und daß daran selbst die exaktesten und zwanzigfach wiederholten Messungen zur Ausschaltung von Ablesefehlern nichts mehr ändern konnten.

Die sieben Stadien eines Forschungsprozesses

Gehen wir zu unserem kreativen Prozeß zurück, so sehen wir, daß unser Team von der Vorbereitung gleich bis zur Illumination und selbst Kommunikation vorstieß. Die Phasen der Frustration, Inkubation und Verifikation hatten wir ausgelassen, und es schien so, als ob wir zurück mußten, um diese übersprungenen Passagen nachzuholen.

Und genau dort waren wir jetzt angelangt: festgefahren in Frustration. Lediglich auf dem kleinen Nebenpfad, der der Klärung unserer Fehlerquellen diente, ereignete sich eine gewisse Inkubation, Illumination und auch Verifikation, obgleich uns dies wenig befriedigen konnte, da wir schließlich ein anderes Ziel anstrebten.

In der Zwischenzeit ergab sich jedoch eine neue Wende, die uns, wenngleich lediglich auf dem theoretischen Sektor, die verlorene Sicherheit wieder zurückgab.

Die Physiker Goldhaber, Grodzins und andere hatten nachgewiesen, daß die von solch asymmetrischen Elektronen ausgehende Bremsstrahlung zirkular polarisiert sein müßte, und zwar in Abhängigkeit von ihrer kinetischen Energie.

Das war besonders aufregend für unser Problem, denn zirkular polarisiertes Licht — dies hatte Ende der zwanziger Jahre schon der Physikochemiker Werner Kuhn nachgewiesen — konnte durchaus aufgrund seiner unterschiedlich hohen Absorption durch Rechts- und Linksmoleküle einen Überschuß der einen Sorte erzeugen. Sollte es tatsächlich möglich sein, daß auch noch in dem niedrigen Energiebereich, der für solche photochemischen Reaktionen auf dem molekularen Niveau in Frage kam (z. B. bei den UV-Strahlen), ein Rest an zirkularer Polarisation und damit der ursprünglichen Asymmetrie vorhanden ist?

Wir suchten eifrig in der Literatur und entdeckten eine Arbeit von K. W. McVoy, wo dieser eine allgemeine Formel zur Berechnung des Überschusses einer der beiden Zirkularkomponenten des Bremsstrahlungslichts aufstellte. Wir fanden bald mit Hilfe einiger Physiker heraus, wie wir mit dieser Formel auch die Polarisation für die uns interessierenden sehr niedrigen Energiebereiche berechnen konnten.

Wir hatten also nun eine Formel, die uns zumindest den lükkenlosen theoretischen Zusammenhang zwischen der nuklearen und der molekularen Asymmetrie zeigte: Jene Asymmetrie, das Verhältnis $(R + L):(R - L)$ (R und L sind die Anteile der rechts- und linkshändigen Elektronen), hatte selbst im Bereich schwacher Energien wie 100 eV noch den Wert von 10^{-4}. Von meiner schönen formativen Wechselwirkung über eine Direktübertragung war dabei allerdings nichts mehr übriggeblieben.

Obwohl die einzelnen Schritte des Weges von der nuklearen zur molekularen Asymmetrie nunmehr jeder für sich experimentell durchgeführt waren und seitdem für jeden Einzelschritt auch die Übertragung eines Teils der Asymmetrie gesichert ist, war noch kein Experiment gelungen, welches die anfängliche nukleare Asymmetrie ohne Unterbrechung bis in den molekularen Bereich hinüberretten konnte. Ein Vorgang, zu dem die Natur — dies zu unserer Entschuldigung — natürlich gewaltige Zeiträume zur Verfügung hatte, die im Labor kaum durch die — nach oben begrenzte — Höhe der Strahlendosis wettgemacht werden kann.

Wir schrieben unser erstes Manuskript um, und diesmal wurde es von der Redaktion *Die Naturwissenschaften* anstandslos angenommen. Tilo Ulbricht schrieb einen längeren Übersichtsartikel in den *Quarterly Review* und später zusammen mit mir eine ausführlichere experimentelle Arbeit, die in *Tetrahedron* veröffentlicht wurde.

Als massivste Kritik hörten wir jedoch ständig, daß — wenn dies auch alles stimmte — ein solcher minimaler Betrag von Asymmetrie einen so komplizierten Mechanismus gar nicht benötigte, da solche winzigen Überschüsse des einen Isomers auch leicht einmal durch statistische Schwankungen, also durch Zufall, auftreten könnten. Denn vom Beginn der Erdentstehung an sei ja wohl genügend Zeit verflossen, um auch mal einen Überschuß der einen Seite von 0,01 Prozent durch Zufall entstehen zu lassen.

So machte ich mich daran, ein für allemal die Wahrscheinlichkeit für das zufällige Auftreten optischer Aktivität in kleinen Materiemengen zu berechnen. Wenig Materie bedeutet in der Biologie etwa 10^{10} Teilchen. So viele müßten schon zusammenkommen, um durch Selbstpropagierung eine einmal eingeschlichene optische Aktivität auch erhalten zu können.

Berechnet man für nur 10^{10} Teilchen die Realisierungsmöglichkeiten einer bestimmten Links-Rechts-Verteilung, etwa L:R = 10 001:10 000 (Linksüberschuß von L 10^{-4}), dann ergibt das Verhältnis der Realisierungsmöglichkeiten dieser Verteilung zu der Zahl aller Realisierungsmöglichkeiten einer Links-Rechts-Verteilung (mit anderen Worten: die Wahrscheinlichkeit für das zufällige Auftreten einer 0,01- und höherprozentigen Asymmetrie) den unwahrscheinlich kleinen Wert von $10^{-100000}$. Also zehn hoch hunderttausend Ereignisse müssen passieren, ehe einmal ein mindestens 0,01prozentiger Überschuß der einen Molekülsorte auftritt.

Auch wenn wir die Lebensdauer eines Molekülzustandes auf die Größenordnung von Radikalen herabsetzen, also auf eine Fluktuation von etwa 10^{-4} sec (um die Möglichkeiten für eine Zufallsentstehung in einem bestimmten Zeitraum noch weiter zu erhöhen), würde sich daran nichts ändern. Der Fall würde auch dann nur rund alle 10^{100000} Jahre einmal auftreten. Mit anderen Worten: niemals.

Diese Zahlen zeigen nur zu deutlich, wie unwahrscheinlich eine zufällige Trennung der beiden spiegelbildlichen Symmetrieformen ist und daß ein noch so kleines wesensmäßiges permanentes Agens, wie eben die Paritätsverletzung beim Betazerfall, die Wahrscheinlichkeit einer Entstehung von Asymmetrie um einen fast unendlich großen Faktor erhöhen würde. Eine so induzierte Asymmetrie dürfte daher in jedem Fall dominierend sein, da sie permanent und konstant in einer Richtung wirkt und dies über die gesamte Zeitperiode und nicht nur für Bruchteile von Sekunden.

In diesem Stadium blieben unsere Versuche zunächst stecken. Die Ausrechnungen ergaben, daß nach diesem Effekt wahrscheinlich viel längere Bestrahlungszeiten und stärkere Dosen nötig waren, als sie uns seinerzeit mit den geliehenen Quellen zur Verfügung standen. Das Fazit der Situation: Wir steckten im Grunde immer noch in der Frustrationsphase, so daß wir uns schließlich anderen Forschungsrichtungen zuwandten.

Von Zeit zu Zeit wurde die Vester-Ulbricht-Hypothese in anderen Publikationen erwähnt, bis schließlich 1968, zehn Jahre später, ein früherer Mitarbeiter, Mohammed El Fouly, mich aus Ägypten besuchte. Er erzählte mir von einer eigenartigen Begegnung in der Kairoer Straßenbahn. Dort war er mit einem Mann ins Gespräch gekommen, der sich als deutschsprechender ungarischer Biochemiker entpuppte. Mohammed freute sich und erzählte ihm, daß er ebenfalls Biochemiker sei, in Deutschland gearbeitet habe und demnächst wieder dorthin führe. Der Ungar fragte, ob er vielleicht einen Biochemiker namens Vester kenne. Völlig verblüfft erzählte ihm Mohammed, daß dies genau der Mann sei, bei dem er gearbeitet hätte.

Nach der ersten Überraschung über diesen Zufall fuhr der Ungar fort, er habe unsere Hypothese über den Zusammenhang der nuklearen mit der molekularen Asymmetrie bestätigen können und nach zehnmonatiger Betabestrahlung aus einem razemischen Gemisch einen Überschuß von L-Aminosäuren erhalten. Darauf hätte er aus aller Welt Anfragen nach Sonderdrucken seiner in *Nature* publizierten Arbeit bekommen, nur von Vester nicht, den die Sache doch am allermeisten anginge. Soweit Mohammeds Erzählung.

Ich wunderte mich, daß mir die Arbeit entgangen war, obwohl ich die *Nature* gerade auf diese Dinge immer sehr sorgfältig durchlas, und fragte nach dem Namen des Ungarn. Mohammed blätterte in seinem Notizbuch: A. S. Garay. Ich eilte in die Bibliothek und fand im Autorenverzeichnis der *Nature* tatsächlich die Arbeit zitiert. Und dann merkte ich, warum ich sie nicht entdeckt hatte: Ausgerechnet jenes Heft war aus der Bibliothek gestohlen worden.

Garay hatte unseren Hinweis auf längere Bestrahlungszeiten aufgegriffen und nach ausgedehnten Vorversuchen die strahleninduzierte Zersetzung der Aminosäure DL-Tyrosin als Modell gewählt. Unter Ausschalten bakterieller Kontamination konnte er so mit einer radioaktiven Strontiumquelle einen beträchtlichen Überschuß der linksschraubigen (natürlichen) Aminosäure L-Tyrosin gegenüber D-Tyrosin erzeugen.

Wenn unsere Hypothese nun auch theoretisch gesichert war und durch die Garayschen Versuche eine wichtige Stütze erhalten hatte, so blieb doch immer noch die Frage offen, wann, wo und ob überhaupt die erforderliche asymmetrische Betastrahlung in der Natur jemals zur Verfügung stand, um einen einseitigen Überschuß von L-Aminosäuren nach Garay hervorzubringen.

Da brachte eine Entdeckung von ganz anderer Seite, nämlich aus der Astrophysik, plötzlich einen neuen Aspekt in die Angelegenheit. Der Nachweis von Formaldehyd durch Snyder und später von Formamid, Methylcyanamid, Schwefelkohlenstoff und anderen Molekülen wie Methan und Ammoniak im interstellaren Staub unseres Milchstraßensystems (aus dem sich vermutlich die Planeten bildeten) erlaubte eine erste Erklärung der realen Entstehung asymmetrischer Moleküle nach unserer Hypothese. In den Gas- und Staubwolken sind jene organischen Moleküle, die schon vor oder während der Planetenbildung durchaus auch Aminosäuren bilden können, durch kosmische Strahlung und durch reichlich auftretende Zerfälle von radioaktiven Elementen und von η- und μ-Mesonen über Jahrmillionen hinweg mit einem ständigen Feld starker asymmetrischer Strahlung in Kontakt, die bei weitem zur Bildung optisch aktiver Aminosäuren oder anderer Moleküle ausreichen dürfte.

Die erneute ›Inkubation‹ durch ein wissenschaftliches Nachbargebiet führte rasch zur ›Illumination‹: Aminosäuren haben danach höchstwahrscheinlich nicht nur als solche bei der Entstehung unserer Erde schon vorgelegen, sondern auch bereits in einer − scheinbar die statistischen Gesetze durchbrechenden − Anreicherung der heute in den Lebewesen vorherrschenden L-Form.

Auch für die Grundlagenforschung über die Entstehung des Lebens hätten wir hierdurch auf einmal einen völlig neuen Ansatzpunkt: Im biologischen Bereich ist ja die Helix diejenige geometrische Gestalt, die bei einer Aneinanderkettung von Molekülen gleichen Schraubensinns entsteht. Die Information, die in der tertiären Faltung der Proteine, in ihrem Wechsel von Knäuel- und Helixabschnitten begründet liegt, ist ohne Vorhandensein der starren Helixabschnitte weder speicherbar noch übertragbar. Daraus folgt: Sobald die beiden asymmetrischen Konfigurationen gemeinsam vorliegen, hören Helixbildung und damit Informationsspeicherung und Leben auf zu existieren.

Mit der aufgezeigten Asymmetrieübertragung vom nuklearen auf das molekulare Niveau, der Propagierung einer ursprünglich schwachen Asymmetrie, ihrer Verstärkung — vielleicht durch eine Kaskade autokatalytischer Folgereaktionen —, wäre aus der unbelebten physikalischen Welt eine der wesentlichen Voraussetzungen des Lebens — helixartige Makromoleküle — von Anfang an, noch ehe die Erde gebildet war, gegeben.

Eine von diesen Voraussetzungen ausgehende Forschung eröffnet aber nicht nur eine neue Möglichkeit, unser größtes Rätsel, die Entstehung des Lebens, anzugehen. Eine weitere Konsequenz wäre, daß der Nachweis optisch aktiver Substanzen bei der Untersuchung extraterrestrischer Materie (Proben von anderen Planeten oder von Meteoriten) entgegen der bisherigen Auffassung keinen Beweis mehr für außerirdische Lebensformen (im engeren biologischen Sinne) darstellen kann. Er würde nur ein Beweis dafür sein, daß wichtige Voraussetzungen für die Entstehung von Leben vorliegen.

Und schließlich berühren wir mit der Frage nach dem ›Warum‹ der Paritätsverletzung selber auch noch das Gebiet der fundamentalen Polarität zwischen Teilchen und Antiteilchen. So müßte in einer hypothetischen Antimateriewelt das Leben auf D-Aminosäuren aufgebaut sein, wenn der Zusammenhang zwischen nuklearer und molekularer Asymmetrie tatsächlich besteht. Und falls dies so ist, dann wäre die spiegelbildliche Einsinnigkeit organischer Moleküle, also das völlige Fehlen eines der beiden Antipoden in der biologischen Welt, ein direkter, allerdings schwacher Abglanz der großen Polarität zwischen Materie und Antimaterie — zwei Erscheinungsformen, die sich, am gleichen Ort zusammengebracht, annihilieren würden. Heute arbeiten mehrere Gruppen an dem einstmals als abwegig betrachteten Problem, wobei auffallend ist, daß sich nun auch zunehmend Physiker und Mathematiker dafür interessieren.

Die Brücke zwischen der physikalischen und biologischen Asymmetrie und damit eine weitere faszinierende Verbindung zwischen den Gesetzen der lebendigen Welt und unseres physikalischen Kosmos beginnt sich zu schließen.

Während meiner gesamten rund zwanzigjährigen experimentellen Forschungszeit habe ich ebenso wie meine Mitarbeiter immer wieder die ›sieben Stadien‹ eines Schaffungsprozesses erfahren.[4])

Stufen unseres Forschungsprozesses

● Befruchtung eines biologischen Problems durch Fortschritte in einem völlig anderen Gebiet.

● Zu starke Identifizierung mit einer Hypothese und darauffolgender erster Rückschlag bewirken Frustration.

● Die einstmals neuartige und Abwehr erzeugende Idee war weniger fremd geworden, konnte erneut diskutiert werden und führte zur ersten Verifikationsphase.

● Zweite Befruchtung des biologischen Problems durch ein weiteres, völlig anderes Gebiet, die Astrophysik.

● Gegenbefruchtung des kosmologisch-philosophischen Problems außerirdischer Lebewesen durch die bisherigen Ergebnisse der biophysikalischen Asymmetrieforschung.

● Befruchtung und Überwindung der zweiten Frustrationsphase auf einem weiteren biologischen Gebiet durch Erkenntnisse, die mehrere Stadien außerhalb des eigentlichen Fachs durchlaufen hatten.

Die sieben Stufen

In den meisten kreativen Prozessen, in denen es darum geht, ein Problem zu lösen, z. B. einen Berg zu ersteigen oder ein Mädchen zu verführen, finden wir etwa die gleichen sieben Stadien wie in jedem kreativen Schaffungsprozeß: Diese schon 1955 durch Ott und Hutchinson beschriebenen Stadien werden von den unterschiedlichen Wissenschaftlertypen auch sehr verschieden durchlaufen.

Ein Team wird meist eine effiziente Mischung darstellen und somit die verschiedenen Stufen des kreativen Prozesses mit weniger Gefahr des Steckenbleibens durchlaufen. Durch die sehr unterschiedlichen individuellen Beziehungen der Mitglieder eines Teams zu den einzelnen Stufen werden sich Phasenverschiebungen und Überlappungen ergeben.

Die sieben Stadien der Aufklärung über den Zusammenhang zwischen molekularer Asymmetrie und Paritätsverletzung gehören zu einem solchen kreativen Prozeß, der gewiß nicht linear war, sondern vor- und zurücksprang, steckenblieb und auch bestimmte Sequenzen wiederholte.

Problemaufstellung

Vorbereitung

Frustration

Befruchtung

Erleuchtung

Nachprüfung

Kommunikation

145

Diese sieben Stadien werden sich überall wiederholen, wo neue Ideen zwischen verschiedenen Interessensfeldern vermittelt werden sollen. Doch die Kenntnis dieses Prozesses sollte allen, die sich in einem kybernetischen Denkprozeß befinden, helfen, besonders das Stadium der Frustration mit Zähigkeit und Engagement zu überwinden. Besonders hart mag das manche angehen, die sich um die Verständigung zwischen Wissenschaft und Öffentlichkeit (und umgekehrt) mühen — doch diese Aufgabe ist heute lebenswichtig geworden.

Kapitel 5

Gedanken zur Wirtschaft: das Haus richtig bestellen!

Die Zukunft kybernetisch orientierter Organisation

Obwohl wir noch nie so viele Daten über die Welt zur Verfügung hatten wie heute, wird unsere Zukunft immer undurchsichtiger. Immer häufiger sind es überraschende Konstellationen, Probleme von unerwarteter Seite, die uns zu schaffen machen. Woran liegt das? Warum werden wir alle, unsere Entscheidungsträger in Politik und Wirtschaft wie auch der einzelne Mensch, immer weniger mit der Realität fertig, warum gleitet uns die Situation zunehmend aus der Hand, warum entstehen diese plötzlichen Zwänge und Rückschläge? Liegt es daran, daß die Welt heute so komplex geworden ist, daß die menschliche Zivilisation inzwischen ein weltumspannender, nicht mehr zu überschauender monströser Organismus geworden ist, in dem dauernd Unvorhergesehenes passiert? Daß mittlerweile zu viele Menschen auf dieser Erde leben, in einer für diese Spezies überhaupt nicht mehr zuträglichen Dichte, die schließlich alles zum Problem macht: das Zusammenleben, die Rohstoffversorgung und Ernährung, die Belastung unserer Umwelt und eine nur noch künstlich aufrechterhaltene Gesundheit?

Ganz gleich von welcher Seite aus wir eine Bestandsaufnahme unserer wachsenden Probleme anpacken, auch wenn sie in mühseligen Umweltgutachten und wirtschaftspolitischen Studien noch so sehr ins Detail geht, sie wird letztlich immer nur vordergründig bleiben. Was beschrieben wird, sind eigentlich nur Symptome, vordergründige Folgen einer weit tiefer sitzenden Störung, die man der inneren, der genetischen Anlage des Menschen

147

ebenso in die Schuhe schieben könnte wie den äußeren Umständen, das heißt den gesetzmäßigen Reaktionen der äußeren Umwelt auf eben jene genetischen Anlagen. Beides, einerseits die genetische Ausrüstung einer wildgewordenen Spezies mit einem zu rasch entwickelten Gehirn, einem kurzsichtigen Egoismus, einer Tendenz zur Machtkonzentration und zugleich zur Selbstzerstörung, andererseits die physikalische Struktur der Welt mit ihren unausweichlichen Energieerhaltungssätzen, den Gesetzen der Lebewelt von Fressen und Gefressenwerden, von Nahrungsketten, Geburt und Zersetzung — beides können wir natürlich einfach als naturgegeben betrachten und damit auf den lieben Gott abwälzen. Wie an den vielen Beispielen eines aufkeimenden Fatalismus abzulesen ist, scheinen genau das mehr und mehr Menschen zu tun.[1]

In solchen Zeiten richtet sich das Augenmerk unserer Entscheidungsträger zunehmend auf vorhandene Mißstände und die Aktivität der politischen Gruppen auf Vorschläge zu deren Beseitigung. Es fragt sich, ob wir damit weiterkommen.

Als Mißstand gilt ja meist ein Symptom, das vom Bürger registriert wird und von der öffentlichen Meinung, von Verbänden, von Bürgerinitiativen, von Kirchen und anderen Gruppen bis hin zu den Leserbriefen im Lokalblatt beklagt wird. Also sinnt man auf Abhilfe. Was man sich dabei nicht klar macht, ist, daß ein Mißstand in einem offenen System etwas ganz anderes ist als ein Mißstand in einer Maschine. Ein solcher läßt sich im allgemeinen an der Fehlerquelle selbst beseitigen. Wenn ein Bolzen gebrochen ist, dann wird er ersetzt oder es wird nach seiner unmittelbaren Ursache gesucht, etwa einer Vibration im Maschinengehäuse, die man durch Festschweißen beseitigt, so daß der neue Bolzen nicht mehr bricht.

Anders beim Umgang mit komplexen Systemen wie einer Volkswirtschaft, einem Lebensraum, einer menschlichen Gesellschaft. Denn diese verhalten sich nach völlig anderen Gesetzmäßigkeiten als eine Maschine. Daß wir sie aber vielfach dennoch wie eine Maschine behandeln, das ist, wie z. B. die Untersuchungen des Systempsychologen Dietrich Dörner in Bamberg zeigen, einer der Hauptfehler im Umgang mit komplexen Systemen. Denn bei ihnen ist es wie bei einem kranken Organismus nicht damit getan, einen Mißstand abzustellen und dann zum nächsten

Mißstand überzugehen. Auf diese Weise rutschen wir nur in ein immer teureres Reparaturdienstverhalten hinein, das sich schließlich darin erschöpft, nur noch Reparaturen zu reparieren und die Nebenwirkungen der Reparaturen zu reparieren, womit wir dann den Ereignissen eigentlich nur noch hinterherhinken können.

Irgendwie sind wir aber alle Multiplikatoren und können dadurch an dem so dringend notwendigen neuen Bewußtsein gegenüber den Eigenarten von Systemen in unserer Gesellschaft mitarbeiten. Und wenn ich sehe, in wie viele Bereiche vor allem seit etwa einem Jahr ein neues systematisches Denken (man könnte es auch kybernetisches Denken nennen, da es sich mit den Beziehungen und Regulationsvorgängen zwischen den Komponenten eines Systems befaßt) eingeflossen ist und da und dort zu teilweise frappierenden Entwicklungen in der Wirtschaft, im Bauwesen, in der Wissenschaft und im Management bis hin zu einer beginnenden Neuorientierung unserer Entwicklungshilfepolitik beigetragen hat, dann werden Sie verstehen, daß ich bei allen teilweise noch gegenläufigen Tendenzen berechtigte Hoffnungen habe, daß die Beschäftigung mit den Zusammenhängen der Wirklichkeit und mit ihrem Wechselspiel nicht fruchtlos bleibt und daß das, was ich da als ›Neuland des Denkens‹ bezeichne (ein Denken, das ja im Grunde sehr alt ist, tief in unserem Innern verankert), von immer mehr Menschen betreten wird. Von Mitbürgern, die unsere Umwelt nicht nur analysieren und zerlegen, sie also als etwas von ihnen Getrenntes betrachten, was man getrost verändern und umgestalten kann, sondern die sich darüber im klaren sind, daß sie mit jedem Eingriff auch sich selbst treffen.

Nun ist es so, daß in der Tat heute immer mehr schiefläuft, ja daß streng genommen eigentlich fast nichts mehr in unserer Industriegesellschaft mit ihren verkorksten Organisationsformen funktioniert. Und wenn, dann höchstens unter Erzeugung zusätzlicher Belastungen.

Geht etwas schief, so werden ›die Manager‹ angeschuldigt, wobei festzustellen ist, daß diese meist nie in böser oder fahrlässiger Absicht gehandelt haben, sondern nach ihrem ›besten Wissen und Gewissen‹. Sie hatten so gehandelt, wie man es ihnen auf Schulen und Universitäten beigebracht hatte und wie sie es als ›Fachleute‹ immer praktiziert hatten. Sie hatten einfach nur

›fachbezogen‹ gehandelt. Doch das heißt auch ganz klar: nicht im Sinne des Ganzen – denn dies wäre über ihren ›Fachbereich‹ hinausgegangen. Das Ganze, das System blieb unerkannt.

Der Erfolg dieser Unkenntnis des Systemverhaltens, auch in der Beurteilung von technischen Möglichkeiten, liegt darin, daß wir zwar rasch mal ungestört konstruieren und machen können, aber auch gleichzeitig mit vielen solchen, auf Einzelprobleme gerichteten, auf Kurzzeitprofit angelegten Eingriffen auf immer größere Probleme zusteuern, denen wir dann gegenüberstehen, ohne sie überhaupt noch in ihren Ursachen zu erkennen. Das und nichts anderes ist meiner Ansicht nach der Hauptgrund für die vielen unbeabsichtigten Fehlplanungen und Fehlentscheidungen von Behörden, Planern, Politikern und Wirtschaftlern. Also nicht mangelnde Intelligenz des einzelnen noch Bösartigkeit, sondern wahrscheinlich dieses durch die Art unserer Ausbildung vermittelte einseitige Verständnis der Wirklichkeit, das Fehlen dieser eben genannten Grundkenntnisse der Biokybernetik, auf die ich nachher dann ganz konkret zu sprechen komme, die Unkenntnis der Systemgesetzmäßigkeiten, die uns die Befähigung geben könnten, das Verhalten eines Systems und damit seine Überlebensfähigkeit zu beurteilen.

›Die Wirtschaft‹, das heißt insbesondere ihre Führungspersonen, Manager, Aufsichtsräte und Finanziers, benötigen ein neues Verständnis der Wirklichkeit: Die Welt ihrer Eintscheidungen besteht zwar aus einer Menge von Einzeldingen, doch diese sind zu Systemen vernetzt. Nur wer in Zusammenhängen denkt, kann sinnvolle Strategien für die Zukunft entwickeln.

Jedes Wachstum ist irgendwo
und irgendwann begrenzt

Vergessen wir nicht: Das griechische Wort *oikos*, aus dem sowohl Ökologie als auch Ökonomie abgeleitet sind, heißt nicht nur Haus (d. h. zugleich Umwelt, denn das Haus ist die unmittelbare Umwelt), sondern auch Haushalt. Daher rührt ja auch der Begriff ›Naturhaushalt‹. ›Haushalten‹ heißt aber, Mittel überlegt und sparsam einsetzen, heißt letztlich – irgendwo und irgendwann – Grenzen erkennen und sich ihnen unterwerfen. Das gilt auch und gerade für die wesentlichste biologische Aktivität – das Wachstum.[2])

Es gilt hier allerdings, einigen liebgewordenen Dogmen ade zu sagen. Eines dieser Dogmen ist dasjenige vom immerwährenden Wirtschaftswachstum, auf das man nicht verzichten zu können glaubt. Die anfangs erwähnte und immer häufiger zu beobachtende Entwicklung des Wachstums von Unternehmen und mehr und mehr ganzer Länder, mit anschließendem Kollaps, überrascht daher selbst viele Experten.

Wurde bisher ein ständig steigendes Brutto-Sozialprodukt als oberstes wirtschaftspolitisches Ziel gefordert und als Maß des materiellen Wohlstandes fast abgöttisch tabuisiert, so setzt sich doch die Erkenntnis der Unmöglichkeit, ja Unsinnigkeit der Aufrechterhaltung dieses Glaubens bei real denkenden Wirtschaftswissenschaftlern und Politikern in zunehmendem Maß durch. Der Grundgedanke ist der gleiche wie bei der Bevölkerungsproblematik: Unser Erdball ist begrenzt, folglich können Produzieren und Konsumieren nicht unbegrenzt weiterwachsen. Hinzu kommt, daß beide notwendigerweise die Zukunft negativ beeinträchtigen. Produzieren bedeutet heute noch im großen und ganzen Abbau natürlicher Rohstoffe und deren Umwandlung in Produkte unter Erzeugung von Abfall und Müll. Konsumieren bedeutet Umwandeln dieser Produkte in weiteren Abfall und Müll. Daß heute schon bis zu hundertmal mehr Rohstoffe durch die Menschen umgesetzt werden, als es natürliche geologische Ereignisse tun, soll das Beispiel der Mineralienauswaschung in der folgenden Tabelle illustrieren.

Element	Abbau durch	geologische Prozesse (Flüsse)	den Menschen (Bergbau)
Eisen		319 000	25 000
Stickstoff		9 800	8 500
Phosphor		6 500	180
Kupfer		4 460	75
Zink		3 930	370
Blei		2 330	180
Mangan		1 600	440
Nickel		358	300
Zinn		166	1,5
Molybdän		57	13
Antimon		40	1,3
Silber		7	5
Quecksilber		7	3

Durch den Menschen abgebaute Rohstoffmengen im Vergleich zu den durch natürliche geologische Prozesse über Grundwasser und Flußsysteme ausgeschwemmten Anteilen (in 1000 t/Jahr)

Wie folgerichtig jenes permanente Wachstum auf die Katastrophe hinsteuert, wurde uns durch die neueren Berechnungen und Computersimulationen von ökologischen und Rohstoffproblemen deutlich vor Augen geführt.[3])

Gerade wenn man nämlich durch alle möglichen Tricks, zum Beispiel auch durch Subventionen, versucht, ein nicht mehr systemverträgliches Wachstum künstlich zu verlängern, so überschreitet man schließlich absolute Grenzwerte, die kein Einpendeln mehr auf einer Gleichgewichtsebene erlauben und das System zusammenbrechen lassen (vgl. die Abb. in Kapitel 1, S. 41). Die Lösung liegt darin, den kritischen Wendepunkt nicht zu verpassen und in Art der für alle überlebensfähigen Systeme typischen ›logistischen Kurve‹ sich unterhalb des noch tolerierbaren Grenzwertes zu halten.

Dies nur als Beispiel dafür, daß ehemals klare Unternehmensziele, wie Wachstum, nicht mehr automatisch die Orientierungsgrößen sind. In der Tat ist die Entwicklung brauchbarer Zukunftsprognosen und entsprechender Strategien nur möglich, wenn es gelingt, den tieferen Sinn unserer Zielvorstellungen in den Planungen zu erfassen. So sollte man sich von vordergründigen Zielen wie Wachstum, Gewinnmaximierung, aber auch hoher Lebensstandard, Gesundheit, Erhaltung der natürlichen Ressourcen usw. nach dem eigentlichen Endziel durchfragen, für welches man im Grunde alle diese Dinge anstrebt. Man wird finden, daß dieses Endziel die Überlebensfähigkeit der menschlichen Gesellschaft als eines Teilsystems der lebenden Welt ist und die Überlebensfähigkeit des Unternehmens als Teilsystem der menschlichen Gesellschaft.

Ich gebe nachher noch Beispiele dafür, daß die wirtschaftlichen Turbulenzen der letzten Zeit eindeutig gezeigt haben – und hier zitiere ich den Leiter des Management Zentrums St. Gallen, Fredmund Malik, »wie irreführend die Orientierung am Gewinn sein kann und wie wenig selbst ein gewinnmaximierendes Verhalten die Existenz einer Unternehmung gewährleisten kann«. »Selbst große Reserven«, sagt Malik, »reichen in der Regel nicht mehr aus, eine Unternehmung, die zum Beispiel den Anschluß an die technologische Entwicklung verloren hat, noch zu retten.« So kann auch die Grundfrage eines Managements nicht sein, welchen Maximalgewinn die Unternehmung bringt, sondern welches der Minimalgewinn ist, der nötig ist, um die zukünftigen Risiken des Unternehmens abzudecken (Peter Drukker). Damit sind wir bereits auf der Spur eines ganz andersartigen Managements, dessen Ansatz man mit systemisch-evolutionär bezeichnen kann und das von der Idee der Lebensfähigkeit der Unternehmung ausgeht.

Hier eine Gegenüberstellung der beiden Managementarten, wie sie Malik als Betriebswirtschaftler sieht:

Das dem Konstrukteursdenken entspringende Management

- ist Menschenführung,
- ist Führung weniger,
- ist Aufgabe weniger,
- ist direktes Eingreifen,
- ist auf Optimierung von Zuständen ausgerichtet,
- glaubt ausreichende Information zu besitzen,
- hat das Ziel der Gewinnmaximierung.

Das dem Systemdenken entspringende Management

- ist Gestaltung und Lenkung ganzer Institutionen,
- ist Führung vieler,
- ist Aufgabe vieler,
- ist indirektes Einwirken,
- ist auf Steuerbarkeit ausgerichtet,
- hat nie ausreichende Information,
- hat das Ziel der Maximierung der Lebensfähigkeit.

Durch die Bevorzugung des ›direkten Eingreifens‹ wurde nun gerade in der bisherigen konstruktivistischen Managementtheorie den Zielen des unternehmerischen Verhaltens große Bedeutung beigemessen, während die Regeln, die die Art und Weise des Verhaltens durch Selbststeuerung bestimmen, weitgehend unbeachtet blieben. Dabei herrscht dann die Vorstellung vor, daß man, wenn man nur will, also bei genügend großen Anstrengungen, möglicherweise unterstützt durch moderne Technologie und EDV, alles im Detail so regeln könne, daß diese Ziele voll erreicht werden. Da das aber bekanntlich nie der Fall ist, führt es durchweg zu der Reaktion, diese konstruktivistische Form der Kontrolle noch zu verstärken.

In der Praxis wird dann »einem Versagen der Reglementierung mit noch mehr Reglementen begegnet; einem Davonlaufen der Kosten mit noch mehr Budgetierung und Kostenkontrolle; auf Planungsfehler wird mit noch mehr Planung reagiert usw.«. (Malik)

Auf die Gründe, warum das alte Management bisher funktionierte und heute nicht mehr, werde ich nachher noch gezielt eingehen. Zunächst jedoch noch mal ein Wort zu unserem Zielbegriff ›Überlebensfähigkeit‹.

Stete Lagebeurteilung und Kontrolle
sichern die Lebensfähigkeit eines Systems

Im biologischen Sinn bedeutet Überleben mehr als bloßes Vegetieren. Es schließt auch Weiterentwicklung, Entfaltung und Evolution eines Systems wie auch seiner Glieder mit ein. Dabei läßt sich zwischen reifen und unreifen Systemen, zwischen jungen und alten ebenso unterscheiden wie zwischen solchen, die robust sind oder besonders störanfällig. Die angestrebte Stabilisierung ist also keinesfalls eine solche, die auf Starrheit beruht, sondern auf Flexibilität. Diese Forderung nach gleichzeitiger Aufrechterhaltung des Bestehenden und Veränderung schließt von vornherein extreme Zustände aus: nicht nur völlige Instabilität, sondern auch absolute Stabilität.

Das hat nun keineswegs, wie mancher denken könnte, etwas mit Sozialdarwinismus zu tun, mit dem Konkurrenzkampf ums Dasein, dem Überleben des Tüchtigsten. Denn die Theorie von der Selbstorganisation komplexer Systeme ging nie von einer direkten ›Konkurrenz zwischen Individuen‹ aus, sondern immer von einer ›Konkurrenz der Ordnungstypen und Regelsysteme‹. Es überlebten diejenigen Ordnungen und Regeln, deren Befolgung für die betreffende Gruppe Vorteile brachte. Die Überlebensfähigkeit, die wir anstreben, liegt also auf einer höheren Ebene als der des üblichen Werdens und Vorgehens von Einzelorganismen.

Sie bezieht sowohl größere Zeitverläufe mit ein als auch soziale Strukturen und kann – da es sich bei lebenden Systemen immer um offene und somit sich wandelnde Systeme handelt – nur in der Dynamik eines Systems, niemals jedoch in einem Status quo gefunden werden. Damit aber sind unsere Ziele, an denen sich auch das Controlling orientieren sollte, keine bestimmten beschreibbaren Zustände, die erreicht werden sollten, sozusagen um einen speziellen Anpassungszustand an bestimmte Umstände zu optimieren, sondern unser Ziel muß es sein, die Anpassungsfähigkeit und damit die Steuerungsfähigkeit der Unternehmung zu optimieren.

Hier schält sich also – auch aus biokybernetischer Sicht – ein Ziel für die Unternehmenspolitik heraus, welches niemals ein bestimmter Zustand, eine exakt zu beschreibende Konstellation sein kann, sondern die Überlebensfähigkeit an sich, und zwar, wie oben schon gesagt, zunächst einmal der menschlichen Gesellschaft als Teilsystem der lebenden Welt und dann die Überlebensfähigkeit des Unternehmens als Teilsystem der menschlichen Gesellschaft.

Damit wächst aber auch als wichtigste Aufgabe eines biokybernetischen Controlling die Überprüfung dieser Überlebensfähigkeit heran und als Instrumentarium dazu eine sogenannte Systemverträglichkeitsprüfung, wie sie bereits 1983 am Aktionsprogramm Ökologie der Bundesregierung von uns vorgeschlagen wurde. In diesem Moment erhält das Controlling ein weit größeres Anwendungsspektrum als man es ihm vielfach zubilligt, denn die Überprüfung der Budgetierung schließt nun ihre Qualität mit ein und damit zum Beispiel auch Fragen, ob eine bestimmte Produktentwicklung sinnvoll ist, ob Investitionen von zig Milliarden Mark in die Kernenergie (mit ihren wachsenden Kosten und ihrer ungelösten Entsorgung) oder in die Verbesserung und Rationalisierung (aber damit auch gleichzeitig Zementierung) des derzeitigen Automobiltypus sinnvoll ist, der sich in den Grundzügen seit fünfzig Jahren nicht mehr geändert hat. Die üblichen Unternehmensziele, die ja meist statische Bilder darstellen, müßten durch eine solche Art von Controlling daher jederzeit als sekundär in Frage gestellt werden können.

Die äußeren Veränderungen in der Welt, die derzeit viele Branchen unseres Industriesystems, z. B. im Saarland oder in Bremen, an den Rand des Ruins bringen, sind ja deshalb so gravierender Natur, weil diese Branchen und auch einzelne Unternehmungen keine ausreichende Flexibilität aufweisen, die neuen Formen von Komplexität zu absorbieren. So sagt auch Malik – und damit deutet er bereits auf eine falsche Zielvorstellung des klassischen Controlling: »Unsere Unternehmungen haben deshalb keine ausreichende Flexibilität, weil Flexibilität ein ökonomisches Gut ist und daher Kosten verursacht. Diese Kosten erscheinen im Rahmen der herkömmlichen Managementlehre als Rationalisierungspotentiale, nicht aber als das, was sie sind, als *Ressourcen.* Und mit zunehmender Annäherung an das Ziel der Optimierung eines bestimmten Zustandes ist somit zunehmend Flexibilität verlorengegangen. Die Konsequenzen sind an der Insolvenzstatistik ablesbar.«

So wie diejenigen Tier- oder Pflanzenarten, die stark die Umwelt verändern, bald durch andere abgelöst werden, für die dann die so veränderte Umwelt zuträglicher ist, so kann die Festlegung auf ein Produkt, das irgendwann niemand mehr haben will, eine ganze Branche auslöschen. Denn auch ein Produkt verändert, wenn man nicht aufpaßt, die Umwelt zu seinen Ungunsten, z. B. allein schon durch Marktsättigung; aber auch durch psychische

Sättigung, Wertewandel und Akzeptanzverlust oder indem es die Umwelt schließlich so belastet, daß es nicht mehr tragbar ist. Wenn die Branche bis dahin keine Alternative entwickelt hat, geht sie ein. Controlling also auch für das Produkt-Design!

Auch deshalb verlangt eine systemische Managementlehre, also eine solche, die den Wandel des Systems berücksichtigt, ein neues Ziel. Denn wenn man sich ständig an neue Umstände anpassen muß, kann z. B. die erwähnte Optimierung, wie gesagt, nur auf einer höheren Ebene einen Sinn haben. Und wir erkennen auch hier wieder, daß nicht der Anpassungszustand, sondern die Anpassungsfähigkeit optimiert werden muß. Nebenbei sei bemerkt, daß die Hemmnisse, auf diesen Denkansatz überzugehen, bereits in der Schule gelegt werden. Ein Dilemma, dem ich seit den Forschungsarbeiten zu meinem Buch *Denken — Lernen — Vergessen* massiv zu Leibe gerückt bin. Unserem Bildungssystem wohnt immer noch durchgehend die Tendenz inne, die Beherrschung konkreter Lerninhalte, also von etwas Statischem, zu optimieren, während die Optimierung der Lernfähigkeit, die ja unabhängig vom Inhalt ist, praktisch völlig vernachlässigt wird.

Den Ausgangspunkt für sinnvolles Handeln und das Fundament jeglicher Orientierung sieht daher auch die St. Gallener Schule in dem Verstehen der Dynamik von Systemzusammenhängen. Und sie erhofft sich aus dem tieferen Verständnis der Natur komplexer Systeme auch neue Lösungs*arten* für manche der sich stellenden Probleme. So liest sich in einem Aufsatz von Probst und Malik in der *Schweizer Zeitschrift für Betriebswirtschaft* der erstaunliche Satz: »Die Ökosystemforschung, die die Entstehung, die Struktur und die Dynamik von Wirkungsgefügen untersucht, ist für die Unternehmensführung in Zukunft möglicherweise wichtiger als die Nationalökonomie.«

Elmar Mayer von dieser Fachhochschule hat genau jene Umsetzung wichtiger Erkenntnisse und Gesetzmäßigkeiten der Ökosystemforschung in die unternehmerische Praxis durch die Beschreibung des biokybernetisch orientierten Controlling übernommen und in einschlägigen Schriften publiziert. Peter Gomez, ein bekannter Schweizer Betriebswirtschaftler, schrieb unter dem Titel *Frühwarnung in der Unternehmung*, daß wir gerade bei der Controllerfunktion nur dann in der Frühwarnung Fortschritte erzielen können, wenn wir von der statischen, analytischen Betrachtungsweise der herkömmlichen Indikatorenkataloge abgehen und wenn an die Stelle von daraus entwickelten Ideallösungen Vorschläge für eine Vorgehensmethodik treten, die der Praktiker eigenständig in seiner ganz spezifischen Problemsituation anwenden kann.

Wir sehen auch hier wieder: Absage an die Vermittlung von Denkinhalten und Forderung nach der Vermittlung von Denkfähigkeit, wozu die statisch-analytische Betrachtungsweise durch eine dynamische, aber ganzheitliche Sicht abgelöst werden muß. Erneut ein Appell an die Erweiterung der Steuerungsaufgaben. Denn wenn das Controlling den Systemansatz anwenden, also die Rolle von Komponenten im System erkennen soll, dann gilt dies in erster Linie für das Controlling selbst. Das heißt, daß es auch seine eigene Rolle im System neu sehen muß, wenn es eine Unternehmung steuern will. Und dazu schreibt auch schon Malik aus seiner betriebswirtschaftlichen Erfahrung heraus, daß es eben nicht genügt, etwa den Aspekt der Gewinne oder des Personals zu beherrschen, oder die Dimension der Finanzen oder die des Marktes im Griff zu haben, sondern jeder Aspekt und jede Dimension müssen simultan und in ihren Wechselwirkungen unter Kontrolle sein – keine leichte Aufgabe in einer Welt voller Spezialisten.

Unternehmen als offene Systeme
brauchen systematisches Controlling

So gibt es in jedem Management allein zwei wichtige Bereiche, die heute neu gesehen werden müssen: Controlling nach innen und Marketing nach außen. Neu dabei ist, daß eben jeder Bereich die Wechselwirkung zwischen beiden erfassen und steuern muß. Denn Unternehmen sind offene Systeme; ein geschlossenes Controlling entspricht daher einem vergangenen Konstrukteursdenken, welches glaubt, bei genügender Detailplanung ein System perfektionieren zu können.

Offenes, also systematisches Controlling dagegen interessiert sich nicht nur dafür, woher und wohin wieviel Geld in die Kassen fließt, sondern auch warum. Damit bei der Behandlung von Einzelheiten der Bezug zum Gesamten nicht verloren geht, schlägt

Gomez vor, die Funktion von Planung, Frühwarnung und Kontrolle dadurch besser zu erfassen, daß man diese als Bausteine eines Regelkreises interpretiert. In diesem Fall ist die Frühwarnung auf die möglichst frühzeitige Entdeckung von Risiken und Chancen ausgerichtet und erfüllt die Funktion einer Vorkopplung. Die Kontrolle als Rückkopplung setzt daher ganz im Sinne eines evolutionären Managements im Vorgriff auf die Zukunft ein und löst sich von einem bloßen Hinterherhinken.

Bei diesem Bild liegt die Führungsgröße des Regelkreises in den Szenarien für die achtziger Jahre. Diese sind bereits rückgekoppelt über die Frühwarnung, die wiederum entsprechende Sollwerte an die Unternehmungsleitung gibt. Sie ist dadurch wie auch durch das Feedback über die Kontrolle ähnlich wie bei der Hormonsteuerung im biologischen Organismus nicht mehr in einer Art von Weisungshierarchie, sondern eher in einer Art Feedbackhierarchie gegliedert. Hier in unternehmenspolitischer, strategischer und operativer Ebene, die alle drei dann zu Unternehmensaktivitäten führen, die selber wiederum sowohl an der Frühwarnung wie an der Kontrolle orientiert sind.

Während die Aufgabe des Frühwarnsystems eine vorbeugende ist, so leitet das Kontrollsystem Maßnahmen ein, nachdem die jeweiligen Geschäftsaktivitäten bereits stattgefunden haben, der Schaden oder Nutzen also bereits eingetreten ist und die Folgerungen daraus gezogen werden müssen. Interessant ist hier jedoch die Unterscheidung zwischen kurzfristigen und längerfristigen Maßnahmen. Zu den ersteren gehören die herkömmlichen Kontrollinstrumente, etwa das Rechnungswesen, zum zweiten ein ausgebautes Krisenmanagement.

Gomez, der sich wie Malik und Probst zum Teil an der von uns entwickelten Systemkybernetik orientiert, sieht dabei vier Generationen von Frühwarnsystemen:

- Als erste Generation die kurzfristigen Informationssysteme wie der ›Soll/Ist-Vergleich‹.
- Als zweite Generation die ›Indikatorenkataloge‹, die vielfach jedoch nur aufgemotzte Kennziffernsysteme seien.
- Dann die dritte Generation, das sogenannte ›strategische Radar‹ mit seinem Konzept der Erfassung schwacher Signale (nach Ansoff), das 1976 entwickelt wurde, und schließlich
- als vierte Generation die ›Frühwarnung aus ganzheitlicher

Sicht‹. Zum Beispiel das Abchecken auf Verletzungen der biokybernetischen Grundregeln oder auf Nichtbeachtung der kybernetischen Besonderheiten, wie sie zum Beispiel aus der Bestimmung der aktiven, passiven, kritischen und puffernden Komponenten mit Hilfe des von uns entwickelten ›Papiercomputers‹ hervorgehen.

In der Tat fehlt bei den bisherigen Frühwarnsystemen ein entscheidendes Element, nämlich die Einbeziehung der Dynamik des Unternehmensgeschehens. Auch sie sind viel zu statisch angelegt, um in der Praxis wirklich funktionieren zu können. Ein Beispiel aus dem Verlagsgeschäft zeigt dies deutlich. Die ausgesprochen statische Darstellung vieler Organogramme, die im Grunde nur aufzeigen, welches die Bausteine eines solchen Systems sind, vernachlässigt die Frage, wie die einzelnen Bausteine aufeinander einwirken. Im Gegenteil, die hierarchische Darstellung führt nach Gomez zu Mißverständnissen und Irrtümern der realen Abhängigkeiten. Um einen Indikatorenkatalog auszuarbeiten, genügt sie jedoch durchaus.

So könnte man z. B. die Warnsignale in diesem Wirkungsgefüge beim Lesermarkt plazieren, etwa als Indiz für die Entwicklung der Leserreichweite. Dies kann jedoch durchaus zu Fehlentscheidungen führen, wie sie etwa bei der Reorganisation der Zeitschrift *Stern* nach der Affäre mit den Hitler-Tagebüchern stattfand, einfach weil die tatsächlichen Wechselwirkungen mißachtet werden. Hier hatte man ein hervorragendes Redaktionsteam, einen eingespielten Anzeigenmarkt, eine brillante Bilddokumentation und dachte sich, wenn wir nun noch einen brillanten Chefredakteur und einen brillanten Herausgeber, nämlich Scholl-Latour und Johannes Groß, damit koppeln, dann gibt das ein superbrillantes Blatt, und Anzeigen- wie Abonnentenzahlen schnellen in die Höhe. Das Gegenteil geschah. 150 000 Leser sprangen ab, und das Image sank beträchtlich. Die Redaktion schien zerrissen und demotiviert. Auch hier wieder: Einzelkomponenten, für sich perfekt geplant, können im Zusammenspiel durchaus in ein Chaos führen, weil man nur die Faktoren selber, aber nicht ihre Interdependenzen, ihre ›Rolle im System‹ beachtet hat.

Mit einer einfachen Matrix und etwas Mathematik lassen sich aus solchen Wirkungsgefügen dann z. B. die folgenden vier interessanten Fragen beantworten.

- Frage 1: Welche sind die dominierenden kritischen Kreisläufe, die den eigentlichen Unternehmensmotor darstellen oder, umgekehrt, die gesamte Unternehmung in einen unaufhaltsamen Niedergang führen können?
- Frage 2: Welche zeitlichen Verzögerungswirkungen sind in das Netzwerk eingebaut und bilden dadurch oft die Quelle von Fehleinschätzungen einer aufgetretenen Situation?
- Frage 3: Gibt es Kreisläufe, die gar nicht so funktionieren, wie gemeinhin angenommen wird?
- Frage 4: Wo befinden sich Regelmechanismen, in die ich laufend regelnd eingreife und dabei Energie, Entscheidungskraft einsetze, ohne daß dies überhaupt nötig wäre, während an anderen Stellen gerade kritische Elemente sich selbst überlassen werden?

Wenn man sich mit solchen neuen Ansätzen des Managements und der Unternehmensführung beschäftigt, so fragt man sich natürlich, warum man mit den herkömmlichen Theorien und Methoden in den sechziger Jahren durchaus Erfolg hatte und warum dies nun alles nicht mehr funktioniert, warum man früher auch ohne systemisches Denken auskam, heute aber nicht mehr. War die Welt früher etwa kein komplexes System, waren die Naturgesetze andere, oder woran liegt es? Die Untersuchungen der Systemforschung zeigen, daß selbstorganisierende Systeme wie das Leben, aber auch wie die menschliche Gesellschaft und Wirtschaftsunternehmen, im Unterschied zu Maschinen zwar immer offene komplexe Systeme sind, die ganz bestimmten Naturgesetzen, nämlich den Systemgesetzmäßigkeiten, gehorchen. Interessanterweise gehört aber zu diesen Gesetzmäßigkeiten, daß sich in Zeiten des Wachstums solche komplexen Systeme fast wie Maschinen verhalten und daher auch vorübergehend so behandelt werden können. In diesen Zeiten funktionieren deterministische Prognosen aus Trendhochrechnungen ebenso wie die Wirtschaftstheorien, die auf John Maynard Keynes oder letztlich auf Adam Smith aufbauen. In solchen Zeiten des Wachstums gehört daher nicht viel dazu, selbst eine große Firma zu leiten. Man braucht nur Vertrauen in die Zukunft zu haben und an das Wachstum zu glauben. Ja, in solchen Zeiten lassen sich Unternehmen sogar wie eine Maschine planen und konstruieren. Und da dieses Verfahren in der Wachstumsära so gut funktionierte, hat man sich um keine anderen Methoden mehr gekümmert und glaubte, daß man komplexe Systeme für alle Zeiten auf diese Art und Weise in den Griff bekommen kann.

Längst ist die Wachstumsphase jedoch vorbei, denn, wie wir an der logistischen Kurve sahen, kann sie immer nur temporär sein. Und nun funktionieren auf einmal all jene aus dem Maschinendenken stammenden Methoden und Entscheidungshilfen nicht mehr, und unsere Führungskräfte können nur noch hilflos einem Ereignis nach dem anderen hinterherhinken. Nicht aus ökonomischen Gründen ist also Wachstum nötig, sondern um das alte Management beibehalten zu können. Deshalb schreien manche Entscheidungsträger so vehement nach weiterem Wachstum.

Die Frage, woher wir die richtigen Entscheidungshilfen nehmen sollen, ist daher immer dringender geworden. Wenn wir uns jedoch über das Generalziel, nämlich die Sicherung der Überlebensfähigkeit in dem anfangs genannten evolutionären Sinne einig sind, so dürfte die Antwort schon leichter zu finden sein. Wie bei allen Lösungsversuchen wird man, ehe man hier eine selbstgezimmerte Technik des Überlebens aus einer erdachten Theorie ableitet, nach bereits vorhandenen Lösungen Umschau halten, die vielleicht etwas längere Erprobungs- und Garantiezeiten als Referenz mitbringen als unsere Wirtschaftswissenschaften.

Bei der Suche nach solchen Vorbildern finden wir als einziges System, welches bisher eine vernünftige Garantiezeit des Überlebens aufzuweisen hat, das biologische.

Für uns am vordringlichsten zu wissen ist es daher, wie sich die Teilsysteme dieses Supersystems verhalten müssen, um gemeinsam mit ihm zu überleben, welche Ordnungsprinzipien, welche Grundregeln man beachten muß, um, wie ich zu Anfang schon andeutete, nicht als wildgewordenes Teilsystem aus dem ganzen Spiel herausgeschmissen zu werden.

Kybernetisch organisierte
Führung dient auf hohem Informationsniveau

Aus der Beobachtung ökophysikalischer, thermodynamischer und systemkybernetischer Vorgänge konnte ich in den letzten Jahren, sicher noch sehr unvollkommen, eine Reihe von Grundregeln erkennen, denen ein System gehorchen muß, wenn es seine Überlebensfähigkeit nicht verlieren will. Es sind acht Regeln, die darauf abzielen, denjenigen Ordnungstyp anzustreben, der, wie ich vorhin erwähnt habe, in der Konkurrenz zu anderen Ordnungstypen und Regelsystemen größere Überlebenschancen hat.

Auch wenn sie weiter vorne schon besprochen wurden, möchte ich sie – aus Gründen der Didaktik – hier noch einmal auflisten:

1. Negative Rückkopplung muß über positive Rückkopplung dominieren.
2. Die Systemfunktion muß unabhängig vom Wachstum sein.
3. Das System muß funktions- und nicht produktorientiert arbeiten.
4. Nutzung vorhandener Kräfte nach dem Jiu-Jitsu-Prinzip statt Bekämpfung nach der Boxermethode.
5. Mehrfachnutzung von Produkten, Funktionen und Organisationsstrukturen.
6. Recycling: Nutzung von Kreisprozessen zur Abfall- und Wärmeverwertung.
7. Symbiose: Gegenseitige Nutzung von Verschiedenartigkeit durch Kopplung und Austausch.
8. Biologisches Design von Produkten, Verfahren und Organisationsformen durch Feedbackplanung mit der Umwelt.

Im Grunde haben wir es hier nicht wie so oft mit Regeln oder Prinzipien zu tun, die sich gegenseitig ausschließen – die bekanntesten dieser Art sind Gleichheit, Freiheit, Brüderlichkeit (bekanntlich geht das eine nur ohne das andere), sondern mit sich gegenseitig stützenden Prinzipien, mit einer Art Regelknoten, der in sich bereits die Tendenz zur Selbstorganisation trägt.

Ein Beispiel dafür, wo genau diese Regeln mißachtet wurden,

ist etwa das Gebäude der Hypobank in München. Schon gleich nach der Fertigstellung wurde dieses Bauwerk als ›babylonisches Signal der Unvernunft‹ in der Presse kommentiert, weil bei ihm eklatant gegen die Grundregeln vor allem des Jiu-Jitsu, der Symbiose und des biologischen Designs verstoßen wurde. Hier steht nun ein Großaggregat mit seinen Eigengesetzlichkeiten, losgelöst vom Leben der Stadt, und kämpft mit einem ungeheuren Aufwand an Betriebskosten und Technik gegen alles, was nur bekämpft werden kann: Hitze und Kälte, Wind, Zug- und Druckkräfte, Materialbeanspruchung, Feuchtigkeit, Abstrahlung und Einstrahlung – statt, wie es eine ›Strategie zur Verbesserung der Überlebenschancen‹ geboten hätte, möglichst all diese Kräfte zu nutzen. So führte hier eine Umkehrung der kybernetischen Prinzipien zu einer Maximierung des konstruktiven Aufwands, der nur durch teure technische Kunstgriffe, entsprechenden Energieaufwand und hohe Betriebskosten abgefangen werden kann.

Wie läuft es nun, wenn man kybernetisch-systemisch vorgeht, also nach den Prinzipien eines evolutionären Managements und mit einem Controlling, welches nach den Grundregeln fragt, sich an Wirkungsgefügen orientiert und damit die Rolle der Komponenten im System erkennt. Zum besseren Vergleich auch hier ein Beispiel aus der Baubranche. Hier ist es vor allem die sich an meinem Ansatz orientierende Gesellschaft für Baukybernetik, die mit dem sogenannten K.O.P.F.-System des Architekten Heinz Grote (K.O.P.F. ist eine Abkürzung für kybernetische Organisation, Planung und Führung) eine erstaunliche Erfolgsbilanz aufzuweisen hat. Bei dem bisherigen Bauvolumen von insgesamt vielleicht 800 Millionen DM vom Wohnheim bis zum Krankenhaus ist bei keinem einzigen Projekt die angesetzte Bauzeit überschritten worden – und der Kostenrahmen nur ein einziges Mal um drei Prozent! Dies jedoch mit einer Planung, die dazu noch die heutigen Bauzeiten durchschnittlich um ein Drittel verkürzt (statt wie so oft grotesk verzögert) und den Kostenplan vergleichbarer Angebote um 15 Prozent unterschritten hat (statt diesen, wie nur allzu häufig, zu überziehen). Bei dem volkswirtschaftlichen Gesamtumsatz der Bauwirtschaft würde die allgemeine Einführung solcher Verfahren eine Einsparung von jährlich 30 Milliarden Mark bedeuten. Und dies unter Beibehaltung, ja größerer Sicherung von Arbeitsplätzen.

Dem K.O.P.F.-System liegen zwei Prinzipien zugrunde. Das eine ist die Einführung der ›zweiten Zeitdimension‹ in die Kostenberechnung, die über das normale Ablaufdiagramm mit seiner Zeitdauer in Monaten, Wochen, Tagen oder Kalenderstunden hinausgeht. Wenn ein bestimmtes Gewerk innerhalb eines Bauvorhabens 14 Tage in Anspruch nimmt, also 80 Kalenderstunden (das wäre die erste Zeitdimension), so sagt die zweite Dimension, daß, weil die Arbeitsleistung hierfür 960 Arbeitsstunden erfordert, in diesem Fall 960:80 = zwölf Arbeitskräfte eingesetzt werden müssen. Je nachdem, wie lange der Gesamtbau dauern soll, kann man diese Teilleistung aber statt mit zwölf Mann in zwei Wochen auch mit acht Mann in drei Wochen oder mit sechs Mann in vier Wochen erledigen. Wenn es dagegen schneller gehen muß, also wenn z. B. eine schwerwiegende Störung zum Zeitverlust geführt hat, wie der Konkurs eines Subunternehmers oder ein Auftragsentzug wegen vertragswidrigen Verhaltens, dann können zum Ausgleich des Zeitverlustes bis zu 24 Mann eingesetzt werden. Mehr geht wiederum nicht, weil die sich wieder auf die Füße treten würden.

Die Bestimmung der Ausführung wird also auf diese Weise, wie Grote sagt,»mehr zum Akt einer freien Willensentscheidung des Bauherrn, als daß sie Ergebnis einer Berechnung wäre«. Die verbesserte Frühwarnung liegt darin, daß, wenn der Subunternehmer mit acht statt mit zwölf Mann anrückt, schon am dritten Tag klar ist, daß er seine Zeit überschreiten wird und man ihm zur Auflage machen kann, sofort mit zwölf Mann anzutreten und darüber hinaus mindestens drei Tage lang mit 16 Mann.

Eine Bauleitung, die auf diesen Voraussetzungen arbeitet, hat dann, anders als beim klassischen Projektmanagement, nicht, wie Grote es ausdrückt, ein zahnradartiges Zusammenwirken der Beteiligten vorliegen, indem jeder Sonderwunsch und jede Abweichung wie Sand im Getriebe wirkt, sondern ein Modell von gewollten Zukünften, das eine so große Varietätsfülle birgt, daß man mit der Vielzahl von Sonderwünschen und besonderen Ansprüchen, aber auch mit den schwerwiegendsten unerwarteten Störungen fertig wird.

Soweit zu dem einen neuen Prinzip dieses kybernetischen Projektmanagements, dem Arbeiten mit der zweiten Zeitdimension. Ein zweites Prinzip, das für die verblüffenden Erfolge mitverantwortlich ist, ist der reformierte Führungsbegriff. Um nämlich diese Art Planung zu ermöglichen, müssen alle Beteiligten in einer neuen Art zusammenarbeiten. Denn wenn Kybernetik Selbstorganisation in komplexen Systemen bedeutet, so heißt das, daß eine Baustelle wie eine Mikromarktwirtschaft funktionieren muß. Diese Selbstorganisation muß jedoch gezündet werden. Das geschieht durch die Vermittlung von Sinn und dadurch Motivation. In den Anleitungen zum K.O.P.F.-System, das auch Mewessche Gedanken der EKS miteinbezieht, heißt es daher: »Der Bauleiter muß den Bauvorgang innerhalb einer tolerablen Bandbreite dadurch sichern, daß er den Firmen bis zum einzelnen Handwerker rechtzeitig alle erforderlichen Arbeitsfaktoren beschafft, wozu auch die Zeichnungen und Bauherrenentscheidungen gehören. Eine Sisyphusarbeit, die nur auf einem hohen Informationsniveau geleistet werden kann.«

Nach dem K.O.P.F.-System heißt also Mitarbeiterführung nicht, daß einer die anderen führt, sondern daß er für die anderen führt. Führen heißt nicht anordnen, sondern dienen. Die Führungskraft erbringt Dienstleistungen im besten Wortsinn – selbst für den Eisenbieger, dem er rechtzeitig den Bewehrungsplan beschafft. Dies sei die einzige Möglichkeit, Selbstorganisationsprozesse auf Dauer aufrechtzuerhalten, und vor allem Hektik, Ärger und Streß aus den Bauprozessen fernzuhalten. Soweit einige Erfahrungen aus der Praxis, die das Funktionieren unserer biokybernetischen Grundregeln ebenso bestätigen wie die Grundlagen der St. Gallener Schule von Hans Ulrich, wie sie z. B. in dem von Siegwart und Probst herausgegebenen Band *Mitarbeiterführung und gesellschaftlicher Wandel* so überzeugend dargelegt sind.

Daß der biokybernetische Ansatz selbst bei der Entwicklung und dem Einsatz von Maschinen und Geräten zum Tragen kommt und dort das Controlling bis tief in die Produktentwicklung steuert, zeigt das Beispiel einer Maschinenfabrik bei der Lösung des Problems, Vibrationen und Lärm großer Maschinen möglichst wirksam und ohne große Kosten zu bekämpfen. Die Grundüberlegung, mit der man an die Beseitigung der den Betriebsablauf stark beeinträchtigenden, aber meist hingenommenen Vibrationen heranging, war die Anwendung des Jiu-Jitsu-Prinzips und die Überzeugung, daß aus der Maschine, der Verankerung und dem Fundament ein dynamisches System geschaffen werden muß, in dem nicht mehr mit Energieinput, am Ende gar mit einer weiteren Maschine Vibrationen gedämpft oder gegengesteuert werden, sondern wo die Vibrationen sich selbst durch ihre eigene Energie aufheben sollten. Das Ergebnis war ein äußerst einfaches Federgerät, dessen Frequenz genau auf die Frequenz der Maschinenvibration eingestellt werden konnte und damit die Vibration sozusagen in sich zurückführte.

In der Vermarktung des Produkts schreibt die Herstellerfirma KST: »Die Wirtschaft benötigt mehr denn je aussichtsreiche und leistungsfähige Innovationen. Die Entscheidungshilfen bei der Beurteilung und Entwicklung eines neuen Produkts müssen daher den neuesten Denkansätzen entsprechen. Daher wurde der Versuch gemacht, das Vibcos-Verfahren nach der Checkliste der biokybernetischen Grundregeln überlebensfähiger Systeme einzuordnen.«

Das Ergebnis war verblüffend. Hier zwei Beispiele: Bei einer Drehmaschine wurde die Vibration auf ein Zwölftel reduziert, die Maschinenverfügbarkeit stieg von 50 Prozent auf über 90 Prozent, und die Produktion konnte um 80 Prozent gesteigert werden. Bei einer Rundschleifmaschine wurde die Bearbeitungsgenauigkeit selbst verbessert, die Schleifzeit von 24 Stunden auf unter zehn Stunden reduziert und die Verfügbarkeit der Maschine auf 95 Prozent gebracht.

Die Position eines biokybernetischen Controlling schält sich vielleicht am ehesten aus solchen Beispielen heraus und läßt es als Teil eines systemischen Managements erkennen. Mit diesem würden wahrscheinlich manche technischen Probleme ebenso rasch in sich zusammenfallen wie die sich häufenden Fehlentscheidungen in unseren großen Unternehmungen, über die die *Wirtschaftswoche*, das *Managermagazin* oder der *Spiegel* in jeder Ausgabe berichten; und zwar in dem Moment, wo unsere Grundvorstellung die spontane, sich selbst generierende Ordnung ist, deren anschaulichstes Beispiel der lebende Organismus ist. Denn Organismen werden von niemandem wirklich gemacht, sie entwickeln sich.

Lassen Sie mich zum Abschluß mit Ihnen ein kleines Selbsterfahrungsexperiment machen, welches ich gerne bei meinen Seminaren einsetze, um auch optisch einmal die beiden grundverschiedenen Arten aufzuzeigen, wie man die Welt sehen kann: Entweder als das Sammelsurium von Einzeldingen, so wie wir es bei der Fächereinteilung unserer Schulen lernen, oder als ein vernetztes komplexes System, welches bereits durch Kenntnis weniger Beziehungen dennoch das Gesamtbild erkennen läßt. Dabei stelle ich die Fähigkeit des Studiums von Details dem sogenannten *pattern recognition*, der Mustererkennung, gegenüber.

Beide Arten, die Welt zu sehen, sind wichtig. Die erste, um Maschinen zu bauen, die mit dem unscharfen, systemischen Ansatz wahrscheinlich nie gelingen würden, für die aber der konstruktivistische Ansatz bereits nicht mehr ausreicht, wenn es um den Einsatz dieser Maschinen geht. Negatives Beispiel die Kernenergie, positives die kleine Antivibrationsmaschine. Dann die zweite Art, also den systemischen Ansatz, den wir brauchen, um das Verhalten von Systemen und die Steuerung dieses Verhaltens im Hinblick auf ihre Überlebensfähigkeit beurteilen zu können.

Daß unser Gehirn selber schon mit diesen unterschiedlichen Methoden arbeitet, je nachdem, ob es darum geht, Details zu erkennen oder ein System (also *pattern recognition*), möchte ich an Hand eines Computerbildes zeigen, das dem einen oder anderen vielleicht schon aus meinen bisherigen Publikationen bekannt ist.

Schaut man sich die verschiedenen hellen Quadrate an, so läßt sich von nahem nicht einmal ohne weiteres erkennen, daß es sich hier um einen menschlichen Kopf handeln soll. Doch selbst diese paar Vierecke geben ganz unverwechselbar die Gesichtszüge des amerikanischen Präsidenten Abraham Lincoln wieder, sobald man sie aus größerer Entfernung betrachtet oder wenn man das Bild unscharf stellt, wenn man ein wenig blinzelt oder die Brille abnimmt.

Was erfahren wir daraus? Unser Gehirn hatte sich vorher auf die Details konzentriert. Die Beziehungen zwischen den Quadraten wurde zurückgedrängt. Dann, mit zunehmender Verschwommenheit, die Quadrate treten zurück, gewinnen die Beziehungen zwischen ihnen die Oberhand. Unser Gehirn schaltet um auf andere Neuronengruppen und arbeitet nun gewissermaßen wie ein Hologramm. Da fehlt dann nicht wie bei einem unvollständigen Bild irgendein Teil, sondern die vorhandenen Vernetzungen führen auch bei einem unvollständigen Hologramm nur zu geringer Deutlichkeit. Das Gesamtmuster wird jedoch erfaßt.

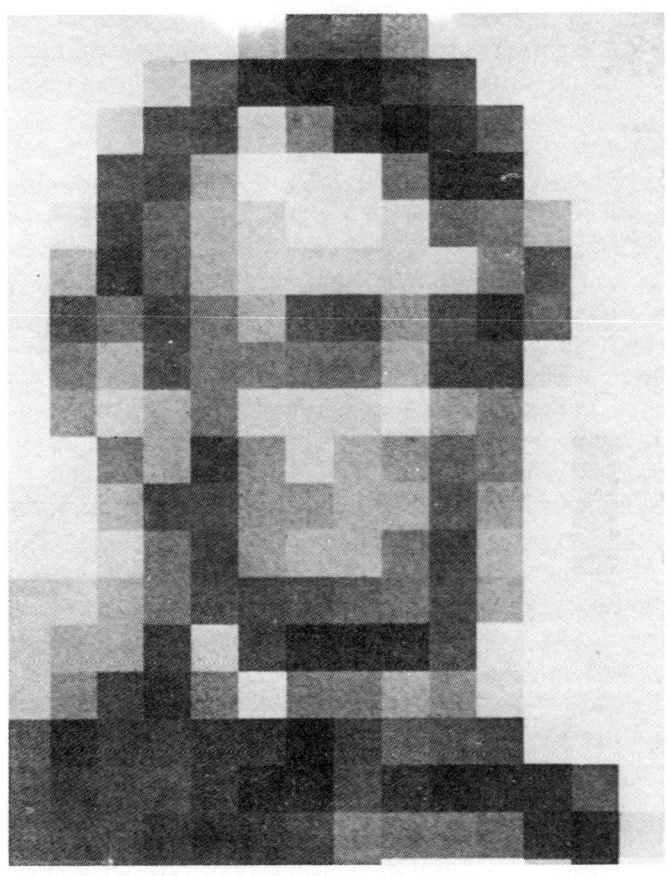

Abb. 6: Computerbild ›Das Ganze und die Details‹

Dieses Beispiel sagt uns eine Menge zu unserem Thema des vernetzten Denkens. Es sagt uns, daß eine noch so genaue Studie der einzelnen Vierecke unseres Lincoln-Fotos im Gegensatz zu dem groben Gesamtmuster zwar den genauen Grauwert, die Abmessungen der Kanten oder eine Tabelle der nach Helligkeit geordneten Vierecke bescheren kann — so entstehen ja bekanntlich die Doktorarbeiten. Dies wird uns jedoch nie erkennen lassen, daß es sich im Grunde um ein Porträt von Abraham Lincoln handelt.

Jedenfalls ist das bloße Studium der Quadrate für die Erkennung eines Systems die falsche wissenschaftliche Methode, die auch dadurch nicht richtiger wird, daß man sie nun mit besonderer Akribie betreibt.

Biokybernetisches Controlling entspricht vollauf diesem *pattern recognition.* Es ist damit auch im naturwissenschaftlichen Sinn Teil eines evolutionären Managements, während das bloße herkömmliche Controlling des Budgets und die Frühwarnung durch isolierte Indikatorenkataloge Teile eines konstruktivistischen Managements sind.

Würde ich mich als Manager, der die Gegenwart und Zukunft zu meistern vermag, vertehen, würde ich daher

1. das zu kontrollierende System vor allem als offenes komplexes System in Wechselwirkung mit seiner Umwelt betrachten und in seiner kybernetischen Dynamik zu erkennen suchen,
2. die Budgetierung des klassischen Controlling nur im Feedback mit einem jederzeit einsatzbereiten, auf einer kybernetischen Frühwarnung beruhenden Krisenmanagement vornehmen und beurteilen,
3. eine Art Systemverträglichkeitsprüfung einführen, die z. B. die acht biokybernetischen Grundregeln als Checkliste für das Generalziel ›gesteigerte Überlebensfähigkeit‹ benutzt und weitere Instrumente der Sensitivitätsanalyse einsetzt.

Zu fördern wären die Ansichten neuerer Betriebswirtschaftslehren (etwa der St. Gallener Schule von Hans Ulrich), daß

● die isolierte Betrachtung von Einzelbereichen und Elementen durch eine ganzheitliche Betrachtung abgelöst werden muß,
● die Dominanz kurzfristiger ökonomischer Ziele durch eine gleichgewichtsorientierte, langfristige und mehrfache Zielsetzung ersetzt werden muß,
● die beinahe unbegrenzte Technologie- und Wissenschaftsgläubigkeit sich den weit einträglicheren Symbiosemöglichkeiten mit und einem Lernen von der Natur zuwenden muß.

Mein Plädoyer für eine neue zukunftsorientierte Wirtschaftsweise möchte ich daher in folgendem Appell zusammenfassen:
● Machen wir uns die relativ einfachen Regeln der Lebewelt zu eigen.

- Bequemen wir uns zu einem neuen Arbeiten und Gestalten mit der Natur, statt gegen sie, das heißt nach ihren vorteilhaften Organisationsprinzipien.
- Erhalten wir ihre selbstregulierenden Kräfte und profitieren von ihnen!
- Bequemen wir uns zu einer Evolution unserer Wirtschaftsweise, die die Natur beherrscht, nicht weil sie sie vergewaltigt, sondern weil sie ihr gehorcht![4]

Die Kenntnisse dazu und selbst die Instrumentarien für entsprechende Entscheidungshilfen sind vorhanden. Wir sollten sie zu unser aller Vorteil nutzen.

Technik und Natur: ein Gegensatz? Von der Kybernetik lebender Systeme zum Techniksymbol Auto

Wenn man sich etwas intensiver — und das heißt nicht nur theoretisch, sondern auch experimentell — mit den Grundfunktionen der Technik und auf der anderen Seite mit den Grundfunktionen lebender Systeme beschäftigt, so zeigt eine Gegenüberstellung sehr bald, daß die Natur im Grunde voller Technik steckt, ja, der vielzitierte Gegensatz zwischen Natur und Technik eigentlich gar nicht existiert. Sobald wir die Technik in ihrer fächerübergreifenden Rolle sehen; in ihrer Funktion innerhalb eines überlebensfähigen Systems, dann läßt sich eine solche Technik auch wieder nach außen vertreten.

Die meisten unserer künstlichen Technologien sind Projektionen der in uns steckenden Biotechnologien, wobei die bekannten Analogien ›das Herz als Pumpe‹, ›das Auge als Fotoapparat‹, ›die Niere als Dialysiergerät‹ eigentlich umgekehrt zu verstehen sind: nämlich daß die technischen Entwicklungen eher unbewußte Nachahmungen der natürlichen Vorbilder sind, ein grober Abklatsch biotechnischer Prinzipien, die selbst um ein vieles raffinierter und eleganter sind.

Inzwischen betreibt die Bionik als wichtiger Zweig der Informatik hier sogar bewußte Nachahmung und versucht das noch vielfach verborgene Potential und die Raffinessen jener Biotechnologie technisch umzusetzen und zu nutzen. So sind wir inzwischen recht weit gekommen, was bionische Strukturen betrifft. Man denke an die Vorbilder für die Netz- und Überdachungskonstruktionen von Frei Otto und anderen, an die an Kieselalgen orientierte Membran- und Hohlraumarchitektur, oder an die Verspannungstaktik des Stuttgarter Instituts für leichte Flächentragwerke, oder an die von wieder anderen Bionikern erforschte Statik von Gewebe-, Faser- und Knochenstrukturen.

Auch was bionische Funktionen betrifft, beginnt man zunehmend von der Natur zu profitieren: von der Zahnfransung der Eulenflügel für neuartige Rotorblätter, von der Peilantenne der Stechmücke für ein selektiv empfindliches Sonar-Radarsystem, für die Minimierung von Reibungswiderständen durch Untersuchung der Hautbeschaffenheit von Delphinen oder durch die Nachbildung ihrer Fortbewegungsmechanismen für neue Wasserantriebsarten extremer Schubkraft. Soweit Struktur und Funktion.

Noch äußerst wenig ist man dagegen in die Vorbilder der Natur in einem dritten Bereich eingestiegen: in das Gebiet ihrer Organisationsformen, also die Umsetzung der Kybernetik lebender Systeme. Das beginnt schon mit der ›Produktion‹ eines Lebewesens und seiner Teile.

So liegt ein wesentlicher Unterschied in der Entwicklung zu künstlichen Produkten bereits darin, daß die Techniken in der Natur schon von Planung und Konstruktion an im Wechsel mit der Umwelt entstehen, das heißt mit den dort vorhandenen Gegebenheiten und Kräften arbeiten: mit der Schwerkraft, der Viskosität von Flüssigkeiten, mit Sonneneinstrahlung und Abkühlung, mit Druckunterschieden, Strömungsbildern und Vibrationen.

So sind die Technologien der Biosphäre vom ersten Moment ihres Einsatzes an voll und ganz in die Umwelt integriert und natürlich auch an die menschliche Natur angepaßt, die ja Teil dieser Umwelt ist.

Die heutigen technischen Produkte des Menschen werden dagegen zunächst in sich abgeschlossen geplant und konstruiert; nach genauen Vorgaben, ja als abgeschlossene Systeme sogar möglichst von äußeren Einflüssen abgeschottet. Auf diese Weise werden heute Zulieferungsteile bereits in ihrer Endform hergestellt, zu größeren Einheiten zusammengesetzt und ergeben so das Endprodukt, das jetzt das erstemal mit der Umwelt in Berührung kommt.

Das war nicht immer so. In früheren Jahrhunderten entstand die Technik, ähnlich wie in der Biologie, durch Feedback mit der Umwelt, im lebendigen Wechselspiel mit den Menschen, die sie benutzten, mit der Natur und ihren Ressourcen. Mehr und mehr jedoch wanderte ihr Entwurf weg von der Realität auf das Reiß-brett. Der Kontakt mit der Umwelt und ihren Benutzern wurde zunehmend indirekt bis hin in das vollautomatisierte Computer-design eines Automobilstylings und entsprechender Werkstücke. Da die Mitwirkung der Umwelt bei dieser Art Planung als Störfaktor empfunden wird, möchte man ja auch gar nicht, daß die Konstruktion und die zu erwartende Funktion auf diese Mit-wirkung angewiesen sind — auch nicht auf die Mitwirkung des Anwenders, des Menschen. Darin liegen gewisse Vorteile, z. B. freie Standortwahl oder Wegfall gewisser Abhängigkeiten (wenn auch im Austausch gegen andere), Vermeidung von Herstel-lungsfehlern durch Automation, Vereinheitlichung, Normierung und Massenfabrikation.

Dennoch ging diese Strategie eine ganze Zeitlang gut, und ins-besondere im kleinen funktioniert sie durchaus. Sie erfordert je-doch, anders als der Weg, dessen sich die Natur bedient, einen sehr viel größeren Aufwand, an dessen Grenze wir offenbar in-zwischen gestoßen sind. Aufwand an zusätzlicher Energie und zusätzlichem Material, an Kosten und Überwachung. Sie erfor-dert die Verkraftung eines steigenden Outputs: an Abwärme, Ab-fällen und Belastungen, wie Lärm und Streß, auf deren Verarbei-tung die Umwelt unvorbereitet reagiert.

Und gleichzeitig entdecken wir auf einmal Rückwirkungen auf die Qualität der Technik selbst. Denn auf diese Weise konnten auch Techniken entstehen, die von den Möglichkeiten der Um-welt nicht mehr profitieren. Techniken, die vorhandene Kräfte bekämpfen statt sie, wo immer möglich, zu nutzen.

Deshalb wird von immer mehr Seiten — auch solchen des Ma-nagements und der Produktplanung — ein Abgehen von diesem technokratischen Weg und eine Nutzung von mehr kyberneti-schen Methoden und Techniken angestrebt, die, wie in der Natur, von den Vorteilen einer Wechselwirkung mit der Umwelt und den übrigen Lebensbereichen profitieren können. Zu solchen Techniken zählen die passive Sonnenenergienutzung, zählen Verbundsysteme, Recyclingverfahren wie auch Wirtschaftsfor-men der Symbiose oder der Nutzung von Energiekaskaden und Energieketten. Nun, warum entwickeln sich die Dinge noch zö-gernd? Ich glaube, es liegt an folgendem: Da diese Techniken sel-ber kybernetisch angelegt sind, funktionieren sie erst mit voller

174

Effizienz, wenn wir uns auch in Planung und Management an den Steuerungs- und Regelvorgängen lebender Systeme orientieren – kurz an der Biokybernetik. Doch ›Bio‹ – ist das nicht gänzlich unpassend für Technik und Industrie? Nun, auch Mischsysteme aus toter und lebender Materie, aus Maschinen und Menschen, wie unsere Industriegesellschaft, gehören zu den lebenden Systemen. Genauso wie umgekehrt alle lebenden Systeme im Grunde Mischsysteme sind. Sie alle arbeiten auch mit toter Materie, setzen sie um, bauen sie ein. Das ist die eine Gemeinsamkeit. Doch darauf beruht eine weitere, schwerwiegendere, die wir ebensowenig beachtet haben. Wir machen uns nämlich nicht klar, daß ein komplexes offenes System – und andere gibt es weder in der Natur noch beim Einsatz unserer Technologien – sich völlig anders verhält als seine Einzelteile. Es gehorcht speziellen Systemgesetzmäßigkeiten, die nicht aus den Einzelteilen heraus erkennbar sind und auch lange Zeit unerkannt geblieben waren; Gesetze von Diversität und Stabilität, von Resonanz und Musterbildung, von Rückkopplung und Irreversibilitäten; dem Aufbau von Selbstregulation und Katastrophenwahrscheinlichkeiten.

Grundlagen der Selbstorganisation lebender Systeme
sind die kybernetischen Systemgesetze

Die kybernetischen Systemgesetze scheinen aber nun ebenso grundlegende Naturgesetze zu sein wie etwa die Energieerhaltungssätze, diejenigen der Schwerkraft oder der Mechanik. Eine Tatsache, die leider noch weitgehend unbekannt ist. Denn obgleich Vorläufer wie Ernst Mach, Ludwig van Bertalanffy, Norbert Wiener, Friedrich-August von Hajek und später Erich Jantsch, Stafford Beer und ich selber auf solche speziellen Systemgesetze hingewiesen und sie zum Teil beschrieben haben, ist die wissenschaftliche Welt erst 1977 durch die Verleihung des Nobelpreises an den Chemiker Ilja Prigogine (für seine Arbeiten über dissipative Strukturen in offenen Systemen) auf ihre Existenz aufmerksam geworden – nicht zuletzt, weil diese Entdeckung zur Verwunderung der Chemiker eigentlich gar nichts mehr mit Chemie zu tun hatte.

175

Jedenfalls in Unkenntnis dieser Systemgesetzmäßigkeiten haben sich bisher unsere Technologien entwickelt. Statt an Zusammenhängen, haben sie sich an Einzelbereichen orientiert. Was zwischen diesen Bereichen passiert und wie sie in der Realität aufeinanderwirken, wurde nur bruchstückhaft erfaßt. Die Wirklichkeit wurde zerrissen und in Fächer eingeteilt, Fächer, die es jedoch in der Wirklichkeit selbst, die ja nur als vernetztes System existiert, gar nicht gibt. Dadurch kennen wir uns in Teilgebieten hervorragend aus. Die ebenso realen, zum Teil auch mathematisch beschreibbaren Beziehungen zwischen ihnen entschlüpfen jedoch unserer Betrachtung.

Wir können diese Argumente leicht in der Praxis überprüfen, wenn wir die technische Entwicklung in den verschiedenen Wirtschaftsbereichen betrachten, besonders bei bestimmten Großtechnologien, wobei ›groß‹ mit ›Fortschritt‹ verwechselt wird, aber auch in der Politik der EG-Landwirtschaft, in einer übertechnisierten Verteidigungspolitik oder einer wuchernden Bürokratisierung und Zentralisierung in der Versorgung − wodurch all diese Entwicklungen plötzlich nicht mehr bezahlbar werden, die Exportchancen drastisch zurückgehen und das Weltfinanzsystem ins Wanken gerät.

Mit etwas systemischem Denken war vieles vorherzusehen: die zurückgehenden Exportchancen wegen fehlender Innovationen im Bereich angepaßter Technologien; die zunehmende Umweltbelastung bei abnehmenden Ressourcen, allen voran im Wasserhaushalt; die weltweite Krise der Landwirtschaft − all dies war vorhersehbar. Nicht im einzelnen und auch nicht, wann die einzelnen Entwicklungen eintreten würden, aber daß die rein auf materielles Wachstum ausgerichtete Wirtschaftsweise wesentlichen Systemgesetzen widersprach und kein gutes Ende nehmen konnte, weil mit den zerstörten Selbstregulationen auch die wichtigsten Nutzungsarten eines lebensfähigen Systems zerstört wurden, wie Symbiose, Transportersparnis, Mehrfachnutzung usw., das lag auf der Hand.

Der Graben zwischen den Prognosen unserer traditionellen Theorien und den Beobachtungen der ökonomischen Wirklichkeit klafft immer weiter auseinander. Das Ergebnis ist, daß sich die Bemühungen, die löchrigen Theorien zu flicken, immer mehr überstürzen.

Das erinnert mich an eine analoge Entwicklung in der Physik: Ähnlich wie in den vierziger Jahren die in eine Sackgasse von Flickwerken geratene Theorie der Elektrotechnik durch die Kybernetik von Norbert Wiener gelöst werden mußte, so verlangt heute das Gesamtsystem, das heißt die Umwelt wie sie ist, von den Wirtschaftswissenschaften, daß sie sich von den für völlig andere Konstellationen entwickelten Modellen von John Maynard Keynes und anderen löst, die letztlich alle irgendwie auf Adam Smith und den Theorien des vorigen Jahrhunderts beruhen. Unsere Wirtschaft und die damit verflochtenen technologischen Entwicklungen verlangen nach einer grundsätzlich neuen Theorie, nach einer neuen Leitlinie, entlang der sie wieder mit Erfolg operieren können. Und diese sehe ich wie auch viele andere in dem biokybernetischen Ansatz, wie er auf der Basis der inzwischen erkannten Systemgesetze entwickelt wurde.

Leitbilder sind komplexe Abbilder der Wirklichkeit, reduziert auf Wortsymbole, die schließlich einen festen Eigenwert bekommen, bis dann gelegentlich etwas sehr Gefährliches eintritt, was der amerikanische Semantiker Hayakawa etwa so ausdrückt: Die Wirklichkeit beginnt sich zu verändern, ohne daß wir in unserem Kopf die Wertbegriffe von der Wirklichkeit verändern, und plötzlich finden wir uns nicht mehr zurecht.[1]

Wenn man diese Aussage auf die Atomtechnologie bezieht, konnte man das sogar innerhalb eines geringen Zeitraums beobachten; wenn man sich auf Techniken des Wasserbaus, der Forstwirtschaft usw. bezieht, wird es schwieriger; beim Techniksymbol Auto dagegen kann man die Umorientierung gerade miterleben.

Techniksymbol Auto
braucht die Metamorphose zum Verkehrssystem

Wie zu erfahren war, belaufen sich für die zweite Hälfte der achtziger Jahre die Investitionen der europäischen Automobilbranche auf etwa 80 Milliarden DM. Dies jedoch nicht etwa für Basis-Innovationen, sondern für eine lineare Fortschreibung des bestehenden Konzepts! In meinem Schlußvortrag auf der Rahmenver-

anstaltung der IAA 1983 in Frankfurt habe ich dies ziemlich un-
geschminkt vor den anwesenden Verbandsvertretern und dem
Verkehrsminister wie folgt kommentiert:

»Hier scheinen mir die auf das alte Wachstumsparadigma ein-
geschworenen Führungskräfte am Werke zu sein, die bis in die
sechziger Jahre hinein sicher genau die richtige Firmenpolitik
machten, die jedoch heute mit dieser Strategie fehl am Platze
sind. Und hören sie dann noch auf die in einer Wachstumsära ge-
drillten Werbeberater − wir brauchen nur an die Stimmungsma-
che durch die Cheerleader der IAA zu denken −, so ist man natürlich in einer Gleichgewichtsphase verloren. Denn was vor
zwanzig Jahren richtig war, ist es vielfach heute nicht mehr. Den
so frommen BMW-Wunsch von Herrn von Kuenheim, daß die
Weltwirtschaftskrise nur durch eine gemeinsame, koordinierte
und langfristige Wachstumspolitik überwunden werden könne,
möchte ich daher lieber als reine Rhetorik verstehen. Denn wir
leben zur Zeit in einem tiefgreifenden technischen und sozialen
Wandel, der solche Wünsche unrealistisch gemacht hat.

Was uns angesichts dieses Wandels, der auch ein Wandel der
Werte ist, fehlt, sind vielmehr Innovationen. Innovationen im
Organisatorischen, im Technischen und auch in der Funktion.
Und diese Funktion heißt im vorliegenden Fall ›Verkehrspro-
bleme lösen‹. Das kann nicht nur dadurch geschehen, daß man
Straßen und Autos baut (diese schaffen bekanntlich noch
Verkehrsprobleme), sondern auch durchaus auf ganz andere
Weise, und zwar von der gleichen Branche, von den gleichen In-
dustrien.

Warum fragt man sich dort nicht längst: Was können wir
außer herkömmlichen Autos noch machen mit unseren Leuten,
unserem Know-how, unseren Produktionsmitteln? 1971 habe ich
in Zusammenarbeit mit der Deutschen Verlagsanstalt für ein
technisches Magazin einen Wettbewerb gestartet zum Thema
›Unsere Städte sollen leben‹. Wir bekamen 589 ausgearbeitete
Vorschläge aus der Bevölkerung, die schon damals zeigten, welches schöpferische Potential geweckt werden kann, wenn man
einmal von eingefahrenen Denkschablonen abgeht. Gleichzeitig
aber auch ein Ergebnis, das mir die Kläglichkeit und Innovations-
schwäche gerade der großen, inzwischen zu Behörden ausgearte-
ten Industrien schmerzlich vor Augen führte.

Dort geht es um Türklinken, verändertes Styling und Sitzpolster. Und selbst die technischen Verbesserungen am Motor, wie die Zylinderabschaltung, programmierte Verbrennung, Spaltvergaser, Schichtladeverfahren, oder Überlegungen für eine zukünftige Gasturbine, all dies sind doch Entwicklungen, die im herkömmlichen Motoren-Denken befangen sind, das sich seit Jahrzehnten im Kreise dreht. All das ist Flickwerk, sind Reparaturen statt Innovationen, geschweige denn Fahrzeuginnovationen, geschweige denn gar Verkehrsinnovationen.

Wenn ich zu Anfang sagte, wir müßten endlich dazu übergehen, die Fahrzeugentwicklung im Gesamtzusammenhang zu betrachten, so bedeutet das also gewiß mehr, als bestehende Produkte zu modernisieren. Ja es reicht nicht einmal die bloße Entwicklung neuer Produkte, wie sie uns die stattliche Anzahl von Lösungsvorschlägen privater und staatlicher Initiativen anbietet: Da finden wir z. B. Feedback-Ampelsteuerung, Brennstoffzellen, Stirlingmotoren, Elektroautos, automatische Abstandsregelung, elektronische Fahrleitspuren, Kabinenbahnen, Fließbandtrottoirs, Güterpipelines, Personenrohrpost und vieles andere.

Gewiß haben solche Überlegungen bereits den engeren Kreis des auf bloße Verbesserung des Otto-Motors fixierten Entwicklungsstrebens der Automobilindustrie verlassen. Doch auch sie sind letzten Endes nur punktuell entwickelte Einzellösungen, die ohne entsprechenden Bezug zu Raumordnung, Sozialstruktur, Gesetzgebung, Lebensqualität und Verhaltensweise auf die grundlegende Frage des zukünftigen Verkehrs keine Antwort geben. Und damit auch keine Antwort auf die zukünftige Rolle des Autos, noch auf die zukünftige Rolle der derzeitigen Automobilindustrie. Und solange die nicht erfaßt wird bzw. nur aus Wunschbildern besteht, sind Fehlentwicklungen praktisch schon vorprogrammiert.

Trotzdem stürzt sich die Autoindustrie auf isolierte Techniken, zementiert sie durch Kapitalfestlegung in noch perfektere Roboter, die sich nur bei riesigen Produktionsstückzahlen lohnen, wird dadurch wachstumsabhängig und vergißt, daß sie Teil des Systems bleiben muß, wenn sie überleben will, und keine Extrawurst ist, an die sich gar das gesellschaftliche System anzupassen hat.

Auf diese Weise können natürlich keine wirklich innovativen

Entwicklungen herauskommen, sondern vielfach nur weitere antievolutionäre Technologien, die ein veraltetes Teilsystem und seine Infrastruktur immer mehr erstarren lassen. Eine vergleichbare Innovation, wie sie seinerzeit der Otto-Motor gegenüber der Dampfmaschine darstellte, erscheint jedenfalls heute vielen Branchenkundigen undenkbar, geschweige denn eine neue Grundkonzeption des Verkehrs an sich.

Denn um was geht es denn in Zukunft? Wenn ich lese, daß der neue 190 E von Mercedes 235 Stundenkilometer erreicht und damit die schnellste Serienlimousine der Welt ist, frage ich mich, was soll dieser Quatsch? Als wenn wir heute keine anderen technologischen Sorgen hätten! Haben unsere Autobauer immer noch nicht gemerkt, daß die ungeheuer innovativen Kräfte, die sie ja zweifellos in ihren Entwicklungsabteilungen haben, hier verschwendet werden, in einen völlig nutzlosen Bereich gehen? Denn 235 Stundenkilometer sind nutzlos. Selbst für den Geschwindigkeitsrausch des Fahrers, weil sie ja im Grunde nur theoretisch existieren. Das einzige, womit er sich trösten kann, ist, daß er einen Wagen fährt, der gegebenenfalls für wenige Sekunden auf einem freien Autobahnstück einmal 235 Stundenkilometer fahren würde.

Hier liegt eine Pervertierung der technologischen Entwicklung vor, wie sie aus der unseligen Verbindung von Werbebranche, Marktpolitik und in ihren Elfenbeinturm eingesponnene Entwicklungsabteilungen zustande kam. Und damit sind in der letzten Zeit schon mehrere Branchen reingefallen. Wieder muß ich Herrn von Kuenheim zitieren, der dafür plädierte, die Autobauer dürften den Konsumenten nicht vorschreiben, was gut ist. Hier wird das jedoch seit Jahren massiv praktiziert (er meinte ja auch den Katalysatoreinbau und nicht solche Dinge).

Nach Meinung unserer Technokraten scheint der Fortschritt zu verlangen, daß wir all die heutigen Belastungen unserer Gesundheit und unserer Umwelt und dazu noch ein Heer von Unfallopfern in Kauf nehmen müssen, aber wenn die Motorleistung durch etwas weniger hohe Verdichtung geringfügig absinkt und man von 0 auf 100 eine Sekunde länger braucht, das ist offenbar unserer Lebensqualität nicht zuzumuten.

Die Hersteller glauben gar nicht, wie vielen Leuten es im Grunde schnurzegal ist, ob ihr Wagen in zwölf oder 15 Sekunden auf 100 kommt und ob die Spitze, die man sowieso kaum ausfahren kann, bei 160 oder 180 Stundenkilometern liegt. Was ihnen dagegen zunehmend nicht mehr egal ist — das zeigen alle Umfragen der letzten Zeit —, das ist, neben einer zwar funktionsfähigen Technik, immer mehr die Erhaltung ihres Lebensraums, ist ihre Gesundheit, die Luft, die sie atmen, und auch inwieweit mit einer Technik die zu Ende gehenden Ressourcen unseres Planeten weiter geplündert werden oder nicht und welche angepaßten und weniger abhängigen Technologien wir parat haben, wenn es mit dem bisherigen Wirtschaften zu Ende geht.

Ich habe mich oft gefragt, was eigentlich die für unsere wirtschaftliche Entwicklung so gefährliche Haltung erklärt, kaum noch Produkte von Grund auf neu zu überdenken und dafür alle Energie lediglich in immer neuen Korrekturen an den bestehenden anzubringen? Mit Sicherheit liegt ein wesentlicher Grund in dem nur zögernden Umschwung zu dem, was ich zu Anfang kybernetisches Denken und Handeln nannte.

Denn der Ansatz zu echten Lösungen kann eigentlich nur in einer zukunftweisenden Metamorphose der Industrie liegen — einer Metamorphose, die zur Zeit gewiß wichtiger ist als erneutes Wachstum. Denn Wachstum kann Wandlung und Evolution nicht ersetzen. En solcher Ansatz umfaßt dann nicht nur die Entwicklung neuer technischer Möglichkeiten, sondern auch Lösungen: wie etwa bestimmte Interessenkollisionen abgebaut werden können, wie man Neuentwicklungen so bewertet, daß sie nicht nur für den Betrieb, nicht nur für die Branche, sondern auch für die Volkswirtschaft und damit für die Gesamtbevölkerung rentabel werden, die ja wiederum nur dann eine prosperierende Wirtschaft aufrechterhalten kann.

Nun, wie steht es damit? Da wird zwar voller Stolz von unserer technischen Innovationskraft gesprochen und daß die Technik immer noch alle Probleme gelöst habe (obwohl es mir nicht ganz einleuchtet, daß man ausgerechnet mit noch mehr Technik, also mit der Methode, die diese Probleme erst geschaffen hat, sie nun lösen will, das heißt mit dem Krankheitsverursacher die Krankheit heilen will). Wenn ich dann jedoch sehe, daß unsere Industrie nicht einmal fähig war, in zwei Jahren eine so unbedeutende Verbesserung wie einen — noch dazu bereits längst entwickelten — Katalysator in ein bestehendes Produkt einzubauen, wenn dies erforderlich ist, dann frage ich mich, woher man den Mut zu einem solchen Optimismus nimmt. Dieses Armutszeugnis, was sich die Automobilindustrie – und offenbar auch die einst führende deutsche Ingenieurskunst – damit ausstellt, macht mich äußerst skeptisch gegenüber dem Glauben, daß uns die Industrie mit ihrem derzeitigen technischen und organisatorischen Können aus der Patsche hilft, wenn es einmal für solche Maßnahmen – gegen die sie sich nun wehrt – zu spät sein sollte.

Dabei könnte im Fahrzeugbereich längst eine Reihe von ganz anderen Alternativen angegangen werden. Warum nicht bis hin zu Tretautos mit einem Sonnendach aus Solarzellen, die einen Elektromotor antreiben, oder überdachte zweisitzige Dreiradfahrräder, Schwungradomnibusse ohne jeglichen Motor für Sonderstrecken und vieles andere, was aus einer falschen Arroganz heraus zur Zeit nur allzugerne lächerlich gemacht wird – was für die Automobilindustrie selber aber durchaus ein lohnendes Experimentierfeld für zukunftsträchtige Entwicklungen sein könnte, bei denen sie vielleicht einmal mehr verdienen kann als sie es heute tut.

Ich halte es durchaus für möglich, daß das, was das Auto derzeit an Bedürfnissen befriedigt – und dies sind durchaus echte Bedürfnisse, wie Mobilität und Freiheitsgefühl, ein wenig Nomadentum im Haus auf Rädern, Prestige und Spiel mit der Technik, ganz abgesehen von der eigentlichen Transportaufgabe –, daß die Befriedigung dieser Bedürfnisse auch durch andere Mittel, vielleicht verteilt auf mehrere Produkte, erreicht werden kann. Und dies, wenn für eine überlebensfähige Gesellschaft konzipiert, weit zukunftsträchtiger als bisher. In meinem Buch *Neuland des Denkens* habe ich eine Reihe solcher Möglichkeiten konkretisiert.

Breite Bevölkerungsschichten – das zeigten Umfragen, über die auf dem letzten Kommunikationstag in Hamburg berichtet wurde – streben heute immer mehr zur Einfachheit, zur Stille, zum Unperfekten, Kleinen. Ich kann natürlich verstehen, daß die Erbauer eines modernen Autos an ihrem Produkt hängen. An einer so durchgereiften Maschine, die ja für sich gesehen und im Detail gewiß perfekt ist. Man verliebt sich in sein Werk, und dann kommt da einer und sagt, man könne für den Sonntagsausflug auch Tretautos herstellen oder als technisches Spielzeug etwas anderes als ausgerechnet einen BMW benutzen, man könne auch andere Sportgeräte konzipieren als einen Porsche, unseren Motor durch einen anderen Antrieb ersetzen, in den Autofabriken auch Gaswärmepumpen herstellen oder am Ende sogar Geräte für die Abfallbeseitigung. Eine Zumutung für den Hersteller so edler Produkte wie eines Autos? In der Tat, Autos beseitigen keinen Abfall, sondern machen nur welchen!

Ein Wandel in den Wertmaßstäben der Industriedesigner (Kapitel ›Design‹!) erscheint dringend vonnöten. Denn im Laufe der technischen Entwicklung haben gewisse, an sich neutrale Kriterien wie ›mehr‹, ›größer‹, ›schneller‹, ›automatisierter‹ den Stempel des Fortschritts und damit ein festes positives Wertmaß zuerteilt bekommen, das ihnen von Hause aus nicht zukommt. Das führte zu einer Pervertierung vieler Entwicklungen. Denn diese Werte befinden sich im Wandel. Auch in Kriterien wie ›kleiner‹, ›leiser‹, ›schöner‹, ›langsamer‹, ›gemütlicher‹, ›handgemacht‹, ›einfacher‹ können wir Fortschritt sehen. Auch damit läßt sich Geschmack und Cleverness zeigen, läßt sich das Prestige erhöhen − nur, daß damit auch noch eine Reihe von heute kaum zu bewältigenden Problemen sich von alleine lösen würde. Untersuchungen der Kommunikationswissenschaft haben den Beginn eines solchen Wertewandels in der Bevölkerung feststellen können. Die Automobilindustrie wäre gut beraten, diesen Wandel ernst zu nehmen, ehe er durch äußere Bedingungen plötzliche Änderungen erzwingt.

Daß es mit den bisherigen Fahrzeugen jedenfalls nicht mehr lange weitergehen kann, dürfte klar sein. Ich möchte hier nur den Abgassektor herausgreifen. Fast hundert Prozent der Belastung mit Kohlenmonoxyd, Stickoxyden und Bleiverbindungen und nicht zuletzt das Gros unseres Energie- und Rohstoffproblems kommen schließlich allein durch den Kraftfahrzeugverkehr zustande. Im Kanton Zürich wurde zwischen 1979 und 1982 eine alarmierende Zunahme der Lungenkrankheiten um 60 Prozent verzeichnet. Die verschmutzte Atemluft führt zu Asthma, Bronchitis, Pseudokrupp und Lungenkrebs. Längst ist bewiesen, daß die Bleiverseuchung der Umwelt fast ausschließlich aus Benzin stammt. Wobei der Versuch, die Bleivergiftung zu verharmlosen, so alt ist wie diese Erkenntnis. Doch die Funktion vieler Wirkstoffe in unserem Körper ist bereits durch das Enzymgift Blei geschädigt, die Anfälligkeit durch schleichende Bleivergiftung gestiegen, die Atmung und damit die Sauerstoffaufnahme — insbesondere in Kombination mit Kohlenmonoxyd — beeinträchtigt.

Was mich in der ganzen Abgasdiskussion besonders verblüffte, war der nicht auszurottende Irrglaube, daß die Einführung bleifreien Benzins eine Umrüstung der Kraftfahrzeuge verlange. Hier wurde meines Erachtens eine Fehlinformation bewußt aufrechterhalten, vielleicht nur, um nicht umdenken zu müssen, um weitermachen zu können wie bisher. Selbst die Medien haben sich hier damals hinters Licht führen lassen.

Schon vor 25 Jahren war bekannt, daß Benzin auch ohne Blei klopffest sein kann. Der Superkraftstoff von Aral war zwischen März 1955 und Juni 1963 — also über viele Jahre — bleifrei. Aber selbst bei den heutigen Verdichtungszahlen und den dafür verlangten hochwirksamen Klopfbremsen gibt es neben Benzol genügend Isoparaffine, aromatische Kohlenwasserstoffe und Mischungen von Butan und Methanol, die, wie ja eine Reihe von Staaten in den USA zeigt, mit bleifreiem Benzin genau dasselbe leisten; vom Normalbenzin ganz zu schweigen.

Ebenso unsinnig war der Vorwand, man müsse bei den Tankstellen zusätzlich andere Säulen und Erdtanks einbauen. Wieso war denn diese Umstellung nicht nötig, als im Jahre 1963 eine Reihe von Tankstellen von bis dahin bleifreiem auf bleihaltiges Benzin umgeschaltet hat?

Ein weiterer Nonsens war die Behauptung, daß dann, wenn die Bundesrepublik im Alleingang bleifreies Benzin anböte, jede Reise an den Schlagbäumen zu den Nachbarländern enden würde.

Daß sich diese Verbannung des Bleis von heute auf morgen lohnen würde — und mit Sicherheit die Sozialkosten auf dem Gesundheitssektor verringern könnte, ganz abgesehen von der gewonnenen Lebensqualität —, zeigt eine Untersuchung der Massachusetts Medical Society, wonach in den USA der Bleigehalt im menschlichen Blut seit 1976 in den verschiedenen Bundesstaaten im gleichen Maß zurückgegangen ist, wie dort der Anteil an neuem bleifreiem Benzin zugenommen hat.

Müssen heute getroffene Entscheidungen
morgen die Fehler von gestern sein?

Diese Diskussion über das Blei im Benzin sollte deswegen nicht in Vergessenheit geraten, weil hier deutlich wurde, daß Fehlinformation, Ignoranz und dergleichen eher dazu beigetragen haben, daß Verbesserungen verzögert und Technikkritik erzeugt wurde; gleichwohl dient das Beispiel dazu, heute gegen Verbesserungen wetternde Manager zum Nachdenken zu bringen. Hat nicht damals der Vorstandsvorsitzende von VW, Karl Hahn, sich gegen Auflagen gewehrt, indem er sagte, daß diese zu verfrüht seien, weil die Ursachen für das Waldsterben noch gar nicht klar analysiert seien? Auf der IAA meinte ich daher weiter: »So wird man sich nicht zu wundern brauchen, wenn die Antwort auf eine solche zynische Haltung dann letztendlich in zunehmende Konsumverweigerung mündet.«

Dabei geht es hier längst nicht mehr darum, den oder die genauen Ursachen des Waldsterbens exakt benennen zu können. Es geht nicht mehr darum, ob nun die Autoabgase oder die SO_2-Emissionen, oder die Radarwellen, oder ein anderer Faktor die Hauptursache ist. Denn bereits 1977 haben die Vertreter der zuständigen forstlichen Fachwissenschaften einhellig bekundet, daß es sich beim Waldsterben um die Folgen eines komplexen Wirksystems handelt. Mit anderen Worten, die Gesamtkonstellation ist die Ursache. Und deshalb geht es um die Zukunft unseres Lebensraumes, und raschestes Handeln an sämtlichen möglichen Ursachen ohne Abwarten weiterer Forschungsergebnisse ist vonnöten. Aber schon 1983 fragte ich mich:

»Warum wehren sich also unsere Automobilunternehmen gegen bleifreien Kraftstoff und den Einbau von Katalysatoren oder andere Entgiftungslösungen, warum wehren sich unsere Kraftwerksbauer gegen den Einbau von Entschwefelungsanlagen, wo sie es doch sogar bezahlt bekommen und nur daran verdienen können? Der ganze Widerstand ist mir ein Rätsel. Wenn es nicht Informationsdefizit ist, nicht Korruption, nicht Rechthaberei, dann bleibt nur noch hormonell bedingte Unbeweglichkeit und Verknöcherung übrig: Angst vor etwas Neuem. Doch die war noch nie ein Motor für die Zukunft.«

Das läßt mich übrigens an einen Tierversuch denken, wo der

hohe ACTH-Spiegel streßgeschädigter Ratten diese Tiere, ähnlich wie manchen streßgeplagten Manager, an dem einmal Gelernten starr festhalten ließ. Denn solche Ratten drückten auch dann noch verbissen auf eine Futtertaste, wenn längst Strom hindurchgeschickt wurde.

Wie dem auch sei, wenn die betroffenen Unternehmen in einer schon greisenhaften Unbeweglichkeit jegliche Initiative von sich weisen, dann müssen eben schnellstens entsprechende Gesetze und Verordnungen her. Die Bundesrepublik mit ihren lahmen Abgasgesetzen tut daher ihrer Automobilindustrie gewiß keinen Gefallen, sondern hält sie dadurch sogar darüber hinaus auch noch künstlich hinter dem neuesten technischen Stand zurück. Allein dies kann ihr das Genick brechen. Kurz, die verkehrspolitischen Zielvorstellungen verlangen eine grundlegende Revision. Genauso wäre es gegen jede Vernunft, wenn heute immer noch weiter unmenschliche, Wälder, Wasserhaltung und Ökoleben zerstörende Autobahnmonstren, auf denen nie wieder Gras wächst, mit enormen Kosten in die Natur geknallt würden, ohne mehr als eine Scheinlösung zu sein. Denn ohne das geringste Verständnis für kybernetische Rückwirkungen geplant, locken sie natürlich prompt den Verkehr weit mehr an, als sie an Kapazität beitragen, und verschärfen die Situation nur noch weiter.

Wenn unsere Industrie weiter prosperieren will, dann muß sie sich darüber im klaren sein, daß ein lebendes System − und auch sie selbst ist ein solches − sich in ständiger Evolution befindet. Wenn es sich dieser Evolution durch Erstarrung oder durch Scheinlösungen entzieht, zerbricht es, und die Entwicklung rollt darüber hinweg. Die evolutionäre Metamorphose muß um so schneller erfolgen, je schneller sich die Umwelt verändert. Eine Situation, die sich die Industriegesellschaft selbst geschaffen hat. In Los Angeles gehören dem Autoverkehr bereits über 60 Prozent der Innenstadtfläche. Das Ruhrgebiet und mittlerweile auch der Frankfurter Raum stehen den amerikanischen Verhältnissen kaum noch nach. Wenn die geplanten Asphaltschluchten zur Ausführung kommen, werden in manchen Frankfurter Stadtteilen täglich bis zu 80 000 Fahrzeuge rauschen, mitten durch Wohnviertel, an Krankenhäusern und Schulen vorbei.

Sicher liefe die Entwicklung in die umgekehrte Richtung, würde man z. B. eine Stadt von vornherein so anlegen, daß man die verschiedenen Aktivitätsbereiche des Menschen nicht auseinanderreißt und auch ein Dorf wieder als selbständige Einheit und nicht als Anhängsel an sogenannte ›zentrale Orte‹ begreift. So müssen wir inzwischen auf praktisch allen Ebenen in einer Art von Superanpassung versuchen, erneut zu einem System von hoher Reife zu kommen, das wieder für längere Zeiten stabil sein kann. Ein solches ›Ökosystem der Wirtschaft‹ müssen wir anstreben.

Was kann die Automobilindustrie dazu tun? Sie sollte als erstes ihr Geschäft endlich in einer Funktion sehen und nicht in einem Produkt, nämlich darin, Verkehrsprobleme zu lösen. Eine Aufgabe, die nicht nur in der Entwicklung neuartiger Fahrzeuge bestehen kann, sondern auch neuartiger Verkehrssysteme und Einrichtungen der Telekommunikation − vom Einkaufen bis zum Verkehr mit Behörden, aber auch in der Herstellung regenerativer Energiemaschinen, die die Energieversorgung dezentralisieren, und selbst in der Entwicklung von Siedlungsstrukturen, die gar nicht erst Verkehr aufkommen lassen, weil in ihnen Wohnen, Arbeiten und Erholen nicht mehr getrennt sind.

Wenn sich dagegen die Technologie der Zukunft weiterhin in Korrekturen an den gängigen Motoren und Fahrzeugen erschöpft, dann werden andere innovative Unternehmen − und die brauchen gar nicht aus Deutschland zu kommen − diesen Part übernehmen, und der Zug ist ein für allemal abgefahren.

Man schaue sich nur die Schiffbauindustrie an! Wer von den Großen ist dort praktisch unlädiert geblieben? Blohm & Voß. Und warum? Weil man dort vor zehn Jahren angefangen hat, sich auf mehrere Beine zu stellen, produktunabhängig zu denken, zu diversifizieren und nicht zu einer immer größeren Monostruktur auszuarten. Blohm & Voß ist zwar immer noch ein Schiffbauunternehmen, aber der Druck fehlender Aufträge wurde nie so stark, daß das ganze Unternehmen gefährdet war.

So hat man manchmal durchaus den Eindruck, daß die Automobilindustrie aus ihrer gegenwärtigen Bedeutung und ihrer Schlüsselstellung in der Industriegesellschaft ein Anrecht auf permanentes Bestehen ableitet und daß sie nicht der Gesellschaft dienen will, sondern die Gesellschaft ihr zu dienen hat. Ein gefährliches Anspruchsdenken, das allerdings nicht nur hier, sondern auch in anderen Branchen, ja bis zum einzelnen Bürger mit seinem ›Recht auf Wohlstand‹, ›Recht auf Arbeit‹, ja selbst ›Recht auf Liebe‹ vorliegt.

Mit diesen Ansprüchen erlischt die individuelle Vorsorge, es erlischt die Selbstregulation und es entsteht ein Verwaltungs- und Versorgungsapparat, der jede Volkswirtschaft entweder in den Ruin oder in die Diktatur treibt. Bei diesem Denken sind wir von der östlichen Planwirtschaft nicht mehr weit entfernt.

Doch Industrien und Wirtschaftszweige haben keinen festen Platz in der Erdgeschichte. Branchen kommen und gehen, sie haben sich anzupassen an veränderte Umweltbedingungen – oder sie verschwinden schneller, als sie es sich träumen lassen. Man denke an all die früheren Industrien, die von der Entwicklung überrollt wurden und starben. Denken wir an die Köhler, die Wind- und Wassermühlen mit ihren Zulieferern, an den Segelschiffbau, die Handwebereien, die Seidenindustrie, die Korbindustrie, die Küfer, Schneider und Wagenbauer und heute die Werften und große Teile der Stahlindustrie, die noch vor kurzem als Maß für die Stärke einer Volkswirtschaft galten.

Wer in dem natürlichen Ausleseprozeß mithalten will, kann dies daher nur, wenn er sich gegenüber seinem Produkt flexibel verhält und sich auf seine eigentliche Funktion besinnt. Denn Produkte kommen und gehen, die Funktionen, die sie erfüllen, aber bleiben.

Nach meinem Gefühl ist daher das Auto in der heutigen Form aus vielen Gründen eine zukunftslose Technologie. Das sage ich, obwohl ich selbst begeisterter Autofahrer bin und auch an technischen Raffinessen meine Freude habe. Gerade deshalb erkenne ich aber auch, daß das Auto ein Produkt ist, das in seiner ganzen Konzeption für die heutige Zeit und erst recht für morgen einen viel zu hohen Input an Kapital, Infrastruktur, Raum und Zeit, Energie und Rohstoffen braucht und einen viel zu hohen Output an Abgasen, Abfall, Umweltbelastung, kaputten Städten, Streß und Unfällen, um in einem ökologisch intakten und damit überlebensfähigen System noch lange eine Rolle spielen zu können.

Das Automobil wird daher in Zukunft nur noch bestimmte Teile des materiellen Verkehrs übernehmen können. Der Transport immaterieller Güter, wie Energie und Information, wird ohnehin mehr und mehr über andere, neue Kommunikationsmittel laufen. Aber selbst wenn es nur diese Rolle behalten will, muß es bereits gänzlich anders werden, sich systemgerecht wandeln.[2])

Ich habe mich deswegen so ausführlich mit dem Auto als Beispiel befaßt, da fast jeder von uns Autofahrer(in) ist und deswegen diesen Argumenten auch aus eigener Anschauung und Erfahrung etwas beisteuern kann. Nicht zuletzt aber auch — und das ist das Erstaunliche —, weil aus der Automobilindustrie selber aufgrund meines so deutlichen Plädoyers für wirklich neue Konzepte der Wunsch nach einer umfassenden Systemstudie zur ›Funktionsorientierung eines Autoherstellers‹ (Ford) an mich herangetragen wurde. Initiiert von Daniel, einem Mann, der nicht der üblichen Betriebsblindheit erlegen ist, sondern auf der Basis eines wirklich vernetzten Denkens in die Zukunft schaut, das Produkt in Frage stellt, weil er dessen Funktion retten will.

Im Prinzip gilt aber diese fundamentale Kritik auch für alle anderen Großunternehmen, insbesondere aber auch für alle Großtechnologien, wie die derzeitige Energieversorgung, die Großtanker, Großflughäfen, Wasserstraßen wie der Rhein-Main-Donau-Kanal, sich krebsartig ausbreitende Autobahnnetze, Trabantenstädte oder die riesigen Monokulturen und Massentierhaltungen in der Landwirtschaft.

Der Rattenschwanz von Folgeerscheinungen solcher unkoordinierter Großeingriffe, auf deren Systemverträglichkeit niemand achtete, wird durch die gleichwohl vorhandenen Wechselwirkungen im System zu einer kaum noch zu bewältigenden Belastung.

Das größte Risiko sehe ich in der Tat darin, daß wir die Welt weiterhin als ein mit fachblindem Expertentum zu eroberndes Spielfeld sehen, jedes Projekt für sich angehen und uns lediglich dabei auf die Perfektion von Details, von Einzelprodukten konzentrieren, ohne die Gesamtzusammenhänge zu beachten. Das bedeutet jedoch zwangsläufig den fortschreitenden Zerfall des lebenswichtigen Zusammenspiels all jener vielen kostenlosen Regulations- und Selbstregulationsvorgänge in unserer Biosphäre, auf die wir auch mit einer noch so hoch entwickelten Technik auf Gedeih und Verderb angewiesen sind.

Ich möchte das zur Technik Gesagte zum Schluß in sechs Thesen zusammenfassen:

1. Es gibt keine ursprüngliche Technik außer im biologischen Bereich.
2. Biosysteme mit ihrer Milliarden Jahre langen Erprobungszeit in Struktur, Funktion und Organisation bieten sich daher zwingend als Vorbilder an für eine zukünftige Technik des Überlebens.
3. Wir haben zwar im Laufe der Jahrtausende eine Reihe von Strukturen und in letzter Zeit auch von den Funktionen der Lebewelt abgeschaut, aber kaum ihre kybernetische, das heißt auf der Selbstregulation komplexer Systeme beruhende Organisationsform.
4. Nur unter einer solchen Organisationsform und ihren kybernetischen Lenkungsregeln werden aber die bisher noch sehr groben und ineffizienten Abbilder lebender Strukturen und Funktionen − also unsere Technik − in ein lebensfähiges System integriert werden können.
5. Alle Bemühungen, eine stärkere Humanisierung des Lebens unserer Industriegesellschaft auf dem bisherigen technokratischen Weg zu erreichen, nämlich gegen die biologische Natur des Menschen, dürften somit zum Scheitern verurteilt sein.
6. Der Mensch ist und bleibt ein Teil der Natur, ein Teil eines biokybernetischen Systems namens Biosphäre. Wenn er diesen Tatbestand nutzt, kann er ungeheuer davon profitieren − für Körper, Seele und Geist. Verneint er diese Zugehörigkeit oder arbeitet er dagegen, so wird er nicht mehr lange existieren.[1])

Aus den Erkenntnissen dieser sechs Thesen heraus dürfen sich mit großer Wahrscheinlichkeit Innovationen ergeben, die nicht in immer weitere Sackgassen hinein, sondern aus diesen herausführen.

Unsere Chancen liegen hingegen darin, daß immer mehr Menschen, vor allem unsere Entscheidungsträger, die Welt als ein vernetztes lebendes System sehen, daß sie die Gesetzmäßigkeiten seiner Organisation erkennen und diese eingespielte und seit Milliarden Jahren bewährte Organisation nicht nur erhalten, sondern sie verbessern und fördern und, wo nur möglich, für uns nutzen; was wir natürlich nur können, wenn wir die Grundregeln lebender Systeme verstehen und befolgen.

Die Biosphäre als Unternehmen

Materialumsatz

Jährlich 200 Mrd t Kohlenstoff und organisches Material,
100 Mrd t Sauerstoff, mehrere Mrd t Schwer- und Leichtmetalle.

Rohstoffverbrauch

Keiner. Menge bleibt durch Recycling auf gleichbleibendem
Bestand von 2.000 Mrd t Biomasse

Energienutzung

Jährlich 8.500 Mrd Megawattstunden (mehr als 1 Mio großer
Kernkraftwerke) in Form von Solarenergie. Dies ausschließlich
dezentral durch regionale (Wasserverdunstung), mobile (Wind,
Wolken) und lokale (Fotosynthese) Kraftwerke

Produktpalette

Eine sich ständig weiterentwickelnde Vielfalt von Pflanzen,
Tieren und Kleinlebewesen, deren Fabrikation katalytisch
(bei Niedertemperatur) über mehrere Tausend chemische
Reaktionen und Stoffe in Zellen erfolgt

Führungsstil

Feedbackhierarchie mit Selbstregulation. Zentrale Steuerung
und Dirigismus sind unbekannt. Sich nicht anpassende
Teilsysteme werfen sich von selbst aus dem Spiel.

Wirtschaftsweise

Fließgleichgewicht mit Nullwachstum. Dezentraler Verbund
mit kybernetischer Organisation durch kleinräumige Symbiosen.
Keine Schulden, keine Arbeitslosen, keine Überkapazität

Emissionen

Abfall: Keiner (da bereits recyclinggerecht produziert)
Abwasser: Kristallklar (da teils destilliert, teils gefiltert)
Abgase: Sauerstoff (sowie ätherische Öle, Lock- und Abwehrdüfte)
Strahlung: Reflektiertes Sonnenlicht (milde Wärme, Infrarot, Farben)
Lärm: Naturgeräusche (funktional, Kommunikationslaute)

Sich evolutionär, also zukunftsorientiert verhalten, heißt demnach, negative Rückkopplungen beachten und nicht ausschalten. Es heißt, Störungen aus dem umgebenden System nicht immer nur blind bekämpfen, sondern, womöglich, umfunktionieren und einbauen. So entwickeln wir uns organisch, passen uns der veränderten Umwelt an und stabilisieren uns durch Flexibilität.

Aus einem solchen kybernetischen Denken und Handeln heraus können sich ungeahnte Möglichkeiten, selbst für einen dichtbesiedelten Planeten ergeben, auf dem die dominierende Spezies Mensch dann durchaus zum eigenen Vorteil am allgemeinen Spiel des Lebens und der Natur wieder teilhat. Aber eben, indem sie ihren Spielregeln folgt und daraus höchsten Profit zieht.

Wer die Natur beherrschen will, muß ihr gehorchen, sagte einst Francis Bacon. Die Ökologie gibt ihm heute hundertprozentig recht. Denn wer nicht mitspielt, wer falsch spielt oder die Spielregeln mißachtet, der fliegt raus. Auf diese Weise hat sich die Natur schon mehrerer wildgewordener Teilsysteme entledigt, und ich habe auch um die Natur keine Angst, sondern um uns.

Kapitel 7

Krisenzeichen Energiekonsum
Die Kunst, aus einer Sackgasse
herauszukommen

Es gibt mehrere große Probleme für die Biosphäre, doch darunter nimmt das Energieproblem wegen seiner langfristigen Rückwirkungen und Folgen eine zentrale Rolle ein und hängt eng mit der kausal-logischen, linearen Blickrichtung und Betrachtungsweise zusammen.

Wie immer wieder auch für andere Systembereiche betont, sind die bisherigen linearen Betrachtungen energetischer, technologischer, wirtschaftlicher und umweltgestaltender Art zum Verstehen der heutigen Realität, also jenes vernetzten Systems, unbrauchbar geworden. Dies gilt nicht zuletzt für ein neues Verständnis der Naturerscheinung Energie, deren Stellenwert und Gesetzmäßigkeiten in Mensch und Kosmos. Denn es gibt heute eine an dieses Verständnis gebundene Forderung, die für uns existentiell geworden ist: mit all unserer noch vorhandenen finanziellen und kreativen Kapazität, neue Technologien und eine neue Energiewirtschaft anzustreben, die aus dem Systemzusammenhang heraus entwickelt und damit langfristig mit unserer Umwelt kompatibel und in sie integrierbar sind. Denn nur dann bietet sich unserer Zivilisationsgesellschaft die Chance, als geduldetes oder gar gestaltendes Glied der Biosphäre weiter zu überleben.

Die heutige Energiesituation weist deutliche Anzeichen auf, daß dieses Überleben in Frage gestellt sein könnte. Daß unsere Zivilisation in diese Situation hineingeraten ist, basiert auf hauptsächlich zwei Ursachen.

Die erste wurde bereits mit der obigen Forderung angedeutet, nämlich, daß wir uns vor etlichen Jahrzehnten mit enormen Investitionen auf Energietechniken und Energiequellen festgelegt haben und noch festlegen, die auf lange Sicht und im Systemzusammenhang betrachtet schon von ihrer Art her in eine Sackgasse führen: Das ist unter anderem eine Konsequenz der bisherigen, sich fast ausschließlich an festgeschriebenen Interessengruppen orientierenden Forschungs- und Entwicklungspolitik, die z. B. rund 85 Prozent ihres jährlichen Etats in die Kernenergie gesteckt und damit von anderen zukunftsträchtigeren Technologien weggezogen hat.

Die zweite Ursache liegt in dem ungebremsten, durch Werbung und durch unser Dogma vom Produktionszuwachs hochgezüchteten Energieappetit, der sich in der Vergangenheit etwa alle zehn Jahre verdoppelt hat (und, wie kurzsichtige Lobbyisten hoffen, auch in Zukunft steigen sollte). Immerhin kommt heute z. B. in einem hochindustrialisierten Land wie den USA oder der BRD ein Neugeborenes bereits mit dem fünfzigfach höheren Pro-Kopf-Anspruch an Energie auf die Welt als ein Neugeborenes in einem tropischen Agrarland.

Unser Problem und seine Lösung liegen also primär nicht darin, schnellstens neue Energiequellen zu erschließen, sondern vielmehr in der Beendigung eines exponentiell ansteigenden Energieverbrauchs. Denn selbst wenn man die heutige Energieerzeugung verdoppeln würde, wäre man in zehn Jahren in unserer Energiesicherung nicht weiter als heute. Mit einigen Unterschieden: Die schon heute gewaltige Umweltbelastung würde nicht nur durch die Energieproduktion, sondern vor allem auch durch die mit dem Energieboom erzwungenen Folgeindustrien bestimmte ökologische Grenzwerte überschreiten.

Intelligente Energienutzung
nutzt den Energiefluß der Biosphäre

Zu einer Besinnung gehört immer, daß man sich auf den Stellenwert seines betreffenden Problems im größeren Zusammenhang besinnt, daß man an die Quellen, an das Wesensmäßige, Gegebene zurückgeht und von dort — sozusagen ab ovo — neue Wege sucht. Für die Energieprobleme bietet sich dafür zunächst eine Betrachtung des Gesamtenergieflusses in der Biosphäre und seiner eingebauten globalen Kreisläufe an.

Jahr für Jahr strahlt die Sonne die Energiemenge von 120 Milliarden Megawatt lediglich auf die kleine Erde ein, die sich zur Sonne verhält wie eine Erbse zu einem großen Medizinball. Zum Vergleich: Das entspräche der Energieerzeugung von 100 Millionen Kernkraftwerken des größten heute existierenden Typs. Rund 30 Prozent dieser ungeheuren Energiemenge werden schon gleich an der oberen Atmosphäre reflektiert. 46 Prozent werden zwar von der Erdoberfläche aufgenommen, aber nach Umwandlung in längerfristige Wärmestrahlung ebenfalls wieder abgestrahlt, während 23 von den verbleibenden 24 Prozent für die Verdunstung des Wassers verbraucht werden. Damit sind schon 99 Prozent der die Erde überhaupt erreichenden Sonnenenergie erfaßt. Das restliche eine Prozent findet sich fast ausschließlich in den Bewegungen der Winde, der Wellen und Meeresströmungen wieder, und nur knapp 0,03 Prozent werden durch Photosynthese mit Hilfe des Chlorophylls aus dem Sonnenlicht absorbiert. Dieser Teil allein erhält die Pflanzen, die Tiere und uns selbst am Leben. Immerhin ist dieser Bruchteil noch etwa dreimal so groß wie der gesamte heutige Weltenergieverbrauch der menschlichen Zivilisation, der mit diesem Drittel schon heute irreparabel in die Stabilität lebenswichtiger Regelkreise eingreift.

Die Pflanzen produzieren mit jener eingefangenen Energie von knapp 0,03 Prozent oder genau 3,25 Millionen Megawatt Jahr für Jahr 200 Milliarden Tonnen organischen Materials über die subtilsten Organisations- und Funktionsformen sowie 100 Milliarden Tonnen (!) Sauerstoff. Die gleiche Menge wird von den lebenden Systemen dieser Erde umgesetzt und steht in Form von CO_2 und Wasser wieder als Ausgangsprodukt zur Verfügung. Wir haben es hier also mit einem Energie- und Stoffumsatz gewaltigen Ausmaßes zu tun, mit einem System, das mit einem traumhaften Wirkungsgrad von bis zu 98 Prozent (Ottomotor: 13 Prozent) arbeitet, das weder Energie- noch Abfallsorgen hat (für jedes Abfallprodukt steht in der Natur eine Reihe von Enzymen bereit, die es gleich wieder in ein neues Ausgangsprodukt verwandeln), ein System, das eine wahre Fundgrube an technischen Raffinessen, energiesparenden Tricks und eleganten Kombinationen der verschiedenartigen Technologien darstellt.

All das macht die Biosphäre zu dem, was sie ist: zu einer in ihrer Art einzigartigen Superfabrik, die sich selbst steuert und reguliert, die allen äußeren Störgrößen getrotzt hat und bis heute jene sensationelle Überlebenszeit von mehreren Milliarden Jahren aufzuweisen hat. Wollte der Mensch in seiner heutigen unvollkommenen Technik diese Biofabriken voll ersetzen, so brauchte er dazu weit mehr Energie, als die Sonne insgesamt auf die Erde einstrahlt, und maschinell mit Sicherheit mehr Platz, als die Planeten unseres Sonnensystems zusammen ausmachen.[1])

In einem Aufsatz über *Energie und das Fortschrittsdenken der Menschheit*, der auf einem Arbeitsbericht aus meinem Institut an der Universität der Bundeswehr basiert, hieß es im Vorspann: »Die Evolution der Arten läuft grundsätzlich in Richtung größerer ökologischer Wirksamkeit: weniger Energieverbrauch pro Biomasse. Diese im Laufe der Artenentwicklung zu beobachtende Effizienzsteigerung macht eine Spezies weniger abhängig von Nahrungsaufnahme und Umwelt, so daß sie im Vergleich zu vorher im Vorteil ist. Gemessen daran, war die industrielle Entwicklung der letzten hundert Jahre ein Rückschritt, und viele der nun auftauchenden Schwierigkeiten sind eine Folge dieser Entwicklungen.« Die Frage ist, welche Alternativen realistisch sind, um diesen Rückschritt noch einmal umzupolen.

Als erstes möchte ich den Gedanken vorausschicken, daß es zu nichts führt, wenn man die Energieversorgung lediglich technologisch lösen will oder wirtschaftlich oder machtpolitisch oder von seiten des Umweltschutzes, sondern daß es nur sinnvoll ist, wenn man ein solches Problem aus dem real existierenden Systemzusammenhang heraus angeht.

Dadurch wird es nicht etwa schwerer, sondern leichter, in unserer Zivilisationsgesellschaft mit dem so eminent wichtigen Energieproblem fertig zu werden. Und ich bin auch in dieser Hinsicht eher optimistisch – vorausgesetzt, das inzwischen zu beobachtende grundsätzliche Umdenken schreitet weiter zügig fort. So wird z. B. die Annahme, daß – wenn man sich von den atomaren Träumen löst – sich dann gerade aus der Energiekrise eine gewaltige Innovationskraft der Wirtschaft entwickeln kann, mittlerweile von vielen Seiten der Wirtschaft und des Managements bis hin zur Finanzwelt bestätigt.

Zunächst geht es einmal darum, statt mehr und mehr zusätzliche Energie die vorhandene zu benutzen. Da ist vor allem die größte, noch weithin ungenutzte Energiequelle: die Energieeinsparung.

Nach einer gründlichen Untersuchung des bekannten amerikanischen Management-Zentrums, der Harvard Business School, liegen z. B. die Investitionskosten, die nötig sind, um uns lediglich durch Einsparungen, die unseren Komfort nicht im geringsten berühren, weitere 40 Prozent an nutzbarer Energie zu verschaffen, weit unter dem, was uns – bei einer Fortsetzung der bisherigen Wirtschaftsweise – die Beschaffung von nur wenigen Prozent an zusätzlicher Energie, vor allem aus fossilen und Kernbrennstoffen, kosten würde. Ein Weg, der demnach zwanzig- bis dreißigmal teurer ist.

Nachdem ich erlebt habe, daß sich zahlreiche Versuche, eine Änderung in der Energiepolitik durch Diskussionen über die Risiken der Atomtechnologie herbeizuführen, fehlgeschlagen sind, möchte ich in der öffentlichen Diskussion einmal den wirtschaftlichen Aspekt besonders hervorstellen.

Denn über das Energieproblem habe ich schon so viel und Gründliches publiziert (auch in diesem Verlag, *Bilanz einer Ver-[w]irrung*), daß ich hier einen Gedankengang vorstellen möchte, der bereits 1975 – also schon lange vor der aktuellen Diskussion über wirtschaftliche Aspekte der Atomtechnologie – publiziert worden ist. Dieser Text ist für mich deswegen interessant, weil hier bereits 1975 vorhergesehen wurde, daß diese Technik uns alle in eine Sackgasse der Energie- und Umweltpolitik führen wird: Heute mag ein solcher (aktueller) Rückblick dazu dienen, daß man einerseits die Verantwortlichkeiten für die augenblickliche Situation nicht aus den Augen verliert, andererseits dadurch die Erfahrung vermittelt bekommt, wie kritisch man gegenüber ›einfachen Problemlösungen‹, das heißt also ›linearem Denken‹ gegenüber sein muß.

Anfang 1975 befaßte sich die Redaktion der Zeitschrift *Zivilverteidigung* couragiert mit dem Thema *Sicherheit von Kernkraftwerken*. Über ihren ›Aufmacher‹ zur damaligen Beitragsserie habe ich mich schon damals gefreut:[2])

Kernkraftwerke — Ende absehbar?

Man kann es drehen oder wenden wie man will: Wyhl ist zu einem Meilenstein geworden. Die weitere Planung und Errichtung von Kernkraftwerken ist in die öffentliche Diskussion tief eingedrungen. Ist der Fortschritt unterbrochen? Die Entwicklung ging bislang eher unbemerkt und schnell, zügig vorwärts. Zu schnell? Kernenergie als die einzig wahre Energie der Zukunft war fast unbestritten. Von wem? Kernkraftwerke wurden zu Dutzenden und so schnell wie kaum jemals zuvor nicht-private Bauten geplant und fertiggestellt. Warum und von wem? Wyhl hat innerhalb kurzer Zeit eine ganze Menge von Schleiern der Neutralität und Integrität von den Kernkraftwerken heruntergerissen. Ein organisierter Widerstand von bewußt gewordenen Bürgern hat eine allzu selbstverständliche Entwicklung abgebremst. Und dieser Widerstand ist an genau einem Interessenwiderspruch festzumachen: Das Interesse der Bürger auf Erhaltung ihres existenzbedingenden Lebensraumes, auf natürliche weitere Ausübung ihres Berufes, auf Selbstbestimmung in ihren angestammten Lebensräumen — kontra das Interesse auf reibungslose, schnelle, effiziente Realisierung von Projekten, die in ihren Konsequenzen entgegen allen anderslaufenden Behauptungen längst nicht erforscht sind, Projekten, die allzu schnell einem wirtschaftlichen Interesse dienen. Ein Geschäft, das Folgen auf die Umwelt und vor allem auf die Menschen in dieser Umwelt zu wenig bekümmert? Wenn hierbei eine Verfilzung von Staatsautorität und Wirtschaftsmacht (bis in die Aufsichtsräte hinein) den Bürger stutzig werden läßt und ihn erbost, wer will dann den Aufstand des Bürgers angreifen? Wer maßt sich an, den Widerstand der Bürger auf Rädelsführer- und Drahtzieher-Theorien hinlänglich bekannter Machart zurückzuführen? In wessen Interesse geschieht dies? Auch und gerade dies ist zivile Verteidigung: Die Zivilbevölkerung schützen vor Einflüssen, drohenden Schäden, möglichen Katastrophen, die durch gefährliche industrielle Einrichtungen im eigenen Lande entstehen können. Interessenkonflikte sind hier unvermeidbar. Ist der Aufstand von Wyhl nicht eine hervorragende und so noch nie dagewesene präventive Selbstschutzmaßnahme? Wir bringen nachstehend einen Beitrag von Priv.-Doz. Dr. Frederic Vester, Leiter der Münchner Studiengruppe für Biologie und Umwelt — bekannt als Bestsellerautor von *Denken — Lernen — Vergessen* und so informativer Sachbücher wie *Das Kybernetische Zeitalter* und *Das Überlebensprogramm* — entstanden als Reaktion auf einige Artikel in der Tagespresse, die es sich — so Vester — zu leicht machte: Indem sie die Sachargumente sowohl biologischer als auch ökologischer und wirtschaftlicher Art gegen den Bau von Kernkraftwerken pauschal als ›Schreckensvision‹ bezeichne und mit dem Hinweis auf Störenfriede und Anarchisten abgetan glaube.

Im damaligen Beitrag schrieb ich dann unter dem Titel ›Kostspielige Scheinhilfen?‹ folgendes:

»Es ist festzuhalten, daß die Meinung bezüglich der Sicherheitsfragen gerade in Fachkreisen absolut nicht einheitlich ist und an der Sicherheitspolitik der Atombehörden immer größere Zweifel laut werden. So mußten in der Vergangenheit die Höchstwerte für radioaktive Belastung mit wachsendem Erkenntnisstand immer wieder reduziert werden. Daß noch längst nicht alle Zusammenhänge mit der nötigen Sorgfalt untersucht sind, wurde auch in den verschiedenen Fachdiskussionen in den öffentlichen Medien deutlich. Selbst das Bundesministerium des Innern stellt in seinem Umweltbrief Nr. 10 vom 18. 11. 1974 fest: ›... von Untersuchungen der mittelfristigen (bis in die frühen 90er Jahre) Kernkraftentwicklung haben wir keine Arbeit gefunden, bei der die Einschätzung der verschiedenen Faktoren mit der Gründlichkeit, die wir für notwendig halten, durchgeführt worden wäre. Dies scheint eine größere Lücke in den gegenwärtigen Forschungs- und Entwicklungsprogrammen zu sein...‹ Viele Journalisten dagegen stellen die Probleme so dar, als seien sie bereits in vorbildlicher Weise gelöst.

Man beginnt heute erst allmählich zu begreifen, in welch komplexes Gefüge man mit dem Bau von Kernkraftwerken eingreift, ganz zu schweigen von der — leider oft übersehenen — grundsätzlich anderen biologischen Wirkung der künstlichen Radioaktivität gegenüber der natürlichen durch Anreicherung strahlender Spaltprodukte im Organismus und der Multiplikation von Mißbildungen durch genetische Schäden für viele kommende Generationen. Dies macht auch die deutliche Erhöhung von Krankheiten wie Krebs und Leukämie in der Bevölkerung durch den radioaktiven Fallout der Atombombenversuche deutlich.

Was das Sicherheitsrisiko von Kernkraftwerken anbelangt, so wird vielfach der trügerische Eindruck erweckt, als gebe es auf diesem Gebiet keine nennenswerten Probleme mehr und als seien die Kernkraftwerke im Grund die sichersten und ungefährlichsten Gebilde der Welt. Für den reinen Reaktorbetrieb als solchen (ohne sein Vorher und Nachher wie Wiederaufbereitungsanlagen und Atommüll, ohne Unfälle, Lecks, bewaffnete Konflikte, Sabotage etc.) mag dies sogar zutreffen. In ihrer realen Gesamtheit betrachtet sehen die Dinge jedoch grundlegend anders aus. Nicht nur die bisherigen Reaktorunfälle mit den auf der Welt insgesamt existierenden lediglich knapp 170 Anlagen (geplant ist jedoch eine Verzigfachung) sprechen eine deutliche Sprache, sondern auch die in Fachkreisen offen zugegebenen technologischen und Forschungslücken. Der Expertenstab des Bundesinnenministeriums bemerkt in dem zitierten Umweltbrief zu diesem Punkt: ›Die Gefährdung der Öffentlichkeit durch die Möglichkeit von Unfällen (einschließlich Sabotage) in Kernkraftwerken oder in Anlagen zur Wiederaufbereitung vor oder während des Transports oder der Lagerung von hochgiftigem Plutonium oder radioaktiven Abfällen läßt sich gegenwärtig unmöglich genau abschätzen. Dies gilt auch für die Möglichkeit, daß Plutonium oder hoch angereichertes Uran aus Kernbrennstoffkreisläufen gestohlen oder entwendet wird und daß diese Materialien anschließend für den Bau von Kernsprengsätzen für Zerstörungszwecke, möglicherweise sogar durch Terroristen, verwendet werden…!‹ Reaktorunfälle und -pannen wie in Windscale, USA, in Jugoslawien oder in Deutschland deuten darauf hin, daß alle noch so exakten mathematischen Berechnungen und Sicherheitssysteme unvoraussehbare Lücken haben. Keine Beteuerung kann darüber hinwegtäuschen, daß statistische Überlegungen nur Wahrscheinlichkeiten angeben, die für den Einzelfall keineswegs zutreffen müssen.

Völlig vernachlässigt scheint mir in der Presse schließlich der volkswirtschaftliche Aspekt zu sein. Viele Verantwortliche — auch in Politik und Wirtschaft — erschrecken zu Recht vor einer Zementierung einer einzigen technologischen Richtung mit ungeheuren Mitteln (1975: 1,3 Milliarden Mark für Forschung und Entwicklung in der Kernenergie, ein Siebtel für alle anderen Energieformen zusammen), wenn, wie bekannt, in ca. zehn bis zwanzig Jahren das für den heutigen Reaktortyp benötigte Spaltmaterial nicht mehr wirtschaftlich zu gewinnen ist; oder wenn ein einziger Unfall der dann vervielfachten Kernkraftwerke die ganze Richtung schon vorher zum Stoppen bringt.

Wie ernst zu nehmen solche Überlegungen sind, zeigten die jüngsten Ereignisse: Die USA verfügten einen totalen Exportstopp für Uran — man vermutet aus sicherheitstechnischen Gründen. Die BRD ist jedoch, wie Bundesforschungsminister Matthöfer formuliert, ›in vollem Umfang abhängig‹ von den amerikanischen Uranlieferungen. Bei einem Andauern eines solchen Stopps wäre man gezwungen, kostspielige Anreicherungs- und Wiederaufbereitungsanlagen mit ihrem gegenüber dem reinen Reaktorbetrieb bekanntlich weit höheren radioaktiven Verseuchungsgrad im eigenen Land aufzubauen. Man muß sich fragen, was die Verantwortlichen in ähnlichen Fällen zu tun gedenken, wenn der Anteil der Atomkraftwerke an der Energieversorgung statt heute nur ein Prozent (am Strom drei Prozent) einmal 30 oder 50 Prozent beträgt?

Angesichts der Tatsache, daß in absehbarer Zeit die für den heutigen Spaltreaktortyp geeigneten Uranvorkommen ohnehin erschöpft sind und das ›Schnelle-Brüter‹-Projekt womöglich nicht realisiert werden kann — ganz abgesehen von der vielleicht schon vorher erreichten Grenze der ökologischen Belastung —, stellt sich wirklich die Frage, ob die gewaltigen Investitionen in die Kernenergie uns nicht schon in wenigen Jahren, das heißt lange vor ihrer Amortisation, in eine äußerst bedenkliche Situation hineinmanövrieren werden. Nicht nur der Zusammenbruch der dann von der Kernenergie abhängigen Energieversorgung, sondern auch all der sich an diesen kurzfristigen Scheinboom anschließenden Folgeindustrien würde zu einer wirtschaftlichen und sozialen Katastrophe führen, die z. B. die heutigen Folgen der Ölkrise mit Sicherheit bei weitem übertreffen würde − auch für die am heutigen Reaktorboom beteiligten Industrien, die wahrscheinlich besser daran täten, sich frühzeitig auf zukunftsträchtigere Technologien umzustellen.

Grundsätzlich gilt: Solange man die uns überrollende und in eine Sackgasse führende Verdopplung des Energieverbrauchs alle zehn bis 15 Jahre (!) weiterhin als gegeben hinnimmt oder gar als wünschenswert, solange ist der Bau von Kernkraftwerken nur eine kurze und äußerst kostspielige Scheinhilfe mit ungewissen Risiken und ungewisser Zukunft, die andere, umweltfreundlichere Technologien der Energiegewinnung, Energienutzung und Energieeinsparung durch die Zementierung der Forschungsgelder in ihrer Entwicklung weiterhin entscheidend behindert.

Ein Beispiel: Die Sonnenenergie wäre selbst in unseren Breitengraden in der Lage, bei entsprechender Bauweise die gesamte Heizenergie − noch dazu bei immerwährendem, kostenlosem ›Rohstoff‹ − zu liefern (was auch Bundesforschungsminister Matthöfer erst kürzlich unterstrichen hat).

Der Anteil einschlägiger Forschungsvorhaben am Energiebudget, von denen die Sonnenenergie nur ein Teil ist, beträgt jedoch zur Zeit immer noch klägliche 3,8 Prozent der Aufwendungen für die Kernenergie.

Selbst der Aufwand der BRD für die Weltraumforschung ist mehr als dreimal so groß wie für die gesamte nichtatomare Energieforschung!«[3]

Atomtechnologie: Falsches Denken,
falsche Propheten, falsche Blickrichtung

Vergleicht man die Förderungspolitik heute mit diesen Vorwürfen von 1975, darf man erschrecken, wenn man an die seither angelaufene Förderungspolitik denkt!

Die Zukunft liegt nicht bei der Atomtechnologie, nicht in Großkraftwerken, was sich ja auch durch die stagnierende Auftragslage abzeichnet.

Aber die meisten Politiker blicken noch in die falsche Richtung. Vor allem aber lassen sie sich noch von den falschen Propheten beraten, die ebenso starrköpfig an ihren alten Thesen festhalten. Allen voran in Unaufgeschlossenheit auf diesem Gebiet marschiert noch der bayerische Ministerpräsident Franz Josef Strauß. Denn er verläßt sich auf sogenannte Experten, die ihn in seiner Überzeugung bestätigen, daß einem Land, das seinen hohen zivilisatorischen Standard halten wolle, vorerst nichts anderes übrigbleibe als ausgerechnet die Nutzung der Kernenergie.

Nun, ich bin jedenfalls mit vielen Experten der Überzeugung, daß wir ohne Kernkraftwerke auskommen und daß ein Ausstieg keinesfalls eine Billion Mark kostet, sondern der Volkswirtschaft diesen Betrag bringen wird. Gerade aus diesen Berechnungen geht ja hervor, wie teuer Kernenergie tatsächlich ist.

Selbst der Vorstandsvorsitzende der Bayernwerke, Herr Dr. Holzer, hat bestätigt, daß ein Ausstieg möglich ist. Und wenn der Strom dadurch tatsächlich 30 Prozent teurer wird, wie er sagt, dann dürfte es z. B. nicht schwerfallen, den Stromverbrauch um genau jene 30 Prozent zu senken. Denn die Alternative besteht ja nicht in weiteren Kohlekraftwerken, wie es immer heißt und wie dies die SPD ebenso unsinnigerweise gerne möchte, weil ihre Lobby aus dieser Ecke kommt, obgleich auf Kohlebasis natürlich mit weit geringerem Kapitaleinsatz praktisch abgasfreie Wirbelschichtanlagen gebaut werden könnten, die zudem noch als mittlere Heizkraftwerke mit Nahwärmeversorgung einen Großteil der Ölheizungen ersetzen könnten.

Das An-die-Wand-Malen eines Schreckgespenstes von 35 neuen Kohleblöcken mit der Horrorvorstellung von 160 000 t/a Schwefeldioxyd, 100 000 t/a Stickoxyde, und all dies, um unsere Atomkraftwerke zu ersetzen, ist eine reine Abschreckungstaktik, die mit den tatsächlichen Möglichkeiten wenig zu tun hat.

Nein, die Alternative zum 36prozentigen Anteil der Kernkraft an unserer Stromversorgung, der in der Gesamtenergieversorgung ja nur bei sechs Prozent liegt, ist in einer Dezentralisierung der Energienutzung, das heißt in einer anderen Organisationsform zu suchen. Sie liegt in Kopplungs- und Verbundsystemen, in der Verhinderung von Verschwendung, in der Rückspeisung ins Netz, in cleveren Produktionsverfahren und in der Fülle regenerativer Energiequellen, deren längst möglicher Einsatz durch mangelnde Förderung und ein innovationsfeindliches Energiewirtschaftsgesetz künstlich verhindert wird.

Die aktive und passive Solarenergienutzung, den Ausbau der Biogasherstellung unter gleichzeitiger Entsorgung von Mist und Gülle und der energielosen Bereitstellung hochwertigen Düngers, den Rückgang der energieverschlingenden Kunststoffverpackungen, die ja gleichzeitig ein großes Abfallproblem sind, und hundert andere kleine und große Verfahren, die nicht nur ohne Komfortverlust und mit weit weniger Primärenergie als heute auskämen, könnte für das Handwerk und mittelständische Unternehmen einen Boom bedeuten und gäben mancher Zulieferungsindustrie neuen Auftrieb – von den Exportchancen solcher Technologien eben ganz zu schweigen. Unsere Technokraten sind doch sonst so fortschrittsgläubig, so daß sie selbst die immer noch ausstehende gefahrlose Endlagerung für lösbar halten: Aber wenn es um Fortschritte in weit einfacheren alternativen Techniken geht, dann halten sie auf einmal alle nichts mehr für machbar.[2]

Design für eine Umwelt des Überlebens Herausforderungen an die Gestaltung der Welt von morgen

Im Jahr 1973 wurde ich zu meiner Überraschung vom Internationalen Verband der Industriedesigner nach Kyoto, Japan, eingeladen, um dort die ein Jahr zuvor vor der deutschen Sektion geäußerten und hier noch einmal wiedergegebenen Gedanken zu einem Design der Zukunft vorzustellen.

Das Problem der zukünftigen Umweltgestaltung, die von einer ästhetischen zu einer Überlebensaufgabe geworden ist, soll hier von vier aufeinander angewiesenen Seiten beleuchtet werden:

1. von der quantitativen Seite als Problem des Wachstums
2. von der biokybernetischen Seite als sich selbst regulierende Symbiose
3. von der noch weitgehend verkannten Schlüsselposition der Designer, ihrer Aufgabe und Möglichkeiten
4. von der Bewußtseinsebene einer kommenden, der heutigen Menschendichte entsprechenden Zivilisationsstufe

Zum letzten Punkt darf ich folgendes vorausschicken:

Unser plötzliches Interesse an der Umweltproblematik ist wahrscheinlich keine Modewelle, wie dies mancher glaubt, sondern offensichtlich der Beginn eines neuen Bewußtseins, das das Gefühl einer inzwischen verlorenen Verbindung mit unserer Biosphäre wieder auf einer neuen, weniger emotionalen als rationalen Ebene vermittelt. So könnte dieses Umweltbewußtsein auf der Basis naturwissenschaftlicher Erkenntnis durchaus langfristig eine erneuernde Kraft darstellen, die auch den Menschen einer hochtechnisierten Industriegesellschaft sich wieder als Glied und nicht mehr als Feind der Natur fühlen läßt, als integrierter Teil, der nicht mehr gegen die Umwelt, sondern mit ihr unseren Erdball gestaltet.

Die immer dichtere Besiedlung unserer Erde durch den Menschen bringt eine immer engere Vernetzung und Vermaschung all seiner Tätigkeiten, Wirkungen und Wechselbezüge mit sich. Vor ein oder zwei Jahrhunderten, als unsere Zivilisation noch nicht den ganzen Erdball umspannte, war ein unkoordiniertes Nebeneinander von Einzelsystemen wie Industrie, Landwirtschaft, Bergbau, Handel und Verkehrswesen und deren ebenso unkoordinierte Entwicklung oder Veränderung möglich. Es waren Systeme, die sich noch kaum begonnen hatten zu durchdringen, zum Teil lagen sie weit auseinander, buchstäblich mit viel Luft dazwischen. Unorganische Vorgänge konnten durch dieses neutralisierende Zwischensystem einer unberührten Umwelt, also durch die ehemals quasi unendlichen Reservate von Luft, Wasser, Bodenflora und Fauna, erfolgreich ausgeglichen werden.

Ein solcher Ausgleich von außen ist bei der heutigen engen Vermaschung, die keinen Zwischenraum mehr läßt, unmöglich geworden. Die Einzelsysteme müssen sich von innen heraus als neuer Organismus verstehen und selbst regulieren. Das ist neu, das haben wir nicht gelernt. Da andererseits die Abhängigkeit des Menschen vom Funktionieren seiner Umwelt oder besser der Biosphäre weiterhin besteht, ist damit auch seine Zivilisation äußerst empfindlich, ja labil geworden. Jeder Eingriff wirkt heute, lediglich mit unterschiedlicher Verzögerung, auf uns selbst zurück.

Bei allen Betrachtungen der starken Bevölkerungszunahmen in den Entwicklungsländern und der weniger starken in den Industrieländern − die mit ihrer nur einprozentigen Zuwachsrate dennoch nichts von ihrem exponentiellen Charakter eingebüßt haben − gibt es einen wichtigen Faktor, der in die Rechnung eingeht und den Bevölkerungszuwachs gerade der Industrieländer so bedeutsam werden läßt. Er ergibt sich aus der Betrachtung der materiellen und räumlichen Pro-Kopf-Ansprüche.

Das gilt nicht nur für die Ansprüche an die begrenzten irdischen Rohstoffe und den begrenzten irdischen Raum, sondern auch für das begrenzte Aufnahmevermögen der Erde für Abfallstoffe und Zivilisationsgifte. So wird die Umweltproblematik zu einem der gewichtigsten Argumente dafür, daß mit jedem Anwachsen der Gesamtbevölkerung, eben besonders derjenigen der Industrieländer, auf der Erde nichts mehr verbessert, vieles aber verschlechtert wird – wenn wir bestimmte Ansprüche nicht drastisch reduzieren.[1])

Um deutlich zu machen, was ich damit meine, möchte ich wenigstens fünf Hauptaspekte der heutigen Problematik unserer Spezies ansprechen: Den Energiehaushalt, den Rohstoffhaushalt, unsere Eingriffe in die natürliche Umwelt, in die menschlichen Lebensräume und in den menschlichen Organismus selbst.

Erstens: Der Energiehaushalt

Durch energieverbrauchende Konsumgüter, wie elektrische Beleuchtung und Geräte, elektrisch aufgeheizte Wasch- und Spülmaschinen, idiotische Klimaanlagen und einen unsinnig aufgebauschten Individualverkehr, aber auch durch energieintensive Werkstoffe und Herstellungsverfahren, Werkstoffe wie Aluminium, Stahl, Zement und Kunstdünger, Verfahren wie Galvanisieren, Punktschweißen statt Nieten, Elektrolyse statt Katalyse – durch all dies haben wir uns in eine unverantwortliche Energieabhängigkeit hineinmanövriert; mit einem viel zu hohen Pro-Kopf-Energiedurchfluß, der zudem noch die Arbeitsplätze teuer macht oder sie durch Strom ersetzt und uns vielleicht schon in wenigen Jahren unfähig machen wird, uns neuen Situationen anzupassen, ja unfähig, die dann nötigen energiesparenden Technologien überhaupt noch zu entwickeln.

Zweitens: Die Rohstofflage

Hier machten wir uns auf ähnliche Art und Weise abhängig von unwiederbringlichen Rohstoffen und werfen sie gleichzeitig in immer rascherer Folge auf den Müll. Durch gewaltige Kapitalinvestitionen und die Festlegung auf großtechnische Verfahren steigerten wir diese Abhängigkeit ausgerechnet bei denjenigen Rohstoffen, die in wenigen Jahrzehnten vom Markt verschwunden sind, wie Erdöl und Erdgas, Uran, Asbest, Helium, Quecksilber, Kupfer, Blei, Zink, Titan und einige andere.

Drittens: Die natürliche Umwelt

Willkürlich verändern wir Landschaften und Ökosysteme, treiben einen forcierten, unökologischen Anbau, der in vielen Fällen zu katastrophalen Erosionen führt. Wir zerstören dabei profitable Gleichgewichte, wie die Selbstreinigungskraft unserer Gewässer, greifen weiter chemisch ein und vernichten Vögel und Insekten, obgleich die Arbeit, die sie in einem funktionierenden Ökosystem leisten, uns Milliarden spart.

Trotzdem wir das wissen, zerstören wir ein Ökosystem nach dem anderen.

Viertens: Der menschliche Lebensraum

Mit ähnlichem Effekt bauen wir unbekümmert ganze Stadtteile auf, die oft nur kurzfristigen Kriterien gehorchen und die selbst heute, wo man von der autogerechten Stadt abgeht, für die Bewohner noch so ziemlich alles außer acht lassen, was ihrer biologischen Struktur entspricht. Was von solchen sogenannten Erschließungen dann übrig bleibt — man denke auch an die konjunkturellen Touristengebiete wie hier in Gran Canaria — sind dann vielfach nur soziale und finanzielle Folgelasten, die weder die Bürger noch die Gemeinden mehr verkraften können.

Fünftens: Der menschliche Organismus

Ebensowenig wie wir die Umwelt und unsere Städte und Landschaften als System sehen, ebensowenig sehen wir schließlich auch den Menschen selbst als System. So steuern als weitere Bereiche auch die Medizin und die Psychologie in ein immer teureres Reparaturdienstverhalten hinein, statt sich für das einzig Profitable, nämlich für die Krankheitsvorbeugung einzusetzen, für eine Lebensweise, die die Vitalität unterstützt, statt sie untergräbt. Denn mit steigendem Streß und steigender Umweltvergiftung, mit einer Arbeits-, Wohn- und Lebensweise, die immer hektischer und immer motorisierter wird, steigern wir zur Zeit unse-

re Krankenzahlen und damit die Soziallasten in schwindelnde
Höhen, so daß sie den wertschöpfenden Anteil unserer Volkswirtschaft zu überholen beginnen.

In diesen Systemen, seien sie noch so technisiert, noch so sehr
an tote Materie gebunden, wie zum Beispiel die Bauindustrie,
steckt zudem der menschliche Organismus immer mit drin, weshalb natürlich alles, was der Mensch unternimmt, nicht nur über
eine Kette von Wirkungen in der Umwelt weiter wirkt, sondern
es wirkt aus dieser auch wieder auf den menschlichen Organismus zurück. Längst macht es keine Schwierigkeiten mehr, mit
Meßinstrumenten zu verfolgen, wie viel von dem, was um uns
herum passiert, auch wenn wir körperlich damit gar nicht in
Kontakt treten, Hormondrüsen zum Arbeiten bringt, wie bestimmte Eindrücke aus der Umwelt chemische Vorgänge in unserem Körper stoppen, andere wieder eine Reihe von Stoffwechsel-
vorgängen auslösen und über unsere wieder dadurch veränderte
Psyche und entsprechendes Handeln zurück auf die Umwelt wirken.[2])

Diese eben erwähnten fünf Bereiche haben also einen erheb-
lichen Einfluß auf die bisherige Art der Umweltgestaltung. Wir
jedoch haben in einem naiven Glauben an die Pufferkapazität
der Biosphäre, an die Unbegrenztheit ihrer Reserven, aber auch
an die Unbegrenztheit des technisch Machbaren, in den letzten
paar Jahrhunderten der Menschheitsgeschichte ziemlich unbekümmert in dieses große, bis dahin gut funktionierende Globalsy-
stem eingegriffen. Wir haben eine wachsende Zahl künstlicher
Einzelsysteme hineingesetzt: Fabriken, Kraftwerke, landwirt-
schaftliche Großbetriebe, Siedlungen, Stauseen, Verkehrsnetze,
Brücken und Häfen, so daß aus ehemaligen Urlandschaften oft in
wenigen Jahrzehnten riesige Ballungsgebiete wurden.

Bei dieser Vorgehensweise werden wir zwar noch mit einigen
der auftauchenden Einzelprobleme fertig, aber nicht mehr mit
deren Vernetzung, deren Zusammenhängen, so daß unsere Reaktion auf die eingetretenen Schäden oft nur weitere Schäden nach
sich zieht. So sind im Laufe der letzten Jahrzehnte immer mehr
Mißgeburten und Leichname entstanden, vom Siedlungsbau
über die Stahlindustrie bis zur Landwirtschaft, die nur noch mit
dem steigenden Aufwand einer Intensivstation − und nicht

mehr durch lebendige Selbstregulation — am Leben erhalten werden können.

Die Basis ist in einem falschen Verständnis der Wirklichkeit zu suchen. Wir haben angenommen, daß sich das Zusammenspiel der so entstandenen Einzelelemente und Teilsysteme von allein regeln würde und eventuelle Mängel sich durch weiteren technischen Einsatz reparieren ließen — wenn wir nur genügend über diese Einzelelemente wissen. Leider ist viel zu wenigen Menschen bewußt, daß uns hier die natürlichen Systemgesetze einen Strich durch die Rechnung machen.[3])

Wirkungen von Regelkreisen regulieren unsere Wirklichkeit

Daß es aber nicht so weitergehen kann wie bisher, ist inzwischen eine etablierte Erkenntnis. 1972 mußte man jedoch noch wie ein Rufer in der Wüste gegen das Wachstumsethos angehen, auch und gerade bei den Designern und Werbefachleuten:

Sehen wir uns noch einmal meine Forderungen zum ›Wachstumsstopp‹ an. In ihnen drückt sich lediglich aus, daß die Endlichkeit der Erde, die Begrenztheit der Biosphäre und ihrer Ressourcen, die ja nun einmal Tatsache sind, zu dem größten Problem werden, das zur Zeit auf das System Mensch — Umwelt zukommt, ein Problem, das selbstverständlich gelöst werden kann. Es sollte nur gezeigt werden, was wir angesichts der damit verbundenen Planungsaufgaben offenbar immer noch falsch machen, und daß dies, wie so oft, nicht in erklärbaren Fakten wurzelt, sondern in irrationalen Denkschablonen, die einem Fetisch aufgesessen sind: unserer in Ost und West einmütig vorherrschenden Wachstumsfaszination.

Wachsende Produktion, wachsende Geschwindigkeit, wachsende Information haben als erstrebenswert zu gelten. Mehr ist besser als wenig, groß ist besser als klein, haben ist besser als nichthaben.

Wer sagt das eigentlich, wo liegen die Beweise?

Es gibt sie nicht. Mehr, schneller, größer sind von Natur aus wertfrei und deshalb mal gut und mal schlecht. Doch wir haben ihnen eine Qualität angedichtet, ein Wertmaß, das ihnen gar nicht zukommt.

Doch was könnte unser so tief eingewurzeltes Wachstumsethos ablösen?

Nun, hier gibt es durchaus eine Alternative, die wir aus der Kybernetik ziehen können: aus der Wissenschaft von der Funktion der Regelkreise — eine Denkweise, die der linearkausalen Fortbewegungsmechanik, in der ja unser Wachstumsethos wurzelt, diametral gegenübersteht. Es ist die Alternative, nach der sich ein biologischer Organismus richtet, der sich ja eben nicht in ungehemmtem Wachstum, sondern in seiner Selbstregulation, in Recycling und Turnover, entwickelt und vervollkommnet.

Es ist dasjenige Grundprinzip, welches auf der einen Seite das Funktionieren des gesamten irdischen Lebens seit einigen Milliarden Jahren ermöglicht hat, also eine ganz hübsche Garantiezeit aufzuweisen hat, und dessen immer häufigere Mißachtung uns nun auf der anderen Seite vor fast unüberwindliche finanzielle und organisatorische Schwierigkeiten gestellt hat. Die intensive biologische Forschung der letzten fünfzig Jahre hat gezeigt, daß dieses Regelkreisprinzip eine konkrete Verbindung zur materiellen Wirklichkeit hat, daß es in seinen Funktionen — angefangen von großen Ökosystemen wie einer Flußlandschaft bis hinunter in den Mikrobereich einer einzelnen Körperzelle — beobachtet werden kann und nicht etwa lediglich eine Idee oder Auffassungssache ist.

Bereits innerhalb einer einzigen unserer Zellen finden wir somit komplizierte Rückkopplungssysteme, deren Funktion schon durch geringes Antippen an irgendeiner Ecke ihres Regelkreises eine Reihe von Konsequenzen nach sich zieht, damit das gesteckte Ziel, also hier der normale Stoffwechsel oder die menschliche Gesundheit, eingehalten werden kann. Dieses Ziel wird im Regelkreis der Zelle auf dreierlei Wegen erreicht, die wir auch im Großen kennen:

Entweder wird die eingetretene Störung unter gewissen Opfern an Energieaufwand wieder in Ordnung gebracht (das beträfe sozusagen ein finanzielles Problem) oder durch Verzicht auf weitere Zellteilung (das beträfe das Problem der Bevölkerungsvermehrung), oder durch entsprechende Kontrolle von Reaktionsabläufen (das wären sozusagen neue Gesetze).

Wir können jedoch nicht nur beobachten, wie das vernetzte Wechselspiel funktioniert, sondern auch wie und wann es zusam-

211

menbricht. So führen manche Störungen zu Entgleisungen, die von diesen Regelkreisen nicht mehr bewältigt werden. Beim Menschen heißt das, daß Zellen aus dem übergeordneten Steuerungssystem herausfallen und ein undifferenziertes Eigenleben beginnen, das wir dann Krebs nennen. Genau das gleiche gilt für den großen Rahmen der Wechselbeziehungen zwischen Mensch, Gesellschaft und Umwelt.

Eine andere Analogie zeigt, daß zwischen den Einheiten unserer Industriegesellschaft, man könnte sagen den Organen, und dem Straßen- und Schienenverkehr als der materiellen Kommunikation (im Unterschied zur Nachrichten- und Energiekommunikation) offensichtlich eine ähnlich wichtige Rolle zukommt wie im menschlichen Organismus dem Blutkreislauf zwischen den Organen. Die Tatsache, daß für den menschlichen Organismus die Kreislaufkrankheiten zur Todesursache Nummer eins geworden sind, läßt die makabre Aussicht zu, daß es der Verkehr einmal für das lebendige System Mensch – Umwelt – Mensch sein wird.

Auf der anderen Seite zeigt die Analogie zum Zellgeschehen aber auch, daß die strikte Beachtung der Prinzipien von Regelkreisen und Symbiosen keinesfalls die individuelle Freiheit und die Zahl der Entfaltungsmöglichkeiten beschränkt.

Es wäre denkbar, daß diejenigen Industrien und Wirtschaftsunternehmen, die frühzeitig ein entsprechendes Denken in Regelkreisen und deren Wechselwirkung heranziehen – zum Beispiel für neue Recycling-Prozesse oder für ein allmähliches Umsteigen auf langlebige Güter, auf weniger Produktion und dafür erhöhte Dienstleistung, Organisations- und Kommunikationsgeschäfte – das Rennen machen, das heißt, am ehesten überleben werden. Und warum sollen sie davon nicht profitieren?[1]

Wir können das Profitdenken der Industrie nicht abstellen, ohne die Industrie zu beseitigen. Doch damit würden wir denselben Fehler machen wie in der Natur: nämlich eine vorhandene Symbiose nicht nutzen. Statt also mit Vorschriften die Privatinitiative zu hemmen, sollten wir uns überlegen, wie man die ungeheure schöpferische Kraft des Profitstrebens unserer Marktwirtschaft für den so nötigen Ausweg aus der Umweltmisere einsetzen kann.

Wir sollten zeigen, daß der Schutz der Umwelt und damit das

Funktionieren der so äußerst rational arbeitenden Regelkreise zwischen Boden, Luft, Wasser, Pflanze, Mensch und Raum à la longue profitabler ist als eine weitere Belastung dieser Umwelt; daß es mehr einbringt, natürliche Symbiosen zu nutzen, statt sie zu zerstören. Daß eine optimale Steuerung es erfordert, jeden Eingriff in den Komplex Umwelt in allen Wechselbeziehungen zu durchdenken, das heißt, die verflochtenen Regelkreise überdisziplinär zu erfassen, statt sie fachorientiert, punktuell anzugehen.

Dann erkennen wir auch den Grenzwert für Ressourcen, die nicht mehr vermehrbar sind.

Ein längst erreichter Grenzwert ist hier z. B. der Flächenverbrauch, der nach einer unserer kybernetischen Grundregeln kompromißlos in ein Flächenrecycling übergehen muß. Gerade die vergangene Regionalplanung, insbesondere der Verkehrswege, die ja Siedlungsgebiete nicht nur verbinden, sondern oft auch auseinanderreißen und die räumliche Trennung von Wohnen, Leben und Arbeiten durch Monostrukturen, wie Einkaufszentren und Schlafstädte, noch verstärkt, führte zu immer weiterer Zersiedelung und zu immer mehr Verkehrswegen. Eine solche Planung hat sich in der Tat von der Faszination eines Produkts, nämlich des Autos, lange Zeit blenden lassen und darüber ihre Funktion vergessen – die weitere Verletzung einer wichtigen Grundregel.[3])

Gerade beim Verkehr der Zukunft – das erfahre ich zur Zeit noch mal durch die Arbeit an der erwähnten ›Ford-Systemstudie‹ – kann man die sinnvolle Evolution eines Produkts wie des Autos nicht isoliert angehen.

Elektroautos, U-Bahnen, Kabinenbahnen, Feedback-Ampelsteuerungen, Verschrottungszwang, Brennstoffzellen, Fließband-Trottoirs, Güter-Pipelines, Steuermaßnahmen und vieles andere sind Einzellösungen, die ohne entsprechende Raumordnung. Sozialstruktur, Gesetzgebung, Verhaltensweisen, Kommunikation und ohne Einbeziehung der physischen und psychischen Gesundheit auf grundlegende Fragen des zukünftigen Verkehrs überhaupt keine Antwort geben.

Kybernetisch verantwortungsvolles Design
stabilisiert das biologische System

Und hier sind wir am Kernproblem der Beziehung zwischen Umweltproblematik und Design angelangt. Dieses punktuelle Vorgehen, das man an Hunderten von Beispielen illustrieren könnte, war ja das klassische Vorgehen der Technik bis heute. Ein Vorgehen, das, gerade weil es im Gegensatz zu den kybernetischen Grundprinzipien von Lebensvorgängen steht, überhaupt erst zu der vorliegenden katastrophalen Situation geführt hat. Wir können nicht erwarten, daß wir mit den gleichen Fachdisziplin-orientierten Methoden, indem wir sie lediglich auf die Umweltprobleme anwenden, die progressive Zerstörung dieser Umwelt nur im entferntesten verhindern können, auch nicht bei noch so großem finanziellen Einsatz. Im Gegensatz dazu dürften technische Lösungen, die von kybernetischen und bionischen Ansätzen ausgehen und somit eher die Wechselbeziehungen zwischen den Gebieten treffen, über oft nur kleine, aber richtunggebende Verbesserungen gerade durch die Verkettung des Gesamtsystems an vielen Punkten gleichzeitig positiv wirken.

Bei der interdisziplinären Arbeit unserer Studiengruppe kommen wir so seit gut zwei Jahren in zunehmend engen Kontakt mit Architekten, Designern, Entwicklungsbüros und Innovationsgruppen. Soweit ich das beurteilen kann, möchte ich Viktor Papanek, dem Dekan der California School of Design, recht geben wenn er sagt:

›Die Hauptschwierigkeit der Design-Schulen scheint diejenige zu sein, daß sie zu viel Design lehren und nicht genug Information über die soziale und politische Umwelt vermitteln, in der Design geschieht.‹

So ist es, wie gesagt, Unsinn, an Verkehrsproblemen herumzubasteln, ohne gleichzeitig darin die erwähnten anderen Fragen einzubeziehen. Erst dann wäre Design ökologisch verantwortungsbewußt. Daß im Gegensatz dazu gerade der Designer weit mehr an der Umweltverschmutzung beteiligt ist als die meisten anderen Menschen, geht nicht nur aus der Müllexplosion hervor oder aus der Giftigkeit der Gebrauchschemikalien, die unter dem Motto: ›Je stärker, desto fortschrittlicher‹ so zugenommmen hat, daß ein einziger Sack des Pestizids Thiodan, der 1969 in den

214

Rhein fiel, in drei Ländern über 35 000 Kilogramm Fische tötete und auf vier Jahre hinaus die Neubestockung verhinderte, sondern auch aus folgender Rechnung: Während in den USA seit 1945 die Zahl der Einwohner um knapp die Hälfte zugenommen hat, ist die Umweltverschmutzung in dieser Zeit um das Siebenfache angestiegen. Genauere Untersuchungen zeigten, daß die Produktion einer Reihe von Gütern parallel dazu exponentiell anwuchs: Pestizide um 400 Prozent, Elektrizität um 530 Prozent, Aluminium um 700 Prozent, organische Chemikalen um 1000 Prozent, Kunststoffe um 2000 Prozent, Quecksilber zur Chlorherstellung um 4000 Prozent, Kunstfasern um 6000 Prozent, Einwegflaschen um 53 000 Prozent.

Das soziale und moralische Urteil des Designers ist also schon lange aufgerufen, bevor er mit dem Entwurf beginnt. Er muß entscheiden, ob das Produkt, das er entwerfen oder gestalten soll, seine Aufmerksamkeit überhaupt verdient. Statt die Kunststoffproduktion im Übermaß in die Verpackungsindustrie zu lenken und die unsinnigsten Substitutionsprodukte zu entwerfen, dürfte unter den ungeheuer vielfältigen Anwendungsmöglichkeiten der Kunststoffe die interessanteste Verwendung für die Zukunft – was kaum bekannt ist – in ihrer Hilfe für Wasser, Nahrung und Baustoffe zu suchen sein.

Kunststoffgewächshäuser, Plastiknetze über ausgedehnten Anbauflächen zur Wasserhaltung durch eine Art Rückflußkondensation, immerwährende energielose Gewinnung von Süßwasser aus dem Meer durch kilometerweite mit Plastikfolien bespannte Sammelsysteme über den Küstengewässern und damit Grundstock zu Besiedlung und Anbau trockener Gebiete, vollisolierende Leichtbaustoffe und – wenn überhaupt – dann bakteriell abbaubare Verpackung, dies sollte die Designer heute weit eher beschäftigen. Überraschenderweise kommt dieser Entwicklung eine umweltfreundliche Energiewirtschaft sehr entgegen. Denn erst wenn der Weg zum Kohlenstoff, dem Grundelement aller Kunststoffe, frei wird und die mißbräuchliche Nutzung der fossilen Brennstoffe wie Kohle und Erdöl einmal ganz von der Energieerzeugung zur chemischen Weiterverarbeitung umgeleitet ist, dann dürften solche schon vereinzelt erprobten Projekte weltweit Wirklichkeit werden. Statt dessen bedecken britische Schaf-Farmer seit neuestem ihre Schafe mit einem waschbaren

Acrylfaserkleid, das die Unterkühlung nach der Schur verhindert und feinere Wolle erlaubt.

Hier haben wir den sinnigen Fall, daß der Mensch durch wissenschaftliche Anstrengung synthetische Fasern erfindet, um damit Stoffe zu fabrizieren, mit denen er Tiere kleidet, damit diese bessere natürliche Fasern erzeugen, aus denen man Wollstoffe herstellt, mit denen sich schließlich der Mensch kleidet. Dieser Kreisprozeß ist fast so genial, als würde man Kühe mit Milchpulver füttern, damit diese Milch geben, aus der man dann wieder Milchpulver herstellt, um Kühe zu füttern.

Mehr als solche eher witzigen Beispiele zeigen unsere zunehmenden Umweltschäden mit ihren Kettenreaktionen, daß es weder möglich noch wünschenswert ist, ein Produkt für sich, ohne Beziehung zu seiner soziologischen, psychologischen und ökologischen Umwelt zu gestalten.

Gerade in diesem Sinne haben die Designer eine Schlüsselposition in der zukünftigen Entwicklung, und zwar nicht, weil sie intelligenter wären oder besser informiert oder kreativer, sondern weil ihnen die Rolle des umfassenden Synthetikers zufällt. Eine Rolle, zu der sie nicht einmal Entscheidungsgewalt benötigen. Denn es genügt oft, die Wechselbeziehungen, ihre Konsequenzen, aber auch die Möglichkeiten für ›kybernetisch sinnvolle‹ neue Produkte aufzuzeigen und im Gespräch zu behalten. Kein Angehöriger einer anderen Disziplin könnte diese Rolle übernehmen. Auf allen Gebieten der Wissenschaft und Technik herrscht eine zunehmende Fachspezialisierung. Nur der Industrie- und Umweltdesigner wird horizontal mit allen Wissensgebieten konfrontiert. Und genau diese Koordinatoren fehlen heute. Überall wird nach ihnen der Ruf laut, hier wäre eine Berufsgruppe, der darin eine neue, vielleicht noch weitaus befriedigendere Aufgabe als bisher zufallen könnte.

Wenn der Unterbau des Designers es ist, nach dem Motto ›form follows function‹ technologische Artikel in einen gebrauchsfähigen Verbund zu bringen, so muß er heute die Begriffe ›gebrauchsfähig‹ und ›Funktion‹ auf den sozialen und Umwelt-Bereich erweitern. Erst wenn diese Bereiche ebenfalls befriedigt sind, ist der Artikel wirklich gebrauchsfähig. Auch die Forderung nach ›Schönheit‹ ist noch nicht dadurch erfüllt, daß der Artikel an sich schön ist, sondern erst wenn die Schönheit langfristig genug bedacht wird. Als Langzeitwirkung kann eine unnötige PVC-Verkleidung durch ihren späteren Beitrag zur Luftverschmutzung eine große Häßlichkeit nach sich ziehen.

Wenn ich an das Berufsbild eines Designers nach wie vor hohe Erwartungen stelle, dann deswegen, weil ein Designer, der das neue vernetzte Denken beherrscht, sowohl dem Gesamtsystem als auch im konkreten Fall dem Verbraucher oder Hersteller nützt. Ökologisch durchdachtes Design schont Ressourcen und nützt so dem Hersteller durch preiswerte Fertigung, dem Verbraucher, weil er Dinge preiswert erwirbt, dem System, weil sie recyclierbar sind, und das kann sich auf alle Lebensbereiche des Menschen erstrecken. Um das zu belegen, stellte ich schon damals zwei Beispiele vor, die wohl heute mehr denn je aktuell sind.

Mir als Biologen erscheint es besonders interessant, daß die Nahrungsproduktion und die Erschließung neuer Nahrungsquellen bisher für den Designer überhaupt nicht interessant waren. Wahrscheinlich wird sich das bald radikal ändern. In etwa 70 Jahren, wenn die Erde die vierfache Menschenmenge wie heute, also etwa 14 Milliarden, ernähren muß, wird die dann erforderliche Nahrung mit unserer heutigen nicht mehr im Entferntesten vergleichbar sein können. Wir müssen also bereits heute beginnen, uns schrittweise, das heißt Jahr für Jahr, auf die Nahrung vom Jahre 2040 umzustellen.

Auch die Technik und das Design für Aufbewahrung spielt eine überragende Rolle: Gut 50 Prozent der Nahrungsmittel armer Länder werden bei der Lagerung durch Nagetiere, Insekten und Verfaulen vernichtet.

Sowohl bei der Produktion, der Verteilung und der Lagerung als auch bei der Umstellung auf neue Nahrungsmittel kann der Designer – wieder in seiner interdisziplinären Schlüsselposition gesehen – wesentlich dazu beitragen, die Menschheit vor Hunger zu bewahren.

In der Tat hält die Nahrungsindustrie, von der Allgemeinheit kaum bemerkt, eine Reihe neuer Verfahren bereits heute parat. Ich erinnere nur an ›TVP‹, ein äußerst schmackhaftes Pflanzenprotein. Interessant ist, daß es an einem ausgesprochenen Designfehler liegt, daß nach einem ersten Anlauf sich das angebotene ›TVP‹ nicht weiter verbreiten konnte. Der große Fehler war, es als künstliches Fleisch anzubieten, das heißt, es als Ersatz abzuwerten und den Vergleich mit einem Steak herauszufordern. Statt dessen hätte man das Interesse von einer anderen, viel aufregenderen Seite her mobilisieren können: als ein neues, unserer bewegungsarmen Lebensweise (die weniger Kohlenhydrate als Proteine benötigt) entsprechendes Pflanzenprotein der Zukunft, als ein Schritt in die Welt von morgen, die mit weniger Anbaufläche und trotzdem gesünderer Ernährung leben muß.

Während wir heute in vieler Beziehung unnatürliche und zum Teil gefährliche Wege in den verschiedensten Bereichen unserer Zivilisation, nicht zuletzt auf dem Nahrungssektor beschreiten, sind diese zukünftigen Methoden der Nahrungsgewinnung und die dabei entwickelten Produkte trotz ihrer ungewohnten Aspekte in keiner Weise künstlicher als es die jahrtausendealte Brotherstellung aus Getreidekörnern oder die Bereitung von Joghurt aus Bakterien oder von Bier aus Hefe immer schon waren.[1]

Effiziente Technik
durch Nutzung des universellen genetischen Codes

Das zweite Beispiel betrifft das Bauen. Ich habe es 1983, also ein gutes Jahrzent später, bei der Frankfurter Aufbau AG vorgetragen.

Drei Ebenen will ich dabei berühren:

Zuerst die biologische Ebene des Bauens, dann die energetische Ebene und schließlich diejenige des Materials und seiner Herstellung.

Zunächst also zur Biologie. Ob wir Häuser bauen, Papier und Stoffe herstellen, Boden urbar machen, Verkehrswege einrichten oder Handel treiben − immer entwickeln wir technische Lösungen, um uns im Grunde vom Zwang einer bestimmten Umwelt zu befreien (Karl W. Deutsch). Doch dieses Benutzen von Technologien muß ja keineswegs gegen diese Umwelt oder gar gegen die Natur geschehen, im Gegenteil, Technik und Gestaltung können durchaus mit der Natur vereinbar sein. Die Natur ist eigentlich derjenige Bereich auf der Welt, in dem Technik ursprünglich zu Hause ist: Mechanik und Hebelanwendung wie hier beim Löwenmäulchen. Druckverteilung und Bogenarchitektur wie bei den Knochen. Hohlraumstatik und Dachkonstruktionen bei den

Diatomeen. Chemische Fabriken in Bakteriengröße im Innern unserer Zellen. Winzige Sonnenkraftwerke wie die Chloroplasten, hier in einer Alge. Kodifizierte Regeltechniken in den Nervenzellen, hier im menschlichen Kleinhirn, und selbst akustische Peilantennen wie hier bei der Stechmücke — all das funktionierte schon lange vor unserem Auftauchen in der Welt des Lebendigen — und ist echte Technik!

Biologische und technische Strukturen sind also direkt vergleichbar. Und wie ich das in meiner Umwelt-Ausstellung auf der IGA '83 in München gezeigt habe, sind schon in jedem kleinen Blättchen ein gutes Dutzend noch nicht nachgeahmter Erfindungen verborgen. Nicht nur aerodynamische Prinzipien wie für die Form von Flügeln und Rotorblättern, sondern auch völlig neuartige Prinzipien für die Energiegewinnung von höchster Effizienz, die noch ihrer Auswertung harren (Engelbert Broda).

Daraus ist ein neuer Forschungszweig entstanden, die Bionik, die mit großem Erfolg begonnen hat, die Natur systematisch nach übertragbaren Techniken zu durchforsten — auch im Bauwesen! So fand der bekannte Stuttgarter Designer Frei Otto, daß die komplizierten räumlichen Gestaltformen der Biologie fast ständig aus den fünf Elementen Fäden, Knochen, Stämmen, Membranen und Schalen bestehen, die in einer integrierten Bauweise zu einer Einheit zusammengefügt sind.

Mit dieser Verwandtschaft hängt es auch zusammen, daß wir gewisse Strukturen und Konstruktionen als warm und angenehm empfinden, weil sie Geborgenheit und Vertrautheit ausstrahlen, andere dagegen — nämlich unbiologische — als feindlich, kalt und abweisend. Sie erzeugen Streß — und zwar ganz unabhängig von ihrem ästhetischen Wert. Woher kommt das? Unsere Gehirnzellen erkennen in allen biologischen Formen die vertrauten Prinzipien wieder, die ihnen selbst innewohnen. Sie sprechen sozusagen den gleichen universellen genetischen Code. Es entsteht Resonanz mit den eigenen Biostrukturen. Vertrautheit aber bedeutet Sicherheit, Geborgensein. Hier wirkt also die Wahrnehmung bestimmter Formprinzipien bis in Psyche und Wohlbefinden hinein.

Ein interessantes Gestalt-Phänomen der Biologie ist dabei zum Beispiel eine leichte Unregelmäßigkeit in der Regelmäßigkeit, wie wir sie schon bei jedem gezahnten Blättchen finden. Deshalb empfinden wir einen handgeknüpften Teppich einfach heimeliger als einen maschinengewebten, Stoff heimeliger als Plastik; eben aufgrund dieser Resonanz, die so mit unserer eigenen Struktur entsteht. Damit aber entsteht Vertrautheit, Geborgenheit – ein Gefühl der Wiedererkennung. Und Schilf, Bambus und Holz zeigen genau jene Unregelmäßigkeit in der Regelmäßigkeit, etwa in der Maserung, in Farbe und Form, wie sie nun gerade eine glatte Betonfläche oder auch Plastikmaterial nicht besitzen. Man sehe sich dazu diese Yamshäuser auf einer Südseeinsel an.

Aber auch anorganische Dinge wie der Ziegelstein zeigen gelegentlich das gleiche Prinzip. Obgleich der Ziegel gar nicht organischen Ursprungs ist, zeigt er diese Unregelmäßigkeit in der Regelmäßigkeit in den Poren sowie in Farbe und Form des einzelnen Bausteins. Und dieses Prinzip, wenn es einmal bereits im Baustoff sitzt, überträgt sich natürlich oft auch automatisch auf größere Dimensionen. Sei es das Dächerspiel von Rothenburg oder sei es die Struktur einer ganzen Siedlung. Zum Beispiel bei einem Eingeborenendorf in Mali. Auch hier sieht man wieder ein freies Spiel innerhalb der regelmäßigen Anordnung. Die gleiche Variation in der Regelmäßigkeit wie bei diesem vergrößerten Schnitt durch ein menschliches Nierengewebe. Ein anderes Beispiel ist die leicht unterschiedliche Neigung der Häuser an den Amsterdamer Grachten oder die Fassadenkulissen von St. Tropez oder Wasserburg am Inn. Überall registriert unser Gehirn eine gewisse biologische Verwandtschaft, eben dieses intime Vertrautsein mit Archetypen unseres eigenen biologischen Codes.

Dies nur als Beispiel für eines von einer ganzen Reihe von Bioprinzipien, wo wir eine kreatürliche Verwandtschaft spüren, wie sie in den Betonsilos der sechziger Jahre keineswegs gefunden wird.

So wundere ich mich immer wieder, wieso die Steinwüste von Manhattan weniger bedrückend wirkt als etwa der Betonklotz des Kaufhofgebäudes am Münchener Marienplatz. Nun, die Straßen von Manhattan haben ein interessantes Merkmal: Beton ist hier fast fremd. Das ermöglicht zumindest bei den Fassaden ein wenig von jenem ornamentalen unregelmäßigen biologischen Rhythmus in der Struktur, und zwar selbst an den Wänden von Industriegebäuden oder auch schon bei einfachen, gemauerten Dachgeschossen.

Nun, mit solchen Hinweisen ist immer wieder die Umweltpsychologie angesprochen, ein Gebiet, das mithelfen kann, manchen Tiefpunkt unseres Siedlungsbaus zu überwinden, wie er sich noch im Märkischen Viertel, in Neuperlach und anderen Satellitenstädten manifestiert hat. Eine Reihe von Arbeitsgruppen, zum Beispiel das Institut für Grundlagen der modernen Architektur in Stuttgart, das Institut für Baubiologie in Rosenheim und das Institut für Umwelthygiene der Universität Wien und natürlich auch mein eigenes, befassen sich daher spätestens seit den siebziger Jahren unter anderem mit der Tatsache, daß die gebaute Umwelt Psyche und Verhalten des Menschen konkret beeinflußt und daß es sich daher lohnt, nicht einfach die vordergründig kostengünstigere Lösung, sondern die humanökologisch sinnvollere zu wählen.

In dieser Hinsicht wird aber immer noch von den meisten Planern unserer bebauten Umwelt gesündigt, die weder die Streßwirkung der Isolation noch die Streßwirkung bei zu großer Dichte oder mangelnder Diversität und Kleinräumigkeit berücksichtigen – obgleich kein Zweifel besteht, daß der Stand unseres Wissens längst ausreichen würde, solche Planungen eben nicht nur von Architekten, nicht nur von Städtebauern oder Verkehrsexperten, sondern immer auch gemeinsam mit Biologen und Ökologen durchführen zu lassen.

Ein interdisziplinäres Vorgehen, das sich am Standort selbst orientiert, ist hierbei sehr wichtig, nicht nur was Verkehr, Versorgung und Entsorgung angeht, sondern auch z. B. das soziale Umfeld. Ich weiß nicht, wie Sie das sehen, aber ich könnte mir denken, daß etwa das Wohlbefinden und die Kreativität eines Kindes in diesem Hochhaus-Wohnblock weit geringer ist als etwa die Lebensqualität dieser Kinder in einem südamerikanischen Slum mit seiner eingespielten Sozialstruktur, wo das Glück im Kleinen, im biologisch Vertrauten liegt.

Die bestgemeinte Planung nutzt also nichts, wenn sie aus dem Systemzusammenhang gelöst betrieben wird. So gibt es auch bei den Hochhäusern wieder Ausnahmen. Im Gesamtzusammenhang betrachtet, zeigt sich dann, daß z. B. bei uns auch Hochhäuser in bestimmten Lebensphasen humanökologische Vorteile haben können. Wenn man dadurch z. B. direkt neben der Arbeitsstelle wohnt, kann das besser sein als ein Einfamilienhaus im

Grünen mit stundenlanger Anfahrt und zeitraubenden Nachteilen in der Bewirtschaftung. Dies gilt vor allem für junge Leute. Für ältere wieder sind Straße, Platz, Treffpunkt und Einkauf zu Hause die wichtigeren Elemente, die dann natürlich fehlen. Soviel, um die psychosoziale Seite wenigstens anzudeuten.

Nun noch ein Wort zu den direkten körperlichen Einwirkungen. So zeigt die Baubiologie, daß z. B. Stahlbetonbauten das natürliche Gleichfeld der Erde abschirmen. Jenes Gleichfeld, von dem unsere Abwehrkraft gegenüber Infektionen abhängt. Im Tierversuch wurde bewiesen, daß unter solch einer Abschirmung die Stärke der Antikörperreaktion von Mäusen weit unter dem Durchschnitt lag und bei ernsten Infektionen nicht mehr ausreichend war. Umgekehrt wurde im Käfig mit einem künstlich erhöhten Gleichfeld, mit Feldstärken wie in der freien Natur, die stärkste Abwehrkraft entwickelt.

Nach Untersuchungen am Institut für Umwelthygiene der Universität Wien belasten Kunststoffe an Wänden und Möbeln den Organismus in zweifacher Weise. Der Wärmehaushalt, gemessen an der Leitfähigkeit der Haut, wird gestört, Pulsfrequenz und Atmung bewegen sich in Richtung eines leichten Dauerstresses. Die zweite Wirkung liegt in der Abgabe von Lösungsmitteln, wie Formaldehyd, aus vielen Plastikmaterialien, wodurch z. B. nach der Eröffnung von drei gleichzeitig in Betrieb genommenen Kölner Gesamtschulen die Zahl der Erkrankungen von Lehrern und Schülern überdurchschnittlich zunahm.

Was solche Einwirkungen der Bauweise auf den menschlichen Organismus, auf die Physis und die Psyche betrifft, so war es wohl vor allem die allgemeine Unkenntnis der biologischen Wechselwirkungen zwischen Mensch und Baustoff, die es zu mancher Pervertierung unserer heutigen Bauweise kommen ließ, sowohl in der Innenarchitektur als auch in der Wahl des Materials. Denn weder die erwähnte Wirkung des irdischen Gleichfeldes auf die körpereigene Abwehrkraft, auf Schlaf und Ermüdung, noch die Streßwirkung durch die statische Aufladung bei Kunststoffen wie auch bei ungeerdeten Stahlkonstruktionen, noch die statischen Effekte auf die Leitfähigkeit der Haut, auf Pulsfrequenz und Atmung, noch die Erkrankungen durch Kunststoff-Lösungsmittel und Weichmacher, noch die Wirkung auf den körperlichen Wärmehaushalt wurden beachtet. Fast alleinige Priorität hatte das Design. Die Architekturausbildung fabrizierte zunehmend so etwas wie Modezeichner mit etwas aufgesetzter Sozialtheorie und Fertigungskalkulation und einem absurden Wissensballast an DIN-Vorschriften — statt wirkliche Baumeister.

Zukünftiges Bauen
muß biokybernetische Prinzipien nutzen

Doch genug zur biologischen Seite. Das Stichwort Klimaanlage erinnert daran, daß eine ebenso wichtige Seite heutzutage diejenige der Energie ist. Über Isolierung und Wärmedämmung braucht heute nicht mehr viel gesagt zu werden. Nach den Berechnungen von Klima-Architekten werden jährlich 20 bis 30 Milliarden Mark sinnlos verheizt. Sie alle kennen solche Infrarotaufnahmen, wo die hellen Farben die Wärmelecks zeigen. Hier noch einmal schematisiert. Alle Versuche, durch hermetische Innenisolierung, neue Kunststoffdämmplatten usw. das Problem in den Griff zu bekommen, gehen jedoch trotz der dadurch bereits gesparten Heizkosten an der eigentlichen Lösung immer noch vorbei, nämlich an einer von vornherein kybernetischen, also sich selbst steuernden Klimatisierung durch entsprechende Bauweise.

Bei einer solchen Bauweise werden sowohl die wichtigen biologischen Aspekte, wie gesunde kühle Luft für die Lungen und Strahlungswärme für den Körper (und gerade nicht, wie so häufig, warme Luft und kalte Wände), weiterhin biofreundliches Material sowie die Feuchtigkeits- und Lichtverhältnisse ebenso miteinbezogen wie der Energieverbrauch selbst. Unter Anwendung bauphysikalischer Gesetze lassen sich durch entsprechende Berechnung und Anordnung der Bauelemente die natürlichen Energien weit sinnvoller für Heizung und Kühlung ausnutzen als bisher — im Gegensatz zu dem, was z. B. in dem neuen Verwaltungsgebäude der Hypobank in München passierte. Denn dieses in der Ex-und-hopp-Zeit der sechziger Jahre konzipierte Monstrum kämpft bekanntlich mit einem ungeheuren Energieeinsatz gegen alles, was es an natürlichen Kräften gibt, anstatt diese Kräfte zu nutzen — und verstößt damit gegen eine der wichtigsten Grundregeln: das Jiu-Jitsu-Prinzip — eine Regel, die in dem

223

bereits weit intelligenteren Verwaltungsneubau der Colonia in Köln (von etwa gleicher Größenordnung) schon sehr viel mehr beachtet wurde — bei bedeutend geringerem Kostenaufwand!

Eine wirklich kybernetische Klimatisierung, wie sie in allen Breitengraden einmal gekonnt war und wie sie nun wieder von Ingenieuren und Architekten erneut mühsam erlernt und weiterentwickelt werden muß, steuert die Sonneneinstrahlung, den Wärmeaustausch, die Lüftung und das Tageslicht durch eine abgestimmte Kombination ihrer verschiedenen Wirkungen. Die Abstrahlung und der nächtliche Temperaturabfall werden zur Abkühlung, die Sonneneinstrahlung zur Wärmespeicherung benutzt, der Temperaturunterschied der einzelnen Gebäudeteile und die damit zusammenhängenden Luftdruckunterschiede und Luftbewegungen sorgen für die Lüftung. Sonnenstand, Jahreszeit, Wind und Himmelsrichtung, Veränderungen der Luftfeuchtigkeit, Außenanstrich, Flächenneigung — all das zusammen wird also in ein gemeinsames Regelsystem integriert.

Auf diese Weise lassen sich sogar — selbst unter tropischer Sonne wie in Konakry — Häuser aus dünnem Blech bauen. Häuser, die, statt zu einem Brutofen zu werden, ohne jegliche Klimaanlage angenehmer klimatisieren als klassische Hauskonstruktionen mit noch so gut isolierenden Baustoffen. Hier läuft kein Apparat, und trotzdem weht immer ein Wind, selbst bei völliger Windstille, weil man die genannten Faktoren intelligent eingesetzt hat. Dieses Beispiel mit dünnen Wänden gilt für Gegenden, in denen Tag und Nacht die gleichen Temperaturen herrschen. Dieselben bauphysikalischen Überlegungen verlangen in Gegenden mit starken Temperaturschwankungen, also etwa bei uns oder in der Sahara, wieder ganz andere Mittel. Dazu gehören dann umgekehrt gerade besonders dicke Wände mit hohem Wärmeaustausch und großer Speicherkapazität, die den bei uns so hochstilisierten k-Wert dann recht nebensächlich erscheinen lassen.

In jedem Fall kommt es auf das lokale System an. Bei unserem Klima läge jedenfalls eine zusätzliche Möglichkeit der natürlichen Klimatisierung in einer modernen Dachbegrünung sowie in doppelt so dicken wärmespeichernden Wänden und Mauern, so wie eben heute noch bei jedem provenzalischen Bauernhaus üblich und wie wir es jetzt im Frankfurter Pueblo verwirklicht haben, auf das ich gleich noch einmal zurückkomme; oder – bei Leichtbauweise – in entsprechender Außenisolierung und Wärmespeicherung in der Erde, vielleicht kombiniert mit einer Trombewand oder Gewächshausanteilen auf der Südwestseite sowie ebenfalls einem klimatisierenden begrünten Dach.

Noch ein Wort zu den dicken Wänden. Der Verlust an Grundfläche und die Kosten für das Baumaterial betragen nur wenige Prozent, sie sparen jedoch unter Umständen die 20 bis 25 Prozent an Baukosten, die heute vielfach für eine künstliche, ungesunde und psychisch stressende Klimaanlage in größeren Gebäudekomplexen ausgegeben werden, ganz abgesehen von den weiteren Ersparnissen im späteren Betrieb von gut 30 Prozent an Heiz- und Kühlenergie.

All dies sind simple kybernetische Konstruktionsprinzipien, bei denen sich letztlich die Sonnenenergie und ihre Folgeenergien beträchtlich nutzen lassen, anstatt, wie wir es ja heute tun, unter zusätzlichem Energieaufwand ständig gegen sie zu kämpfen. Deshalb möchte ich noch einmal den so wichtigen Umschwung in unserem Denken betonen: von der Boxermentalität (die vorhandene Gegenkräfte erst auf Null bringt, um dann mit wiederum eigener Kraft das zu erreichen, was sie will) auf das Prinzip des Jiu-Jitsu, der von den Buddhisten erfundenen asiatischen Form der Selbstverteidigung. Da lenkt man die ohnehin vorhandene Kraft des ›Gegners‹ durch minimale Steuerungsenergie so um, daß sie im eigenen Sinne genutzt werden kann. Ein überall anzutreffendes biokybernetisches Prinzip der Natur, das wir auch in unsere Bauweise einführen sollten. Kombiniert man nämlich diese kybernetischen, die Umwelt so sinnvoll einbeziehenden bautechnischen Überlegungen noch dazu mit energieliefernden Solarzellen oder Kollektorkuppeln und dies wiederum mit Dachbegrünung, Wärmepumpen oder – je nachdem – mit einer kleinen Biogasanlage oder einem Windgenerator, so dürften allein schon solche Kombinationen für alle Zeiten und kostenlos für mehr als einen vollen Ersatz der Haushalts- und Heizenergie ausreichen, die wir damit aus unserem sonstigen Energieetat streichen könnten.

Techniker der AEG haben berechnet, daß durch Verbundlösungen mit Solarzellen auch im Norden Deutschlands jeder Haushalt sogar zu einem Netto-Stromproduzenten werden könnte. Über die übrigen Aspekte eines ökologischen Bauens, über Wärme- und Abfallkreisläufe, Energieboxen, Einbeziehung von Gewächshäusern und Biogas wird zur Zeit laufend berichtet. Wesentlich erscheint mir jedoch, daß man nicht nach der idealen Einzellösung suchen soll, sondern daß man all diese Lösungsmöglichkeiten jeweils standortbezogen im optimalen Verbund sehen muß.

Dies betrifft auch die Baustoffindustrie. Die üblichen Sonnenkollektoren sind bekanntlich häßlich und werden z. B. in Südfrankreich, wo sie ideal wären, praktisch nicht zugelassen. Mit Recht, wenn wir an die vorhin behandelten psychologischen Aspekte eines aus der Landschaft gewachsenen Baukörpers denken, wie bei diesen gelbrosa Ziegeldächern an der Côte d'Azur. Was also tun, wenn man dennoch die Sonnenenergie nutzen will? Wie bereits bei Solarzellen der Fall, sollte sich z. B. die Ziegelindustrie auch mit den Herstellern von Sonnenkollektoren zusammentun und entweder billige, wenn auch nicht sehr ergiebige Ziegelkollektoren entwickeln, die sich über die ganze Dachfläche erstrecken, oder aber intensive Teilstücke aus anderem voll absorbierenden Material, welches jedoch anders als bisher nicht nur in der Form, sondern auch in der Farbe mit der übrigen Dachbedeckung identisch ist. Solardächer im ›Ziegellook‹ würden ein für allemal die Genehmigungsschwierigkeiten beseitigen, und andererseits würde der Ziegel auch bei einem allumfassenden Sonnendachboom nicht verdrängt werden, sondern weiterhin das Feld behaupten – zum Wohle des Landschaftsbildes.

Mit diesen speziellen Energiefragen sind wir nun schon bei der dritten Ebene angelangt, nämlich den ökologischen Aspekten des Baumaterials selbst, seiner Auswahl und Herstellung. Vor geraumer Zeit hat die amerikanische Zeitschrift *Science* einmal über einen interessanten Versuch berichtet: Bei zwei sonst identischen Häusern, von denen das eine zehn Prozent mehr Energie im aufwendigeren (d. h. isolierenden und speichernden) Baumaterial stecken hatte, stand bei diesem sein einmaliger Energiemehrbedarf von 17 Millionen Einheiten einer laufenden Einsparung an Heizkosten von Jahr für Jahr 25 Millionen Einheiten gegenüber.

Wenn wir uns eine grobe Liste des Energieverbrauchs für die Herstellung von Baustoffen ansehen, bei der, wie Sie wissen, Aluminium, Stahl und Kunststoffe weit oben stehen, Ziegel, Holz und Lehm am unteren Ende, dann ist klar, daß so ein Ergebnis nicht mit Baustoffen vom oberen Teil der Skala erzielt werden kann. Darüber hinaus haben wir jedoch bei der unteren Hälfte fast ungeahnte Möglichkeiten eines positiven Beitrags – und zwar durch noch nicht annähernd ausgeschöpfte Recyclingverfahren und den Einbau von Abfällen, wie auf diesem Bild aus den USA, wo mittlerweile Hunderte von phantasievollen Häusern aus Abfällen entstanden sind, die auch innen einen bestechenden Charme aufweisen.

Somit ist auch z. B. für den Backstein die Entwicklung wahrscheinlich noch längst nicht abgeschlossen, ich würde sagen, sie fängt erst richtig an: Schon der Ausgangsstoff muß ja nicht immer Lehm sein, sondern er kann auch aus Recycling-Glas und Bergbauabraum und selbst aus Altpapier, kompostierten Exkrementen oder Rückständen aus Biogasanlagen bestehen. Die Funktion des Baustoffs, ja selbst der Prozeß der Verbackung ist der gleiche. Orientiert sich aber eine Branche einmal an ihrer Funktion und nicht mehr am Produkt, dann hat sie Zukunft. Denn je weniger produkt- und rohstofforientiert sie ist, um so flexibler und damit stabiler wird sie sein. Auch dies ist übrigens eine biokybernetische Grundregel.

Für die Baustoffindustrie würde das bedeuten, daß fast jedes anorganische Material als Baustein benutzt werden kann. Hier eine Liste, in der neben noch nicht genutzten, aber brauchbaren und billigen Mineralien auch Stoffe stehen wie Bratrückstände, Flugasche, Getreiderückstände, Hochofenschlacke, Müllschlacke, Rotschlamm und Vulkanasche. Damit sind erst einige Typen von reichhaltig vorhandenem, sonst nicht verwendetem Inert-Material genannt, für welches bereits kommerziell erprobte Verfahren zur Bausteinherstellung existieren. Es scheint erwiesen, daß die Qualität der daraus gewonnenen Backsteine durch Beimischung von Abfallstoffen nicht negativ beeinflußt wird. Im Gegenteil, die vielfach brennbaren Bestandteile solcher Abfälle bewirken durch die Bildung kleinster Poren eine Erhöhung der Isolationsfähigkeit, ohne die Druckfestigkeit zu mindern.[2]

Experten, die nun solche Kenntnisse aus angrenzenden Wissensbereichen haben und einblenden können, sind auch heute noch selten. Vielleicht war es also Anfang der siebziger Jahre gar nicht verfrüht, darauf hinzuarbeiten, daß die ›Bionik‹ für die Designer von morgen die bestimmende Rolle übernehmen könnte. Ich versuchte das mit einigen praktischen Beispielen schmackhaft zu machen.

Diese neue Wissenschaft ist inzwischen auch vom Bundesministerium für Bildung und Wissenschaft als neues Gebiet zwischen Biologie, Medizin und Technik als besonders förderungswürdig erkannt worden. Sie verwendet biologische Prototypen beim Design künstlicher Systeme. Dabei erstreckt sie sich nicht nur auf Strukturen wie Werkstoffgefüge, Bauformen, statische und aerodynamische Strukturen, sondern auch auf Funktionen, auf organisatorische Prinzipien, wie sie bereits für die Konzeption von bionischen Computern berücksichtigt wurden. SLAM 16, ein britischer Prototyp, löst eine 16-Stundenaufgabe des CDC 6600 in wenigen Sekunden. Er enthält als bionische Struktur einen retinaartigen Rezeptor, als bionische Funktion die Programmierung nach Beispielen statt, wie üblich, nach Klasse und Merkmal. Andere Bioprinzipien wiederum eignen sich für die Struktur neuartiger Management-Unternehmungen. Ähnliches gilt für bionische Stadtstrukturen, Verkehrs- und Versorgungssysteme. Mit ihren neuen (in Wirklichkeit uralten) Ideen liefert die Bionik meist gleichzeitig auch die optimale ökologische Lösung gratis — eben weil jene Funktionen und Strukturen im Ökosystem entstanden sind.

Ein für die Zukunft ungemein bedeutender bionischer Prozeß ist das ›Recycling‹, die in der Natur so wirksam praktizierte Wiederverwendung von Produkten, wie sie interessanterweise im heutigen China erstaunliche Resultate zeigt.

Recycling ist dort nicht etwa aus Sorge für die Umwelt entstanden, sondern aus dem Drei-in-einem-Prinzip: Armut — Emsigkeit — Improvisation. Dazu einige Beispiele:

- Die staatliche Brauerei in Peking erzeugt mittlerweile über ein Dutzend Nebenprodukte wie Arzneien, Elektronikbauteile und Pestizide aus flüssigen und gasförmigen Abfällen der Bierproduktion.
- Die Stahlindustrie in Wuhan produziert über hundert Artikel aus Abfällen, wodurch die Tonne Stahlschlacke inzwischen den gleichen Wert verkörpert wie das Hauptprodukt, also wie eine Tonne Stahl.

228

● Hunderte von Haushaltsgemeinschaften im Chemiekombinat Kirin lassen die Industrieabgase, Abwässer und Abfälle in Kleinstfabriken in Form mehrerer hundert Produkte wieder in den Produktionskreislauf eintreten.

Diese Kunst, aus Abfällen Brauchbares zu machen, scheinen wir verlernt zu haben. Wir werden bald nicht mehr ohne sie auskommen, nicht weil wir zu arm wären, Neues zu produzieren, sondern weil wir das Alte schadlos nicht mehr anders unterbringen.

Nur durch die Anwendung der Biokybernetik ergibt sich Zukunft

Man sieht aus diesen wenigen Streiflichtern, daß sich Möglichkeiten ohne Grenzen auftun, biologische Vorgänge und Modelle in der Technik einzusetzen. Diese Entwicklung aus den ersten Anfängen herauszuführen, verlangt ebenfalls wieder eine interdisziplinäre Betrachtungsweise, wie sie gerade Designer in hohem Maße mitbringen könnten, jedoch eben noch viel zu wenig vertiefen und nutzen.

Wenn das ›Planen und Abstimmen einer Handlung auf ein erwünschtes, vorhersehbares Ziel‹ den Design-Prozeß bildet, dann unterscheidet er sich damit grundlegend von allen mechanistischen Prozessen.

Er entspricht so dem gleichen Vorgang, der die ursprüngliche Matrix des Lebens ausmacht. Es läuft somit auch völlig parallel zur biologischen Funktion einer Zelle ab, wenn diese ihren hohen Informationsgehalt vervielfältigt und ihn durch Auswahl von Teilinformationen zu lebensfähigen Organen und schließlich Organismen umsetzt. Jeder Versuch, Design zu isolieren, es zu einem Ding an sich zu machen, beeinträchtigt diesen Urwert der Gestaltung.

Damit ist es möglich, die Bewußtseinsrichtung zu definieren, in der die Verantwortung des Designers aufgerufen ist.

Zurück zur Natur? Die Alternative: eine kybernetische Zivilisationsstufe!

Zur Zeit sehen wir uns einem Nebeneinander von drei Bestrebungen gegenüber, die oft durch den wechselseitigen Einfluß der verschiedensten Interessengruppen völlig durcheinandergeworfen werden und im Grunde drei verschiedenen Bewußtseinsstadien entsprechen, wie ich sie in meinem Buch *Das Überlebensprogramm* (Kindler 1972) skizziert habe. Um die einzig mögliche Richtung herauszustellen, seien zunächst alle drei genannt:

Der erste Weg wäre ein Zurück zur Natur. Ein solch einfaches Aufgeben der zivilisatorischen Errungenschaften würde jedoch bei weitem kein Leben ohne Krankheit oder gar eines mit höherer Lebensqualität bedeuten. Das beweist der allgemein schlechte Gesundheitszustand unzivilisierter Völker. Dieser Weg ist heute utopisch. Man darf noch hinzufügen: Umweltgestaltung ist eben nicht nur Naturschutz.

Die zweite Möglichkeit, nämlich auf dem bisherigen Weg fortzufahren, scheint zu einer absoluten Vergewaltigung der Natur (und zwar den Menschen mit eingeschlossen) durch Chemie, Technik und Medizin zu führen. Das Endstadium, die vollmechanisierte, vollmedikamentisierte, keimfreie Welt wäre jedoch, da sie sich nicht mehr im natürlichen Gleichgewicht mit der Biosphäre befindet, so labil, daß die kleinste Störung zum biologischen Tod führen würde. Einzelne Beispiele lassen das heute schon erkennen, zum Beispiel die bekannte Infektionsanfälligkeit nach Sterilbedingungen oder die verheerende Resistenzentstehung durch unüberlegte Anwendung von Antibiotika. Man denke auch an die Disaster bei dem berühmten Stromausfall in New York oder dem Streik der Müllabfuhr in London.

Die dritte Möglichkeit liegt weder in einem Zurück zur Primitivität noch in einer Entwicklung zur absoluten Technokratie, sondern in einem fundierten Verstehen und Berücksichtigen der Wechselwirkungen zwischen Mensch und Biosphäre, in einem Ausnutzen von Regelkreisen und Symbiosen statt in deren Zerstörung. Heute, wo der vor mehreren Jahrtausenden sporadisch begonnene Zivilisationsprozeß mit einmal fast die ganze Umwelt erfaßt hat und die einst nahezu unbegrenzten Möglichkeiten der Selbstregulation erschöpft sind, wird dieser Weg des vorausschauenden Steuerns der einzig gangbare sein. Hieraus ergibt sich unmittelbar, daß Umweltschutz nicht etwa fortschrittsfeindlich ist. Der technische Fortschritt ist jedoch auf einer höheren Ebene zu suchen: An die Stelle der hauptsächlich von machtpolitischen und privatwirtschaftlichen Interessen unbekümmert vorangetriebenen, im ganzen jedoch nicht einmal koordinierten technischen Entwicklung wird eine kybernetische Technologie treten müssen.

Eine Technologie, die sich im Gleichgewicht, ja in einer funktionierenden Symbiose mit der Biosphäre befindet. Die zeitliche Verschiebung unter den aufgezeigten Regelkreisen und ihren jeweiligen Feedback-Effekten verlangt dazu jedoch in der politischen und wirtschaftlichen Planung die Einbeziehung weit größerer Zeiträume.

Zukunftsplanung spürt ihre Wirkung nicht erst in der Zukunft, sie beeinflußt zu allererst einmal ganz konkret unsere Gegenwart, da wir eine jede Beeinflussung der Zukunft nur über eine entsprechend angelegte Steuerung der Gegenwart erwarten können. Ist dieses zukunftsbezogene Handeln evolutionär sinnvoll, dann wird es zwangsläufig unsere heutigen Entscheidungen günstig beeinflussen. Denn alle biologischen Erfahrungen — und die sind schließlich mehrere Milliarden Jahre alt — sprechen dafür, daß dasjenige Ausgangssystem erhalten und gefördert wird, das einer sinnvollen und funktionsfähigen Zukunft entspricht — quasi als ›positives Feedback bei evolutionär sinnvollem Design‹.

Das heißt nichts anderes, als daß wir von der bisherigen Zivilisationsstufe, die auf der einfachen Logik linearer Ursache-Wirkungs-Bezüge beruht, den Schritt auf eine kybernetische Zivilisationsstufe vollziehen müssen, eine Stufe, die die so völlig anderen, aber ungeheuer rationellen Gesetzmäßigkeiten des bis ins Innere unserer Zellen beobachtbaren Regelkreisprinzips erkennt, in ihnen denkt und handelt.[1])

Wie wir schon in einem früheren Kapitel sahen (siehe Kapitel 6), kann uns die Natur dabei auf drei Ebenen Lehrmeister sein. Erstens auf der Ebene der Strukturen, zweitens auf derjenigen der Funktionen und drittens auf der Ebene der Organisationsformen, nach denen die Natur beides einsetzt. Leider hat man sich bisher noch viel zu sehr gescheut, bewußt von den Funktionsweisen und Strukturen biologischer Systeme für unsere Architektur zu lernen. Nur wenige Pioniere wie Frei Otto, Johann Gerhard Helmcke, Werner Nachtigall oder Hugo Kükelhaus haben dies in der Vergangenheit getan. Frei Otto, der Altmeister der architektonischen Bionik, hat dabei in den letzten Jahren noch mal einen

Sprung von der strukturellen auf die organisatorische Ebene vollzogen, und wir werden uns noch heute mit seiner Sicht eines ökologischen Bauens vertraut machen können.[2])

Das Kennenlernen dieser Gesetzmäßigkeiten, wie sie dem Geschehen in unserer lebendigen Umwelt zugrunde liegen, ist heute zu einer Überlebensfrage geworden. Ich glaube, wir brechen uns auch beim Anblick unserer technischen Errungenschaften gewiß keinen Zacken aus der Krone, wenn wir uns etwas mehr von der Biokybernetik abschauen, von derjenigen Organisationsform, nach der lebende Systeme seit Hunderten von Millionen Jahren wirtschaften.

Kapitel 9

Kybernetische Medizin
Der Mensch als offenes System

Selbstverständlich gelten die Regeln der Kybernetik, also die Steuerung und selbsttätige Regelung ineinandergreifender, vernetzter Abläufe bei minimalem Energieaufwand, auch für den Bereich der Medizin, der ja seit vielen Jahren immer mehr — und nicht nur wegen der Kostenexplosion — diskutiert wird.

Kybernetik auch im Systembereich Mensch bedeutet Impulsvorgabe zur Selbstregulation, Antippen von Wechselwirkungen zwischen Individuum und Umwelt, Stabilisierung von Systemen und Organismen durch Flexibilität, Nutzung vorhandener Kräfte und Energien und ein selbständiges Wechselspiel mit ihnen.

Pharmakologisch bedeutet dieses steuernde, informative Eingreifen also Aktivitäten, die nicht auf primär chemischen Umsetzungen, auf stöchiometrischer Verschiebung von Gleichgewichten, auf der Blockierung von Biosynthesen durch Einbau von Antimetaboliten oder auf der Zerstörung von Zellen, Bakterien oder Stoffwechselprodukten durch chemische Eingriffe beruhen (wobei das Pharmakon in der jeweiligen Reaktion umgesetzt und verbraucht wird), sondern Aktivitäten, die auf katalytischen Wirkungen ähnlich der von Enzymen, das heißt auf dem Einschalten in die Informationsweitergabe der Zelle beruhen, so wie dies einige Hormone tun, wenn sie z. B. bei der Metamorphose mit winzigsten Mengen ganze genetische Programme auslösen; oder Prostaglandine, wenn sie in Mengen von Bruchteilen von millionstel Gramm lokale Muskelkontraktionen, Samenerguß oder selbst Ketten von biologischen Sequenzen an bestimmten Stellen des Organismus in Gang setzen; oder umgekehrt Stoffe, die, wie Repressoren oder basische Proteine oder Wirkstoffe der ›Kontaktinhibition‹, die Ablesung von Genprogrammen stellenweise zu unterdrücken scheinen. So verwundert es nicht, daß sich in der Pharmaindustrie hier und da schon Erkenntnisse durchgesetzt haben, die eine Suche nach neuen steuernden Medikamenten höchst profitabel erscheinen lassen. Für die Medizin dürfte dabei angesichts der vielfach bewiesenen genetischen Verwandtschaft aller Erdenorganismen die Beziehung von Wirkstoffen tierischen und bakteriellen Ursprungs und vor allem von Pflanzeninhaltsstoffen zu Heilvorgängen im Menschen in einem ganz neuen Licht erscheinen.

Man muß sich zunächst einmal darüber klar werden, daß es generell zwei grundverschiedene Arten von Beeinflussung gibt: die informative und die energetisch-materielle. Gebe ich Materie oder Energie weiter, dann besitze ich diese Materie oder Energie selber nicht mehr. Gebe ich Informationen weiter — ganz gleich wie oft —, dann besitze ich diese Information nachher immer noch. Daß diesem Wesensunterschied auch eine fundamentale Bedeutung in dem zellulären und dem übrigen biologischen Geschehen zukommt, hat die Molekularbiologie des letzten Jahrzehnts gezeigt. Für die Entwicklung einer ökologisch sinnvollen Pharmakologie werden diese Zusammenhänge in Zukunft von immer größerer Bedeutung sein. Die Frage der Resistenzentstehung von Mikroorganismen gehört ebenso hierher wie die der Akklimatisierung an veränderte Umwelteinflüsse und die des Mechanismus einer Streßtherapie. Das Loslösen von der bisher mechanistischen Denkungsweise zugunsten einer kybernetischen führt mit Sicherheit zu einer dem wahren Wesen lebender Organismen näheren und somit wissenschaftlicheren Betrachtungs- und Behandlungsweise.[1]

Für die Medizin heißt das, daß der Arzt nicht nur von außen helfen darf, vielmehr muß er die Selbstregulationsfähigkeit des menschlichen Organismus, die dieser schon bei seiner Entstehung im Feedback mit der Umwelt ausgebildet hat, zu stimulieren suchen. So wie in den anderen Systemen, etwa der Wirtschaft, der Ökologie, der Kommunikation, die ich beschrieben habe, gibt es auch in unserem Organismus Wirkungsnetze, Wirkungsgefüge, Rückkopplungen, Spätfolgen, Pufferzonen. Um diese zu steuern, besitzen wir ja schon von Natur aus eine körpereigene Apotheke und die Voraussetzung zur körpereigenen physiotherapeutischen Behandlung. Das alles muß dem Arzt bewußt sein, will er kybernetisch vorgehen. Er darf also zum Beispiel mangelhafte Funktionen oder fehlende Stoffwechselprodukte nicht aus Gründen der Bequemlichkeit durch das bloße Verschreiben von Medikamenten ersetzen, sondern er muß die in jedem Körper vorhandenen Kräfte dazu aktivieren, die nötigen Substanzen möglichst selbst zu erzeugen. Es handelt sich dabei um ein ähnliches Prinzip wie beim Judo-Kampfsport: mit geringfügiger Steuerenergie werden vorhandene oder potentielle Kräfte umgelenkt. Gerade das gehört also auch zur Aufgabe des Arztes, an Steuerstellen anregend einzugreifen, einen Regelkreis anzuregen und die Selbstregulation in Gang zu bringen.

Wie ich schon erwähnt habe, besitzen wir eine vielseitige körpereigene Apotheke. Wir produzieren in unserem Organismus Insulin, Adrenalin, Glukagon, Cortison, Schilddrüsen- und Sexualhormone, blutdrucksenkende und blutdrucksteigernde Substanzen, sogar bis hin zu den Endomorphinen. All diese ›Medikamente‹ können wir durch Anregung bestimmter Drüsen, Organe oder Nervenzentren ausschütten.

Dabei gehen im Körper selbst erzeugte Stoffe natürlich genau die Wege, die sich in Millionen Jahren langer Evolution als günstig herausgebildet haben. Sie treten spezifisch dort in Kraft, wo sie benötigt werden, ohne die Ausgewogenheit zu zerstören. Injiziert man jedoch die gleichen körpereigenen Stoffe von außen, wird die Ausgewogenheit und das Regelspiel innerhalb des Organismus gestört, und sie müssen von unseren Organen unpräpariert verkraftet werden. Die Rückmeldungen an Steuerzentren wie den Hypothalamus sind falsch; denn die körpereigene Produktion der injizierten Substanz wird nun ganz gestoppt, weil ja scheinbar genug produziert wird. Die Medikamentenschwemme führt somit oft zu gefährlichen Folgekrankheiten.

In Israel zum Beispiel, das laut Statistik den höchsten Medikamentenverbrauch ausweist, sind sechs Prozent aller Krankheiten iatrogen, das heißt auf medizinische Eingriffe zurückzuführen. Hier ist sowohl unter den Ärzten als auch unter der Bevölkerung dringend Aufklärung nötig.

Gerade bei Erkältungskrankheiten wird mit Medikamenten großer Unfug getrieben. Viele Ärzte glauben — und nicht ganz zu unrecht —, der Patient ist nur dann zufrieden, wenn sie ihm ein Rezept verschreiben. Sie genieren sich beispielsweise, bei Fieber Wadenwickel zu verordnen, und schreiben dann lieber ein Antibiotikum auf.

Dieser Pseudomodernismus ist ein Kardinalfehler vieler um ihr wissenschaftliches Aushängeschild besorgter Ärzte. Sie bedenken nicht, daß der Körper, sobald Bakterien im Organismus einen Nährboden finden, eine große Anstrengung vollbringt: Er mobilisiert Lymphzellen, aktiviert Organe, schüttet Hormone aus und so weiter. Diese Anstrengung resultiert zum Beispiel in Fieber.

Greift man nun von außen durch Medikamente in den Organismus ein, wird ihm − ganz abgesehen von der Zweifelhaftigkeit des Effekts − die Möglichkeit genommen, zu üben, mit solchen Krankheiten fertig zu werden, sich selber wieder in eine stabile Lage zu bringen. Er bleibt also unstabil. Und wenn dann tatsächlich einmal die Notwendigkeit massiver medikamentöser Hilfe gegeben ist, wirkt sie nicht mehr.

Bei allen Fortschritten, die wir auch in der Pharmakologie gemacht haben − ich habe etwas dagegen, wenn sozusagen mit Kanonen auf Spatzen geschossen wird. Zunächst sollte man also nach Arzneimitteln greifen, die wie in der Homöopathie die Aufgabe übernehmen, den Körper mit geringen Steuerimpulsen anzusprechen, das heißt Arzneistoffe, die eine genau abschätzbare Steuerfunktion haben und eine ohnehin vorhandene Funktion, die vielleicht zur Zeit stagniert, anregen.

Lassen Sie mich das an einem Beispiel verdeutlichen: Produziert der Körper zu wenig von einem bestimmten Hormon, und zeigt er dadurch eine Dysfunktion, so ist es falsch, ihm dieses Hormon zu injizieren. Der Organismus wäre dann zwar für den Augenblick versorgt, aber die weitere Produktion dieses Hormons im Körper würde, wie ich das eben schon andeutete, durch das Feedback mit der entsprechenden Steuerzentrale, zum Beispiel der Hypophyse, immer mehr gedrosselt. Besser ist es, einen Stoff zu verabreichen, der den Körper über einen Regelmechanismus dazu bringt, dieses Hormon selbst auszuschütten.

Nun erfordert aber diese Art von Medizin viel Zeit sowohl von seiten des Arztes als auch des Patienten, wobei hinzukommt, daß beide noch aufgeklärt, geduldig und willens sein müssen, und natürlich auch, daß der Zustand der Krankheit diese Behandlung noch zuläßt. Grundsätzlich gilt aber, daß das Ziel, eine möglichst kurzfristige gesundheitliche Anpassung des Menschen anzustre-

236

ben und ihn durch schnelle Reparaturen wieder in den Arbeitsprozeß einzugliedern, eine kurzfristige Überlegung ist, die volkswirtschaftlich gesehen überhaupt nicht den Effekt zeigt, den man sich davon verspricht.

Wir haben in der Bundesrepublik weit über vierhundert Millionen Betriebskrankentage pro Jahr, die privaten Krankentage gar nicht gezählt. Auch die Lebenserwartung ist seit 1970 nicht mehr gestiegen – und dies trotz (vielleicht sollte man sogar sagen ›wegen‹) des gewaltig angewachsenen medizinischen Versorgungsapparats.

Ausgehend von diesem Reparaturdienstverhalten werden Scheinursachen diagnostiziert. Die Erkrankung wird auf irgendeinen Auslöser zurückgeführt. Manchmal wird sogar noch oberflächlicher vorgegangen, indem man von bestimmten erkennbaren Symptomen Rückschlüsse auf die Krankheit zieht und dabei dann die Symptome bekämpft. Nach einem Jahr treten die Beschwerden erneut auf oder verlagern sich auf Folgestörungen an anderer Stelle.

Natürlich kann man, wenn einem die Richtigkeit dieser Argumente eingeht, fordern, daß die bisherige medizinische Ausbildungspraxis zu ändern ist und ebenso das Verfahren der bisherigen Abrechnungsweise der Ärzte, das die Dienstleistung der Betreuung praktisch nicht bewertet, und so fort.

Kybernetische Medizin pflegt Gesundheit
durch Stabilisierung des offenen Systems Mensch

Doch mir scheint es in erster Linie und dringend erforderlich, von der monokausalen Überlegung abzugehen und den Menschen als ein offenes System zu erkennen. Eine monokausale Grundhaltung ist für jedes lebende System falsch. Eine Krankheit hat nicht einfach eine Ursache. Eine Krankheit erwächst aus einer Konstellation von Ursachen.

Wenn das Medium nicht empfangsbereit ist, wenn kein Nährboden existiert, können noch so viele Bakterien vorhanden sein, es erfolgt keine Infektion. Das hat schon Rudolf Virchow bewiesen, als er aus einem Glas Tuberkelbazillen schluckte, ohne sich dadurch zu infizieren. Bei der Diagnose müßten wir wohl weit

237

mehr als bisher wie bei der Behandlung berücksichtigen, daß eine pathologische Konstellation durch sehr viele Komponenten bestimmt wird. Es nutzt überhaupt nichts, irgendein Organ zu ›reparieren‹, wenn die Konstellation, die zur Erkrankung des Organs geführt hat, nicht erkannt und beseitigt wird. Sie mag aus einem genetisch bedingt schwachen Organ hervorgegangen sein, aus den Eßgewohnheiten, den familiären Verhältnissen und aus psychischem Druck; sie wird zudem von Umweltbelastungen und Umweltgiften beeinflußt, aber auch von beruflichen Schwierigkeiten oder tragischen Lebensereignissen, wie dem Tod eines geliebten Partners. All das muß der Arzt in die Krankengeschichte mit einbeziehen.

Zusammenfassend möchte ich sagen: Man kann ein lebendes System in seiner Vielfalt und Vitalität nicht ›verbessern‹, indem man nur vereinzelte sichtbare Defekte beseitigt. Es kommt vielmehr darauf an, die Struktur des gesamten Systems, also jene Gesamtkonstellation zu verändern, zu verbessern, zu stabilisieren, dafür zu sorgen, daß das ›System‹ nicht starr wird, sondern auf Störungen reagieren, sie auffangen und mit ihnen fertig werden kann. Übrigens sind diese Forderungen keineswegs neu — sie werden schon lange von sozialmedizinischen Forschern in Europa und Amerika erhoben.

In der jüngeren Medizingeschichte ist es dagegen noch nicht so lange her, daß man die Zusammenhänge bei psychosomatischen Krankheiten anerkannt hat. Selbst dem Gebiet der Psychiatrie täte es gut, die kybernetischen Regeln einzuführen, wobei vor allem einmal die vorhandenen Regelkreise zwischen Organismus und Psyche erkannt werden müßten. Eine kybernetisch vorgehende Psychiatrie müßte den Menschen nicht nur theoretisch, sondern tatsächlich als offenes System betrachten, bei dem Einflüsse von außen und innen wirksam werden.

Auch hier kommt es wieder darauf an, die Gesamtkonstellation des Patienten zu berücksichtigen. Denn wie die Konstellation individuell verschieden ist, ist auch der Ansatz von Patient zu Patient verschieden.

Wichtig ist vor allem, daß der Arzt in dieses System nicht substituierend eingreift. Wenn er kybernetisch vorgehen will, darf er dem Patienten lediglich Hilfestellungen anbieten, die dieser annehmen und ausprobieren kann oder nicht. Im Prinzip müßte sich der Arzt immer wieder entfernen und die Steuerung dem Patienten selbst überlassen.

Grundsätzlich falsch wäre es, eine kybernetische Psychiatrie mit einer Art Regeltechnik zu verwechseln, bei der der Mensch gewissermaßen einen Computer darstellt, den der allwissende Arzt von außen bedient. Bei einem offenen System, wie es der Mensch ist, muß der Steuernde immer selbst Teil des Systems sein und bleiben.

Jeder einzelne Körperteil ist ein System
ineinanderverschachtelter Welten!

Da der Mensch — wie ich immer wieder betonen muß — als offenes System mit seiner Umwelt in Wechselwirkungen steht und zum Beispiel ständig Wahrnehmungen aufnimmt, die auch Veränderungen an seinen Organen bewirken, ist es völlig falsch, Anatomie, Physiologie, Neurologie und so weiter als voneinander unabhängige Fächer zu betrachten und zu lehren. Anzustreben ist ein ganzheitliches interdisziplinärs Lernsystem, bei dem man nicht vom Fach ausgeht, sondern vom realen Objekt, also beispielsweise von einem Organ, von der Hand, vom Auge, und dieses dann in seinen gesamten realen Bezügen, also von allen Fächern aus, beleuchtet.[2])

Ein anderes Beispiel: Nehmen wir einmal an, daß jemand aufgrund verschiedener Einflüsse überwiegend Fleisch gegessen hat; eines Tages erkrankt er an Gicht. Besondere Beschwerden spürt er beispielsweise in der Hand, weil er diese beruflich noch sehr stark beanspruchen muß. Sein Finger läßt sich kaum noch krümmen. Für ihn ist er vielleicht ein Stück Fleisch mit Sehnen um ein paar Knochen herum, das schmerzt. Mehr kennt er eigentlich nicht von ihm. Und doch ist der Finger ein Spiegel des ganzen Menschen, ein unglaublich vielseitiges System von ineinanderverschachtelten Welten!

Ein kleiner Ausflug in diese Welten sei daher einmal gestattet. Denn wie wenig wissen wir von unserem kleinen Finger. Sicher — er gehört zu unseren Bewegungsorganen, ist ein ›Instrument der Sinne und der Bewegung‹. Innerhalb von Millisekunden kann er auf Bedürfnisse unseres Organismus reagieren, meldet feinste

Berührungen, repariert sich bei Verletzungen selbst und regeneriert ständig. Dieser kleine Finger hat aber auch ein Eigenleben, das Tag und Nacht arbeitet, mit Billionen von Einzelelementen, mit einem rasanten Materie-, Energie- und Informationsverkehr. In jeder Sekunde, selbst in der Ruhestellung, werden allein 500 einzelne Bewegungskorrekturen, über 1000 Sinneswahrnehmungen und Zehntausende chemischer Reaktionen durchgeführt.

Nur der winzigste Teil der Tätigkeit unseres kleinen Fingers ist uns bewußt: Er ist eine Welt für sich.

Zu den wichtigsten Teilelementen dieses Systems gehören: 28 Muskelgruppen, 43 verschiedene Sehnen und Bänder, drei Knochen und vier Sehnenscheiden. Von den Rezeptoren, diesen kleinen Nervenzellen, reagieren 250 auf Kälte, 17 auf Wärme, 850 auf Oberflächenschmerz und 341 auf Tiefenschmerz. Bei Berührung melden dies 471, bei Druck 1233 Rezeptoren. 2677 Drüsen gibt es für Schweiß und 901 für Talg, dazu kommen ca. 8000 cm Gefäßversorgung und 1040 cm Nerven. Gesamtzellenzahlen 1,5 Milliarden.

Obwohl jedes dieser eben vorgestellten Details ein kompliziertes System für sich ist, wirken sie alle zusammen und ergeben dann den einfachen kleinen Finger, der auch einfach zu begreifen ist, auch wenn wir keine Ahnung von den biochemischen Reaktionen haben, die ständig in ihm ablaufen.

Doch aufgrund dieser ineinander verflochtenen Einzelsysteme kann unser Gehirn beispielsweise unserem Finger befehlen, daß er winkt, auf etwas zeigt oder daß er beim Geigenspiel im richtigen Augenblick die Saite niederdrückt. Noch schneller reagiert das Teilsystem Finger, wenn man sich beispielsweise brennt oder sticht. Hier reagieren die Schmerzrezeptoren blitzartig. Sie liegen innerhalb der Haut, einem eng zusammengefügten Zellnetz.

Etwa 15 Millionen Zellen bilden die Haut eines Fingers. Sie sind ständig im Ab- und Aufbau begriffen, wobei z. B. die Dicke und die Höhe der Hornschicht den laufenden Erfordernissen angepaßt wird.[3]

Wer körperlich arbeitet, weiß, warum an Druckstellen eine Hornhaut entsteht. Die Hautzellen stehen über Zellbrücken untereinander in einem ständigen engen Stoff- und Informationstausch. So ist die Haut auch in der Lage, kleine Defekte und

Wunden zu erkennen und durch den Körpermechanismus selbständig zu heilen.

Was ist die einzelne Zelle nicht für ein komplexes System: Der Zellkern ist die Steuerungszentrale, vorprogrammiert vom ›genetischen Programm‹. Zwei Zentrosomen organisieren die Zellteilung. Es gibt 541 Mitochondrien, die man die ›Kraftwerke der Zelle‹ nennt. 3 800 000 Ribosomen, winzige ›Knüpfmaschinchen‹ — jede von ihnen stellt pro Sekunde etwa 5000 Eiweißmoleküle her!

Etwa 1,3 Millionen Enzyme arbeiten als Manager, die wiederum mit der Konstellation des Gesamtorganismus, seinem Hormon- und Elektrolythaushalt, mit Atmung und Verdauung in Resonanz stehen. Lassen wir es dabei bewenden.

Bei diesem Beispiel dürfte einleuchten, daß es Unsinn wäre, sich bei den Heilversuchen der Gicht nur auf den kleinen Finger zu stürzen. Aber auch die Therapie des gesamten Organismus mit Diät und Medikamenten dürfte nicht ausreichen: eine Änderung der Eßgewohnheiten sowie des gesamten Verhaltens müßte erfolgen, was bedeuten könnte, daß einiges in Familie, Umfeld, und Gesellschaft möglicherweise beeinflußt oder geändert werden müßte. Noch besser wäre es, die Medizin hätte rechtzeitig die Korrelation zwischen Fleischkonsum und Krankheitsfall festgestellt und vorbeugend gehandelt.

Auf den Gebieten, wo Reparaturen am Platz sind, hat die moderne Medizin gewaltige Fortschritte gemacht, etwa in der Chirurgie bei der Entwicklung neuer Techniken zur Herstellung und Einsetzung künstlicher Knochen und Glieder, bei Gefäßerkrankungen oder Organschwächen, die durch Unfälle oder Vergiftungen zustande kommen, ebenso bei der Entwicklung neuer Seren.

Bei zwei Gruppen von Erkrankungen jedoch, wo der ganze Mensch, sein Verhalten und seine Lebensweise mitspielen, hat die medizinische Forschung trotz gewaltiger Anstrengungen außerordentlich wenig erreicht: nämlich bei Herz-Kreislauf-Erkrankungen und bei den Krebskrankheiten. Und das erscheint mir nicht zufällig.

Hier liegt die Schuld eindeutig auf seiten jener Mediziner, die sich geradezu bewußt unsystemisch mit diesen Krankheiten beschäftigen.

Die Ursache von Krebs ist eben nicht allein darin zu sehen, daß eine Zelle mutiert. Ebenso sind Herz-Kreislauf-Erkrankungen nicht ausschließlich durch plötzliche Ablagerungen in den Gefäßen bedingt. Diese Krankheiten haben einen typisch systemischen Charakter, ihre Ursachen liegen im ganzen Menschen, in seiner Verhaltens- und Lebensweise begründet. An sie kann man daher mit Erfolg auch nur systemisch herangehen; mit einem Reparaturdienstverhalten ist hier wenig auszurichten.

So hatte man in den USA eine große Aufklärungskampagne zum Thema Herzinfarkt geführt: Es konnte die Zahl der Herz-Kreislauf-Todesfälle ganz wesentlich gesenkt werden. Es herrscht jedoch Einmütigkeit darüber, daß dies nicht durch verbesserte Operationstechniken oder mehr Intensivstationen möglich war, sondern aufgrund einer verbesserten Aufklärung über Rauchen, Essen, Bewegung und anderes.

Im Prinzip ist es äußerst bedauerlich, daß viele Mediziner ihre Aufgabe noch immer darin sehen, Krankheiten zu heilen, anstatt sie zu verhüten.

Kybernetische Gesundheitspolitik handelt gesellschaftspolitisch

In Wirklichkeit sind Aufklärung und Vorsorge die eigentlichen Hauptanliegen der Medizin – oder sollten es zumindest sein. Auch könnte ich mir vorstellen, daß für einen verantwortungsvollen Arzt die Vorsorgepraxis befriedigender ist, als immer nur nachträgliche ›Reparaturdienste‹ zu leisten; noch dazu, wo es zahlreiche Krankheiten gibt, die durch den Menschen verursacht sind, oder die der Erkrankte selbst mit verursacht. Wir wissen zum Beispiel mittlerweile soviel über Ernährung, über die Rolle des Zusammenspiels mit unseren Mund- und Darmbakterien, über die Wichtigkeit der Bewegungen, über Streßsituationen und anderes mehr, daß die Medizin genügend Möglichkeiten hätte, in taktisch kluger Weise auf den verschiedensten Gebieten Vorsorge zu betreiben. Es gibt da einen sehr guten Ausspruch, den einige Therapeuten auch in bezug auf Krebs geprägt haben: Der Tod liegt im Darm.

In der Tat machen wir bei unserer Ernährung ungeheure Fehler. Wir essen das Zwei- bis Dreifache an Menge, was wir überhaupt benötigen, um gesund zu sein.

242

Wir wären dabei wahrscheinlich noch um ein Mehrfaches dik-ker, wenn unser Körper nicht unter großen Anstrengungen Wege fände, mit diesen Nahrungsmitteln fertig zu werden. Die Ursache für dieses Zuviel liegt in unserer modernen Ernährungsweise. Mit ihrem primitiven Input-Output-Denken und ihrer unsinnigen Kalorienrechnung geht sie an weit wichtigeren Faktoren, als es Protein- und Fettgehalt sind, vorbei: beispielsweise an der Rolle derjenigen Nahrungsbestandteile, die selbst keinen Nährwert be-sitzen, wie Gewürze, Aromen, Spurenelemente und die struk-turelle Beschaffenheit. Diese Faktoren entscheiden nämlich über Kaubewegung, Speichelbildung, Säuregrad und Enzymbildung im Magen. Zusammen damit bestimmen nicht zuletzt auch die Schlackenstoffe und die so wichtigen Ballast- und Faserstoffe über einen der wesentlichsten Punkte: nämlich wie lange die Nahrung im Darm verbliebt.

Ein weiteres Problem ist die Nahrungsmischung, was mit was gegessen wird. Durch das Mischen von Kohlenhydraten und Ei-weiß in einer Mahlzeit wird unserer Verdauung etwas zugemu-tet, wozu sie nicht imstande ist, nämlich gleichzeitig säure- und basenbildende Vorgänge zu erzeugen. Das heißt, es müßten im Magen eigentlich gleichzeitig sich gegenseitig ausschaltende En-zyme tätig werden, was unmöglich ist.

Der Magen kann diese Kost nicht verdauen, und der Organis-mus wird nicht gesättigt; infolgedessen nehmen wir weitaus mehr Nahrung zu uns, als notwendig wäre. Die Arbeit, die unser Orga-nismus nun bei der Verdauung dieser Kost leisten muß, bindet viele Kräfte, die wir benötigen, um mit Infarkten und der Rege-neration bestimmter Organe fertig zu werden.

Dagegen helfen keine Diätpläne, die noch dazu größtenteils wissenschaftlich völlig unfundiert sind. Weit besser und wir-kungsvoller als jede Kalorienrechnung wäre die Berücksichti-gung solcher fundamentaler Ernährungsregeln, wie sie etwa zum Teil in der ›Trennkost‹ gegeben werden.

Ein anderer grober Verstoß gegen eine gesunde Ernährungs-weise – um einmal bei diesem Aspekt der Vorsorge zu bleiben – ist, daß wir mit Sicherheit zu viel Fleisch essen. (Daß dies wegen der dazu nötigen Futtermittelimporte und somit zweck-entfremdeter Agrarflächen die Welternährungslage schwer bela-stet, sei hier nur am Rande erwähnt.) Wir nehmen jedenfalls weit über unseren Proteinbedarf hinaus tierische Proteine zu uns. Fleisch ist leicht verdaulich, es enthält kaum Ballaststoffe, die für die Verdauung, die innere Bewegung erforderlich sind.

Das führt dazu, daß unsere Verdauung allmählich nachläßt, die Darmbewegungen schwinden, wodurch sich der Körper im Laufe des Lebens auch immer mehr mit abgelagerten Giftstoffen anreichert, die er nicht mehr ausscheiden kann. Die Grundlage für vielerlei Arten von Krankheiten ist gelegt.[2]

Würden die Ärzte kybernetisch denken, dann müßten sie sich weit mehr mit der Ernährung beschäftigen – und sie würden alsbald feststellen, wie sehr dies wieder mit anderen Lebensbereichen, die mit der Ernährung ihres Patienten zu tun haben, verbunden ist: Gesundheitsvorsorge heißt dann nicht nur Umweltpolitik, sondern auch Landwirtschaft, Lebensweise, Wohnweise, Streß, Energiefragen, Entwicklungsländer.

Die Art der Bodennutzung wird ja von zum Teil verwickelten wirtschaftlichen Interessen ebenso mitbestimmt wie von dem Bedürfnis nach ausreichender Ernährung. Selbst welche Nahrung wir anpflanzen, wird nicht nur von unseren durch Geschmacksmoden, Sitten, Religionen und Werbung gesteuerten Eßwünschen bestimmt, sondern auch wieder von den Industrien, die mit den unterschiedlichen Anbauplänen, den Ernte- und Verarbeitungsmethoden zusammenhängen, wie auch mit der dazu nötigen Wasserversorgung, den Insektizid- und Düngereinsätzen, den Antibiotika- und Hormonzusätzen in der Tierhaltung und vielem anderen. All dies zähle ich hier auf, um einmal konkret zu zeigen, was ich mit komplexem System meine und warum dies eine andere Vorgehensweise verlangt, als wir sie bisher geübt haben.

Dieses Beispiel soll stellvertretend für viele andere mit der Umweltproblematik zusammenhängende Bereiche näher beleuchtet werden.

So wirkt die jeweilige Anbauweise ihrerseits über eine Reihe von Einflüssen zurück auf den Organismus des Menschen, seine Gesundheit, seine Lebensführung. Und ebenso wie die eingeatmete Luft und das Trinkwasser zählt daher die Nahrung zu den uns am intensivsten berührenden, weil uns sogar durchdringenden Umweltbereichen. Alles, was außen passiert, kommt letztlich über die Nahrung in uns hinein und hat dort seinen Einfluß.

Für uns und die kommenden Generationen gilt es daher, die

Qualität dieser Nahrung als innere Umwelt des Menschen ebenso zu garantieren wie die oft als einziges diskutierte ausreichende Menge.

Die Industrienationen produzieren ja heute in der Tat einen Überschuß an Nahrung. Bei uns ist daher das Nahrungsproblem in erster Linie kein quantitatives, sondern ein qualitatives. Unsere modernen Aufzucht-, Anbau- und Verarbeitungsmethoden liefern bekanntlich eine immer größere Skala an Fremd- und Schadstoffen durch Verfahren einer im Grunde unnötigen Ertragssteigerung, Verfahren der Schönigung und Konservierung. Nur der kleinste Teil der inzwischen gut vier Millionen verschiedenen künstlichen chemischen Substanzen, die unser Erfindergeist in die Umwelt entlassen hat, ist bisher untersucht. Täglich kommen etwa tausend neue hinzu. Selbst bei einer Verzehnfachung unserer Anstrengungen würden wir bei diesem Substanzregen mit unseren Untersuchungen nie nachkommen. Dabei haben wir die wichtigsten Wirkungen all dieser Chemikalien, nämlich diejenigen, die sie im Verbund mit anderen entfalten, überhaupt noch nicht eruiert, obgleich in der rauhen Wirklichkeit keine einzige Substanz allein, sondern immer nur mit anderen zusammen vorkommt.

Was wir brauchen, ist also hier ein komplett neues Modell. Wir können nur noch mit übergreifenden Richtlinien weiterkommen, etwa mit denjenigen grundsätzlich biologisch, das heißt naturnah zu arbeiten, wo dies nur möglich ist. Denn nur gegenüber der Natur und den von ihr produzierten Substanzarten haben wir eine einigermaßen lange Erprobungszeit hinter uns. Hinzu kommt, daß die fortschreitende Verseuchung unserer natürlichen Umwelt nicht nur die Nahrung des Menschen belastet, sondern lebenswichtige Ökosysteme des Bodens, der Gewässer und der Meere gefährdet und damit indirekt auch wieder die Nahrungsgewinnung als Ganzes. Diese unbekümmerte ökologische Belastung ist gesundheitlich und nicht nur wirtschaftlich gesehen eine Idiotie sondergleichen.

Zusammen mit anderen Faktoren, wie Lärm, Umweltgiften, Streß und Bewegungsarmut, überfordert dann diese Gesamtbelastung den menschlichen Organismus über das verkraftbare Maß.

Hier ist Aufklärung nötig; Aufklärung über die uns bekömmliche Ernährung, aber auch Aufklärung über die Wirkung von

Entspannungsübungen, über die Wichtigkeit von Bewegung und die Vermeidung von Scheinbewegung, über den Streßabbau, wie er zum Beispiel durch Erfolgserlebnisse, die aus sinnvoller Beschäftigung und Freizeitgestaltung erwachsen, entsteht. Die Propagierung einer neuen Lebens-, Freizeit- und Gesundheitsphilosophie ist wohl eine der wichtigsten medizinischen Aufgaben unserer Zeit.[4]

Daß aber auch diese Aufgabe, wie in allen anderen Lebensbereichen, nur durch eine Strategie im größeren Systemzusammenhang zu lösen ist, muß ich noch einmal ganz deutlich betonen.

Kapitel 10

Alarmzeichen Streß
Hormone steuern die Erhaltung von
Individuen und Arten

Daß sich viele unserer Zeitgenossen oft, wenn nicht gar meist ›ge-streßt‹ fühlen, ist bekannt, desgleichen die gesundheitlichen Schäden, die nach längerer Zeit damit verbunden sind. Denn die Gesundheit des Menschen hängt nicht nur vom reibungslosen Funktionieren seiner inneren Körpervorgänge und von den direkten äußeren Einwirkungen, wie Bakterien, Viren, Giftstoffe, Unfälle und Verletzungen, ab. Diese Gesundheit ist vielmehr in großem Maß auch Ausdruck des dauernden Wechselspiels des Menschen mit seiner Umwelt.

Und hier spielt der Streß als Alarmreaktion für ein Individuum eine entscheidende Rolle. Ich möchte daher hier einige Passagen aus meinen Fernsehfilmen, wie sie in dem Buch *Phänomen Streß* dann ausführlich behandelt sind, herausgreifen, um noch einmal die wichtigsten Zusammenhänge vor Augen zu halten; denn nichts zeigt deutlicher die Vernetzung zwischen Mensch und Umwelt auf als gerade dieser Streßmechanismus.

Zunächst mal ist er etwas Natürliches. Er ist ein seit Millionen Jahren in allen Tierarten und auch in den Menschen eingebauter Verteidigungsmechanismus, der instinktiv alle verfügbaren Energiereserven für eine extreme Muskelleistung mobilisiert und der ursprünglich der blitzschnellen Vorbereitung zu Flucht oder Angriff diente. Auslöser des Streßmechanismus sind bestimmte Reizsignale aus der Umwelt, zum Beispiel eine rasche Bewegung, ein Schatten, ein ungewöhnliches Geräusch, ein Schmerz oder der plötzliche Anblick eines Feindes – das Ganze ein lebensrettendes Programm für alle Lebewesen in freier Wildbahn, auch für den vorgeschichtlichen Menschen, den Jäger und Sammler der Steinzeit.

Man versuche sich vorzustellen, wie er vor Hunderttausenden von Jahren vor seiner Höhle in der Sonne liegt, um sich von der Jagd auszuruhen. Plötzlich fühlt er den Schatten eines sich nähernden Raubtiers. Ohne zu denken, reagiert er automatisch mit einer momentanen Energiemobilisierung. Denn jedes Denken, jede Überlegung wäre Zeitvergeudung: eine Erklärung für die mit Streß gekoppelten Denkblockaden. In seinen Kreislauf ergießen sich Hormone, durch die sein Herzschlag schneller wird, sein Blutdruck ansteigt. Zucker- und Fettreserven werden mobilisiert und gehen an seine Muskeln, wo sie wie eine Traubenzuckerspritze wirken und sozusagen Vollgas geben. Seine Verdauungsprozesse wie auch die Sexualfunktionen dagegen werden augenblicklich ausgeschaltet, so daß seine Energie ungeteilt auf die Begegnung mit der Gefahr gerichtet werden kann. Der Blutgerinnungsfaktor steigt schlagartig an, damit sich bei eventuellen Verletzungen Wunden rascher schließen. Rote Blutzellen überschwemmen die Arterien, um dem Körper zu mehr Sauerstoff zu verhelfen und besser Kohlendioxyd auszustoßen. So präpariert, kann er ohne Schwierigkeit in Sekundenschnelle in seine Höhle fliehen oder umgekehrt eine Beute jagen und ergreifen.

Tiere reagieren immer noch so. Wir dagegen nicht mehr. Wenn der moderne Mensch sich bedroht fühlt, sind es eine Reihe von zivilisatorischen Auflagen, die jene instinktiven Impulse des Angriffs oder der Flucht abklemmen, obwohl wir genetisch noch voll auf die ja erst seit kurzem verlassene Steinzeit programmiert sind.

Aber nicht nur, daß die Alarmreaktion heute nicht mehr abgebaut wird, auch beim Streß selbst handelt es sich nicht mehr wie in alten Zeiten um einen kurzen Alarmzustand, um eine vorübergehende Notbereitschaft, sondern immer mehr um einen Daueralarm, der einen Zustand ständiger und immer neuer Erregung erzeugt, der die Erholungsphase verkürzt, der unökonomisch ist und unsere körperlichen und seelischen Funktionen kaum mehr zur Ruhe kommen läßt. Das Schlimme ist also, daß sich gerade bei uns die Anzahl der Streßreize vervielfacht hat: räumliche Enge, optische Überreizung, zeitliches Drängen, Hetze; und umgekehrt Isolation, Kommunikationsschwierigkeiten, häßliche Umgebung. Denken wir an die schreienden Plakate und die gegenüber unserer eigenen Größe gewaltigen Verkehrsmittel. Verwirrend bunte Auslagen in den Geschäften, spiegelnde Schaufensterscheiben — von all dem werden wir ständig symbolisch angegriffen mit fremden, unbekannten, alarmierenden Wahrnehmungen, ohne daß wir jedoch mit Wegspringen, auf Bäume klettern, mit Schreien oder Kämpfen antworten.

Wir wissen ja, die Zigarettenreklame kann uns nichts tun, der Löwe von Löwenbräu frißt uns nicht auf, mit dem sexy Girl im Schaufenster können wir doch nicht schlafen, die Straßenbahn bleibt in ihren Schienen, sie wird uns nicht überfahren, und der grimmige Schlund einer Druckereimaschine schnappt nicht wirklich plötzlich zu: Unsere äußere Reaktion bleibt deswegen aus. Doch so summieren sich kleinste Alarmreaktionen, ohne daß der Organismus sich von der unbewußt erzeugten Spannung erholen kann, ohne daß er die mobilisierte Energie abbaut.[2])

Im Vergleich zum Leben von Tieren oder von Eingeborenen in der freien Wildbahn mit ihren ausgedehnten Erholungs- und Entspannungsphasen wurde also das, was die Natur mit dem Streßmechanismus vorhatte, in unserer Industriegesellschaft zu einem krankmachenden Prozeß umfunktioniert, so daß uns im Streß heute in erster Linie ein krankhaftes Geschehen entgegentritt. Was passiert dabei im einzelnen?

Die nicht verbrauchten Fettsäuren werden nach Umwandlung in Cholesterin direkt in die Gefäßwände eingebaut und beschleunigen die Arteriosklerose. Die Verschiebung des Hormonhaushalts bedeutet Kreislaufbelastung und erhöht das Risiko eines Herzinfarkts. Das gleiche gilt für die erhöhte Blutgerinnung mit ihrer Neigung zu Thrombosen. Begleitende Unsicherheit und Nervosität stören über einen ähnlichen Hormonmechanismus die Regulation des vegetativen Nervensystems und regen den Magen zu erhöhter Salzsäureproduktion an, den Darm zu Verkrampfungen. Die die körpereigene Abwehr stärkenden Sexualfunktionen lassen nach und führen zu weiteren Verkrampfungen. Dies erschwert wieder die normale Fähigkeit, mit äußeren Infekten, Umweltgiften und Abgasen fertig zu werden. Gerade der Herzmuskel hat unter Streß einen besonders stark erhöhten Sauerstoffbedarf, der ihm durch die verschiedenen Abgase vorenthalten wird. Hinzu kommt, daß die bei Streß ebenfalls erhöhten cortisonähnlichen Hormone das für den Herzmuskel so wichtige Elektrolytgleichgewicht stören und die körpereigene Abwehr

schwächen. Alles zusammen, Streßfaktoren, Umweltgifte, Sauerstoffmangel und Bewegungsmangel, erhöht so den schädlichen
Effekt durch vielfache Wirkung an den gleichen Ansatzpunkten.
Das Erstaunliche an unseren Hormonen ist also, daß sie nicht
nur im Mikrobereich, bei den Lebensfunktionen im Innern unseres Körpers wirken, sondern auch in diesem gewaltigen verhal-
tensbiologischen Spiel über unsere Beziehung zur Umwelt bis
hinauf zur Regulation der Arten eine bedeutende Steuerrolle besitzen. Gerade bei dem ständigen Anpassungsprozeß des Körpers
an die Umwelt sind sie eine unersetzliche Regulationshilfe, und
gleichzeitig lassen sie damit die verschiedensten Bereiche unseres
täglichen Lebens in uns eindringen, mitten hinein in das Funktionieren unseres Körpers. Gerade diese Bedeutung wird leider
immer noch weit unterschätzt. So konnte es geschehen, daß der
traditionellen Medizin lange Zeit ein ganz wesentlicher Zusammenhang entging − nämlich die enge Verflechtung des Hormonsystems mit dem Schlüsselphänomen unserer Gesellschaft, dem
Streß. Dem kanadisch-ungarischen Biologen Hans Selye ist mit
der Aufdeckung des Streßmechanismus daher wohl einer der
wichtigsten Impulse der medizinisch-biologischen Forschung zu
verdanken.

Der ›Konfliktstreß‹ zerstört nicht nur Individuen,
sondern auch Gesellschaften

Bei der Streßdiskussion sollte man sich z. B. immer wieder klarmachen, daß der gefürchtete Streß nicht gleichzusetzen ist mit
einer ›Anstrengung‹ − ein häufig anzutreffender Irrtum in der
Allgemeinheit. In einem durch reine Anstrengung hervorgerufe-
nen Streß werden auch bis zur Leistungsgrenze kaum Schäden
verursacht. Denn hier baut der Mensch die mobilisierte Energie
gleich wieder ab. In völliger Bewegungslosigkeit dagegen, zum
Beispiel wenn er aggressiv hinter dem Lenkrad seines Autos sitzt
oder vor dem Fernsehschirm aufgeregt einem Krimi folgt, kann
er das nicht. Der gesundheitsschädigende Streß ist daher weit
treffender mit dem Begriff ›Konfliktstreß‹ charakterisiert.
Das Beispiel vom Versuch mit der in Asien beheimateten eich-
hörnchenähnlichen Tierart, den Tupayas (Baumspitzhörnchen),

deren Streßzustand man an ihren gesträubten Schwänzen genau erkennen kann, möchte ich hier noch einmal vorbringen. Eine Gruppe von Tieren hat man in ähnliche Situationen gebracht wie einen Schüler in der Schulklasse, Manager in einer Firma oder auch Bewohner eines Lebensraums.

Man ließ sie zusammen mit einem überlegenen Gegner — einem Tupaya, der sich sozusagen durch die Hierarchie emporgebissen hatte — in einem abgegrenzten Raum, so daß sie ständig dem Anblick dieses Gegners ausgesetzt waren, ohne ihn angreifen zu können (denn er war ja überlegen), aber auch ohne fliehen zu können (denn der Raum war ja geschlossen). Obwohl das überlegene Tier sich praktisch nicht mehr um die anderen kümmerte, waren deren Schwänze ständig gesträubt. Bereits wenige Stunden Streß führten zu starken Schäden am Kreislauf- und Nervensystem der Tiere. Ab sechs Stunden Streß pro Tag traten nach kurzer Zeit völliger Verfall der Gruppe, Sterilität, Verlust des Brutpflegeinstinkts und Erschöpfungstod ein.

Bei Menschen ist das natürlich anders, auch wenn die steigende Zahl von psychosomatischen Erkrankungen zu denken gibt. Dabei ist es interessant, daß die Reaktion des einzelnen gegenüber Stressoren äußerst unterschiedlich ist. Wenn in unmittelbarer Nähe einer Menschenansammlung zum Beispiel ein Explosionsknall ertönt, so kann man beobachten, daß ein Teil der Leute schreiend die Flucht ergreift, daß manche offenbar unbeeindruckt bleiben und wieder andere vor Schreck zusammenstürzen und einen Kollaps erleiden. Solche Situationen sind untersucht worden. Ärzte stellten fest, daß die Schreier und Läufer im Alltag meist leicht erregbare, nervöse und temperamentvolle Typen sind, die zu Herzklopfen, Kopfschmerzen und Blutdruckerhöhungen neigen. Es handelt sich um die sogenannten Sympathikotoniker, in deren vegetativem Nervensystem der Sympathikus überwiegt. Die Kollabierenden, Geschockten hingegen wird man normalerweise als äußerst ruhige, scheinbar ausgeglichene Menschen einstufen, die den Kummer und Ärger mehr in sich hineinzufressen pflegen, dafür aber häufig über Magenbeschwerden und niedrigen Blutdruck klagen. Diese Personen können als Vagotoniker identifiziert werden, weil in ihren vegetativen Reaktionen der Parasympathikus oder Vagus die Oberhand hat. Gegenüber dem dritten, dem ausgeglichenen Typ, bei dem sich Sym-

251

pathikus und Parasympathikus die Waage halten, besteht bei den beiden anderen eine besondere Neigung für bestimmte Krankheiten.

So sind Sympathikotoniker besonders von Krankheiten des Gefäß- und Kreislaufsystems, von Herzinfarkt und Hochdruck heimgesucht, während Vagotoniker eher Abonnenten für Magen- und Darmgeschwüre, erniedrigten Blutdruck, Dickdarmentzündung und auch Bronchialasthma sind. Ob nun das vegetative Nervensystem stark oder schwach reagiert, ob in Richtung Vagus oder Sympathikus, dies mag bereits sowohl mit den Erbanlagen als auch mit den ersten Eindrücken eines Säuglings im Leben zusammenhängen. Da unser Großhirn, das heißt unser Bewußtsein, auch mit denjenigen Nervenbahnen, Hormonen und Überträgerstoffen in Wechselbeziehung steht, die über die unbewußten Regionen des Gehirns gesteuert werden, ist natürlich auch unser geistiges und emotionales Verhalten nicht nur vom Streß betroffen, sondern – und hier sehen wir einen wichtigen Angelpunkt zu helfen – dadurch ist natürlich unser Bewußtsein auch in der Lage, bestimmte Streßreize über unser Verhalten und eine entsprechende Auslegung dieser Reize positiv und leider auch negativ zu beeinflussen. Entspannungsübungen, Meditationen, Aussprachen, Dinge mit größerem Abstand zu betrachten, seine Lebensweise zu ändern, eine andere Beschäftigung und damit Erfüllung im Beruf zu suchen, all dies zählt zu solchen Möglichkeiten.

In den Berichten der Weltgesundheitsorganisation (WHO) sind genügend Untersuchungen darüber enthalten, daß gerade soziale Faktoren durchaus in den Organismus eingreifen können, indem sie zum Beispiel den Adrenalinspiegel meßbar verändern. Erwartungssituationen erhöhen ihn, Erfüllung setzt ihn herab. Adrenalin könnte man in diesem Zusammenhang als Konflikthormon bezeichnen, das dann ausgeschüttet wird, wenn man nicht weiß, wie man sich verhalten soll. Noradrenalin dagegen, als Aktionshormon, wird ausgeschüttet, sobald ein Repertoire vorhanden ist, mit dem die Situation gemeistert werden kann.

Ein Versuch mit jungen weiblichen Rechnungsangestellten zeigte, daß nach Umstellung auf Akkordarbeit die Leistung zwar auf 114 Prozent stieg, daß die Mädchen aber auch 40 Prozent mehr Adrenalin und 27 Prozent mehr Noradrenalin im Blut aufwiesen.[1]

Sicher hätten die Arbeiterinnen bei einer Umfrage geklagt, daß sich sich unter Akkorddruck ›gestreßt‹ fühlen — was übrigens das Wort ›Streß‹ selbst aussagt, das ursprünglich aus dem Bereich der Materialprüfung stammt und ›Anspannung, Verzerrung, Verbiegung‹ bedeutet.

Belastungen des offenen Systems Mensch
durch Reizüberflutung des Teilsystems Auge

So kann ›Streß‹ prinzipiell in jedem Lebensbereich auftreten, und zwar auf die unterschiedlichsten Reize. Besonders intensiv werden Streßimpulse über das Sehen vermittelt.

Direkt dramatisch äußert sich dieser optische Streß in der Wirkung von Lichtreizen, wie sie durch ihre Anwendung bei bestimmten Verhörmethoden oder Gehirnwäscheprozeduren bekannt geworden sind. Aber auch wenn solche Reize durch das Bewußtsein gar nicht erfaßt werden, können sie dramatische Erscheinungen hervorrufen. So existiert der Vorschlag, mit einem infraroten, also unsichtbaren Stroboskoplicht einer Frequenz von 15 Hertz oder mit unhörbaren, wenngleich sehr ›lauten‹, außerhalb unserer Wahrnehmung liegenden Tonfrequenzen unbemerkt gegen Terroristen oder gewalttätige Demonstranten vorzugehen.

Die unsichtbare, aber meßbare Wirkung über die Sinnesorgane besteht darin, daß im Durchschnitt 70 Prozent der betroffenen Personen Ohrensausen, Hörverlust und Flackern in den Augen haben, daß sich 25 Prozent übergeben müssen und fünf Prozent sogar epileptische Anfälle bekommen. All das, obwohl scheinbar niemand etwas sieht oder hört und ohne zu wissen, warum.

In einem meiner Fernsehfilme haben wir den Beginn solcher Effekte mit einer gerade noch harmlosen Flackerlichtquelle einer Frequenz von acht Hertz vorgeführt. Man kennt solche Flackerlichter aus den modernen Beatschuppen, wo sich die Tanzenden wie automatische Puppen ruckweise zu bewegen scheinen. In unserem Versuch fanden sich schon nach 40 Sekunden deutliche Veränderungen im Blutdruck, in der Pulsfrequenz, der Atmung und in der Mikrovibration der Muskeln. Also typische Streßsymptome, aus denen man dann sogar ablesen konnte, ob wir es bei der Versuchsperson mit einem Vagus- oder einem Sympathikus-typ zu tun hatten.

Eine besondere Art von Flackerlicht ist im Grunde auch das Fernsehen. Mit seinen 25 Bildern pro Sekunde (das sind 15 625 Zeilen oder 13,5 Millionen Lichtimpulse pro Sekunde) wird es zwar nicht von unserem Sehzentrum, aber doch von den empfangenden Nerven im Auge als eine Art Flackern registriert. Langdauernde Studien über die Effekte von übermäßigem Fernsehen in amerikanischen Krankenhäusern haben das bestätigt.

Typische Symptome waren Appetitlosigkeit, Kopfschmerzen und Erbrechen, die erst nach drastischer Einschränkung des Fernsehens verschwanden. Selbstverständlich liegt hier eine Mischung von optischem Streß, Lärmstreß und erhöhter Bewegungslosigkeit vor, bei gleichzeitiger Angst, Aufregung und Stimulierung durch die Spielhandlung – und natürlich auch durch die weit verbreitete Pervertierung der Eßgewohnheiten, von den Schlafstörungen ganz zu schweigen.

Während bei der Wirkung von Lichtreizen der Inhalt des Gesehenen im Prinzip keine Rolle spielt und jede Abweichung von natürlichen Lichtquellen meist als negativer Lichtreiz zu betrachten ist, ist das auf der Ebene differenzierterer visueller Wahrnehmungen natürlich ganz anders. Hier kommt es auf den Inhalt an. Je nach dem empfangenen Bild reagiert da unser Organismus po-

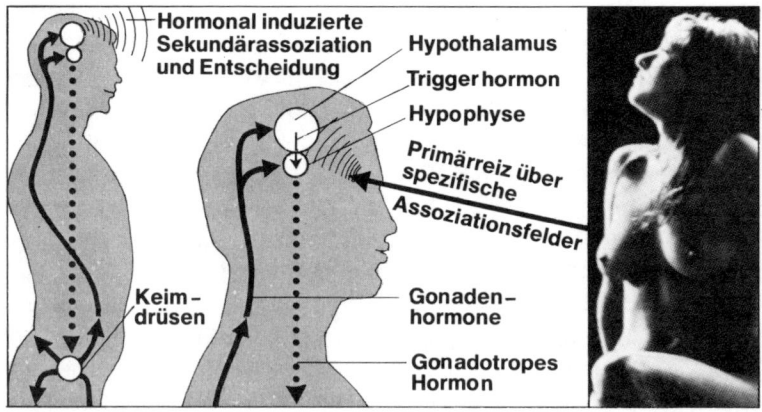

Abb. 8: Sexuelle Anregung mit Andeutung der Hormonbahnen

sitiv oder negativ und löst entsprechende Gefühle aus, so wie bei einem Mann beim Anblick eines hübschen Mädchens. Der Primärreiz geht über die visuellen Wahrnehmungsfelder und die interpretierenden Nervenzellen zunächst an den Hypothalamus. Diese zentrale Gehirnregion veranlaßt dann die anhängende Hypophyse, Hormone an die Keimdrüsen zu schicken. Von dort werden weitere Hormone ausgeschüttet, Sexualhormone, die nun nicht nur physiologische Veränderungen wie Schweißausbruch, Erektion oder ähnliches auslösen, sondern die auch wieder auf das Gehirn zurückwirken, neue Gedankenverbindungen und neue Entscheidungen ankurbeln.

So wie bei diesem Beispiel werden fast immer durch Wahrnehmungen ausgelöste Gefühle gleichzeitig wieder als neue Wahrnehmungen gespeichert und mit anderen Informationen gekoppelt. Ein gewaltiges Wechselspiel zwischen Nervenleitungen, Hormonausschüttung, Erregung und Hemmung von Erinnerung, Meldung und Rückmeldung, wobei Geistiges, Seelisches und Körperliches ständig ineinander übergehen.

Werden nun solche Wahrnehmungen wiederholt mit immer dem gleichen Reiz gekoppelt, so brauchen sie schließlich gar nicht mehr bewußt verarbeitet zu werden, sondern sie wirken unmittelbar als Stimulanz, oder, wie etwa der ›blaue Brief‹ aus der Schule, unmittelbar als Streßreiz, ohne daß man seinen Inhalt überhaupt kennt.

Die Verantwortung, die die Natur dem Auge dabei als Mittler für solche oft dramatischen Ereignisse übertragen hat, ist eigentlich verblüffend. Und sie zeigt auch nur wieder, daß hier dem Auge in der Tat eine besonders unbestechliche Leistung zugetraut wird. Man muß sich nur einmal klarmachen, was es bedeutet, daß der bloße Anblick der vertrauten Buchstaben unseres Alphabets, sofort zum starken Streßreiz werden kann, nur weil diese Buchstaben in einer bestimmten Reihenfolge angeordnet sind, wie etwa der Text eines Fernschreibens. Die so differenzierte Wahrnehmung kann dann eine ganze Kette von Reaktionen auslösen, peinliche Schuldgefühle erzeugen, weil man etwas falsch gemacht hat, Vorstellungen von Ausweglosigkeit und ähnliches, ohne daß sich in der umgebenden Realität das geringste geändert hätte. Um so mehr passiert dafür im Organismus. Sobald das Auge diese bestimmte Anordnung kleiner schwarzer

Zeichen empfangen hat, kann das zur Sympathikusreizung und Adrenalinausschüttung führen, dann zur plötzlichen Blutdruckerhöhung und Gefäßverengung, und im Extremfall zu Sauerstoffmangel und schließlich zum Zusammenbruch.

Verlassen wir nun die Wirkung der durch das Auge aufgenommenen Wahrnehmungen auf den Organismus und schauen wir uns auf einer weiteren Ebene um, nämlich wie sich das Auge selber je nach den Einflüssen der Umwelt verändert. Nehmen wir auch hier wieder ein Beispiel aus dem Streßgeschehen, mit dem ich mich ja besonders befaßt habe. So ist zum Beispiel Pupillenveränderung nicht nur eine Reaktion auf den Lichteinfall, sie ist auch ein Schreck- oder Angstsymptom. So kann man z. B. unbeeinflußt vom Licht eine deutliche Pupillenerweiterung durch bloßen Lärm nachweisen — als typische Folge der Erregung des vegetativen Systems. Aufeinanderfolgende Lärmstöße wirken dabei besonders stark — etwa überlaute Beatmusik. Anders als bei gleichmäßigem Dauerlärm summieren sich hier die Effekte, so daß die Pupillenerweiterung jedesmal um ein weiteres zunimmt. Die berühmten schreckgeweiteten Augen unterliegen dabei wahrscheinlich mehreren Mechanismen, zum einen der Folge des vegetativen Nervenreizes, zum andern vielleicht aber auch einer direkten mechanischen Veränderung durch die mit Streß unmittelbar einhergehende Gefäßverengung oder -erweiterung. Je nachdem, ob wir es mit einem Typus zu tun haben, bei dem der Sympathikus oder bei dem der Parasympathikus, den man auch Vagus nennt, vorherrscht.

Ähnliches gilt auch für das Auftreten von Divergenz oder Konvergenz der Augen nach unterschiedlichen vegetativen Reizen. Herrscht der Sympathikus vor, so kann durch die auftretende Divergenz das räumliche Sehen leicht unscharf werden. Beim Vagotoniker, also unter Gefäßerweiterung, erfolgt dagegen Konvergenz. Es ist der gleiche Mechanismus, der uns das Doppeltsehen unter der Vaguswirkung des Alkohols beschert.

Wieder frage ich mich natürlich, warum nun ausgerechnet bei Streß meist eine Pupillenerweiterung auftritt, und ob dies nicht vielleicht ursprünglich auch wieder ein Teil der lebensrettenden Aufgabe des Streßgeschehens ist. Man könnte nämlich vermuten, daß diese Pupillenerweiterung bei Gefahr in freier Wildbahn ursprünglich zu einer besseren Einschätzung der Entfernung vorgesehen ist. Vergrößerte Pupille, also größere Blende, verringert ja die Schärfentiefe und erhöht damit die Möglichkeit, unterschiedliche Entfernungen besser voneinander zu unterscheiden. Ob das auf unserer modernen freien Wildbahn, nämlich im Autoverkehr, noch eine Hilfe ist, bleibt zweifelhaft. Der Verkehrslärm mit seiner Beeinträchtigung der Konzentration, die Überforderung durch Lichter, Sonnenblendung und schlechte Sicht bei Regen, die mechanische Beanspruchung durch ungünstige Autositze, Muskelverkrampfungen, verbunden mit Kopfschmerzen und anderen Mißgefühlen, Zirkulationsstörungen der Streßreize, ganz abgesehen von Gefahrensituationen oder Ärger über andere Autofahrer, all das bringt eine vegetative Belastung, die bei vielen Menschen auch nachteilige Effekte auf das Sehen hat.

Natürlich sind die visuellen Wahrnehmungen mit ihrer gewaltigen Fülle von Verknüpfungen auch in der Lage, uns zu täuschen. Ich will hier keinen Ausflug in die Ihnen vielfach bekannten optischen Täuschungen machen, aber doch einen wesentlichen Nachteil nennen, der uns gerade heute unter der Streßbelastung unserer hochtechnisierten Umwelt für die Gesundheit unseres Organismus manchen Streich spielt.

Es ist dies die Wirkung von Scheinbewegungen. Offensichtlich ist es eine Eigenart des menschlichen Organismus, Bewegungen lediglich als relative Bewegung zu notieren, so daß unser Bewegungsdrang gleicherweise gestillt wird, ob wir uns nun selbst an einem Gegenstand vorbeibewegen oder ob dieser Gegenstand sich an uns vorbeibewegt. Und gerade das letztere ist heutzutage in übermächtigem Maß der Fall.

Betrachten wir unter diesem Aspekt z. B. Automation und Maschinisierung, mit denen wir heute die menschliche Körperleistung weitgehend ergänzen und ersetzen, so erzeugen sie zum einen eine Fülle von neuen Stressoren, also von streßerzeugenden Reizen, wie Lärm, Angst, Unsicherheit und Frustration, und verhindern dazu noch durch die mit ihnen verbundene Bewegungsarmut den so wichtigen Streßabbau, wie er normalerweise durch Körperleistung erfolgt.

Das gilt auch wieder für unsere Situation vor dem Fernsehschirm — auch hier: Bewegungslosigkeit in erstarrter Haltung, unterstützt durch die Welt von Scheinbewegungen —, meist

unter weiterer Streßbelastung, wie man sie z. B. mit einem ange-
schlossenen EKG an einer Versuchsperson jederzeit messen
kann. Das Ergebnis: vegetative Belastung, Arrhythmien in der
Herzfrequenz, Blutdruckanstieg — alles Folgen der Alarmreize,
die wir eigentlich in Bewegung umsetzen müßten. Doch diese Bewegung erfolgt ja am Fernsehschirm, und das Bedürfnis, sich
selbst zu bewegen, erlischt; mit all den Langzeitfolgen, wie Ablagerungen in unseren Gefäßen, ständigen Kreislaufstörungen, ver-
minderter Sauerstoffversorgung, steigendem Bluthochdruck —
und im Extremfall Herzinfarkt, wie er uns durch den Tod des
ehemaligen Fußballbundestrainers Sepp Herberger bei der Fern-
sehübertragung eines Länderspiels in tragischer Weise vor Augen
geführt wurde.

Die zunehmende Technisierung beschert uns aber solche
Scheinbewegungen nicht nur durch Kino und Fernsehen. Wir
finden sie genauso in stampfenden Maschinen, vorbeirasenden
Fahrzeugen oder im Blick aus dem Auto- oder Zugfenster. Hier
meldet uns das Auge ungeprüft Bewegungen, die wir nicht selber
durchführen, die wir aber doch erleben, und die deshalb unseren
Bewegungsdrang stillen. Ja, ich glaube sogar, nicht nur die vor-
beihuschenden Landschaften unserer vollmotorisierten Welt,
sondern selbst die monotonen Häuserfronten — auch wenn sie
nur so dastehen — vermitteln — weil kein Blickfang, kein Halt
da ist — den Eindruck von Tempo und stillen weiter unseren Bewegungsdrang. In all diesen Fällen spielt das Auge unserem Organismus einen üblen Streich, wobei es natürlich selbst auch wieder nur von einer allzu unbiologischen Technik hintergangen
wird.[2]

Gesunder Leistungsstreß
fördert Hormonregulation und Lebenserwartung

Unsere zivilisierte Umwelt mit allen Stressoren, die sich als
Schreck oder Angst äußern können, belasten das Individuum
oder lassen es erkranken. Die Lebensqualität wird verringert,
aber auch die Lebenszeit.

Wie stark der Prozeß des Alterns durch die Umwelt bestimmt
wird — mindestens ebenso stark wie durch die genetische Anlage

und durch die gesundheitliche Disposition –, wurde schlagartig manifest, als im Jahr 1970 zum erstenmal die durchschnittliche Lebenserwartung der Bevölkerung der Bundesrepublik trotz wesentlicher Fortschritte in der medizinischen Versorgung wieder absank, statt wie in früheren Jahren stetig anzusteigen. Als einziger plausibler Einflußfaktor für diesen Umschlag ins Negative erschien die rapide angestiegene Umweltbelastung – nicht nur durch Gifte, sondern auch durch die steigende Streßbelastung in unserem täglichen Leben und in unseren zwischenmenschlichen Beziehungen.

All dies deutete auf eine starke Verkettung von physiologischen, psychologischen und Verhaltensfaktoren hin, die nicht mehr wie bisher von einem einfachen medizinischen Kausaldenken aus betrachtet werden konnten. So war es nicht verwunderlich, daß sich eine Reihe von Forschungsinstituten, die sich mit den Krankheiten der zweiten Lebenshälfte befaßten, sich von dem Für und Wider akademischer Überlegungen und Experimente abwandten und sich einfach einmal für die ältesten Menschen zu interessieren begannen, die auf dieser Erde leben.

Vor allem Völkerkundler, aber auch Geographen berichteten immer wieder von bestimmten Dörfern, meist in Gebirgsgegenden, oder von bestimmten Indianerstämmen, in denen die Menschen weit über hundert Jahre gesund und munter wie ein Fisch im Wasser in ihrer jeweiligen Lebensgemeinschaft verbrachten. Die Hoffnung war also nicht unbegründet, aus dem Studium ihrer Lebensweise eindeutige Antworten darüber zu finden, welches nun die Faktoren sind, die uns selbst weit weniger lange leben lassen und dazu noch unsere so abgekürzte Alterszeit so beschwerlich machen.

Diese auf verschiedene Erdteile ausgedehnte Studie über die Lebensweise der ältesten Menschen wurde zunächst einmal gegen die gern über die Wahrheit hinausschießenden hohen Altersangaben abgesichert, und alle Fälle, die nicht durch schriftliche Urkunden, durch die vorhandenen Urururenkel, also eine glaubhafte Generationenfolge, und durch die Daten nachprüfbarer Ereignisse belegt waren, wurden unberücksichtigt gelassen.

Bei den untersuchten Personen – die älteste war 168 Jahre alt – schienen die üblicherweise angeführten Faktoren für ein hohes Lebensalter kaum eine Rolle zu spielen; weder eine strikte

Kaloriendiät (selbst ausgesprochen fettleibige Hundertjährige wurden gelegentlich angetroffen), noch Abstinenz jeglicher Art (etwa von Alkohol und Tabak), noch die Abwesenheit von Krankheit (manche der Untersuchten hatten schon mehrere Herzattacken erlebt), noch eine besonders schonende Lebensweise, noch Knoblauch oder Joghurt. Hingegen erwies sich das Verhältnis dieser Menschen zur Umwelt als ein ausschlaggebender Faktor.

Typisch für alle Hundertjährigen war ein Leben im aktiven Kontakt mit der Gemeinschaft. Eine einschneidende Änderung im Arbeitsrhythmus, wie wir sie durch die Pensionierung kennen, gab es nicht. Täglich wurde nützliche, meist körperliche Arbeit verrichtet. Eine rund 135jährige Landarbeiterin im georgischen Hochland, die noch vor einigen Jahren einen Wettbewerb als schnellste Teepflückerin gewann, gab diese Tätigkeit erst mit 128 Jahren auf.

Als einen weiteren wesentlichen Faktor fanden die Forscher eine auffallende Anerkennung und Ratsuche der Älteren durch die Jüngeren. Auch nahmen sie jederzeit an Vergnügungen und Festen teil, und nicht zuletzt führten sie sämtlich eine glückliche Ehe und ein aktives Sexualleben bis weit über hundert Jahre. Eine russische Großuntersuchung an 15 000 Fällen bestätigte gerade diesen Punkt. Danach erreichten in der Tat fast nur Verheiratete ein hohes Alter. Und was die Erotik betrifft, so erzählte die 98jährige Tochter eines 123jährigen Bergbewohners aus den Anden schmunzelnd von der ungetrübten Freude ihres Vaters, mit ›Mädchen‹ − damit sind wahrscheinlich Achtzigjährige gemeint − zu flirten, der diese, wie er amüsiert zugab, wegen seiner zunehmenden Blindheit zwar kaum noch sehen, aber doch jederzeit durch Betasten als Frau erkennen könne.

Bei allen untersuchten Gemeinden ergab sich so ein ähnliches Bild in der Beziehung zur Umwelt. Die Lebensweise entsprach auffallend genau denjenigen Bedingungen, bei denen über Freude, Erfolgserlebnisse, körperliche Tätigkeit, Erotik und nicht zuletzt eine gesunde Portion Leistungsstreß − nicht Konfliktstreß! − die hormonelle Regulation in Gang gehalten wird; Bedingungen, die typische Stressoren unserer Leistungsgesellschaft und ihrer zwischenmenschlichen Beziehungen gar nicht erst aufkommen lassen. Als weitere Aussage dieser Studien wurde die enge

Kopplung der Hormonregulation mit der körpereigenen Abwehr, dem Immunsystem, betont. Seine Überwachungsfunktion sowohl gegenüber eindringenden Krankheitserregern als auch was den Abbauprozeß und die Entartung der eigenen Zellen betrifft, wurde so weit länger als bei uns intakt gehalten. Hierdurch wurde ebenfalls einer Beschleunigung des Alterungsprozesses entgegengewirkt.

Selbstverständlich tragen auch die bei uns als ›gesunderhaltend‹ erkannten Faktoren mit zu dem langen Leben bei: Die Einwohner von Shangri-La im Tal von Vilcabamba nehmen so im Durchschnitt nur 1700 Kalorien täglich zu sich, etwa die Hälfte der unseren. Weiterhin sind das ausgeglichene Klima, täglich gleicher Sonnenanteil, ständige Brise von gleicher Richtung, nicht zuletzt auch das Fehlen äußerer Stressoren, wie Lärm, optische Überreizung und Abgase, sicher mit dafür verantwortlich, daß weder Bluthochdruck noch Herzkrankheiten, noch Krebs verbreitet sind und daß der Tod üblicherweise durch einen Unfall eintritt oder durch eine Erkältung, die von Fremden eingeschleppt wurde.

Neben diesen Faktoren ist es nun aber auch — wie gesagt — immer wieder eine gesunde Portion Leistungsstreß, der, im Unterschied zu dem zu Auswegslosigkeit, Angst und Frustration führenden Konfliktstreß, zur Aktivierung des Nerven- und Hormonsystems und damit zur Gesunderhaltung beiträgt.

Zu einem gesunden Streß gehört offenbar auch die Wechselwirkung mit äußeren Umweltreizen, wie sie die freie Natur in Form von Kälte, Wärme, Wind, Wasser und abzuwehrenden Krankheitserregern bietet. Hier zeigen zum Beispiel Tierversuche mit Mäusen, die einem häufigen Temperaturwechsel ausgesetzt wurden und zudem in gewissen Abständen leichte elektrische Stromstöße erhielten, daß solche Streßreize eine Art Abhärtung und Gewöhnung bedeuten, was durchaus lebensverlängernd sein kann. Natürlich muß der Organismus in natürlicher Weise darauf reagieren und die durch Streßhormone mobilisierten Energien durch Körperbewegung abbauen können. Die auf diese Weise leicht gestreßten Tiere lebten — nicht zuletzt durch die erhöhte Bewegung — erstens länger als Mäuse, die ihre Tage in Ruhe und unter angenehmen Lebensbedingungen verbringen durften, und waren offenbar auch geübter, harte gesundheitliche Eingriffe, wie etwa eine beträchtliche Strahlendosis, zu verkraften.

Wir finden also in den Reaktionen eines lebenden Organismus, daß er (als offenes System im Austausch mit der Umwelt) bis zu einer gewissen Grenze sogar direkt auf Reize, die ja nichts anderes als Wechselwirkungen sind, angewiesen ist. Angewiesen, um zu überleben. Die gleichen Reize jedoch, seien es Temperaturunterschiede, Geräusche, Aufregung, Freude, Spannung oder Angst, deren völliges Fehlen lebensuntüchtig und anfällig macht und frühzeitig vergreisen läßt, sie werden zu tödlichen Faktoren, wenn sie in großer Stärke und ohne längere Erholungsphase so auf den Organismus eintrommeln, daß die vegetative und hormonelle Regulation, die diese Reize im Normalfall wie einen Treibstoff benötigt, vor Überlastung zusammenbricht: dann, wenn der Körper nur noch einen Streßreiz nach dem anderen aufstauen kann, wenn er durch Ablagerung, etwa in Form von Cholesterin, auf nutzlose Notlösungen ausweicht, durch steigenden Bluthochdruck und erhöhte Gerinnungsfaktoren die Gefäße verstopft und durch sich häufende Kurzschlüsse laufend wichtige Regelmechanismen, wie etwa die Magensäureproduktion und den Verdauungsvorgang, durcheinanderwirft, bis sich Geschwüre und Organschäden häufen, genauso, als würde man ein kompliziertes elektrisches Gerät ohne Sicherung statt mit Haushaltsstrom mit 500 Volt betreiben.

So ist es auch mit dem Funktionieren unseres Gehirns, mit der Denkfähigkeit im Alter. Erst die Überbelastung durch Streß, der zu hohe Blutdruck, zeigt gegenüber Vergleichspersonen gleichen Alters ein Abnehmen der Intelligenzwerte zwischen 60 und 70 Jahren. Bei vollkommen gesunden Menschen mit normalem Blutdruck kann bis zu einem Alter von gut 75 Jahren kaum von einem natürlichen Intelligenzabbau gesprochen werden. Es ist lediglich die im Alter etwas nachlassende Nukleinsäuren- und Proteinsynthese, die das Kurzzeitgedächtnis, also neu aufgenommene Informationen, weniger fest verankert. Bei der auch im hohen Alter noch jederzeit greifbaren Langzeiterinnerung und der damit arbeitenden Kombinationsfähigkeit und schöpferischen Leistung ist das keineswegs der Fall. Hier müssen erst krankhafte Vorgänge auftreten, meistens psychosomatischer Art, die dann die Nebennierenreaktion schwächen und durch Streß, Depression und Frustration bei gleichzeitigem Bewegungsmangel die geistigen Fähigkeiten verringern. Es ist also in keinem Fall das Alter selbst, welches die geistige Aktivität absinken läßt, sondern es sind auftretende Krankheiten und Schäden, wie sie offenbar in dem harmonischen Gruppenleben unserer Weltmeister im Altwerden weitgehend vermieden sind.

Bei dem ganzen Prozeß des Alterns und der Isolierung spielt nun ein weiterer wesentlicher Faktor mit, der ja auch bei der Untersuchung unserer vitalen Greise aus den Gebirgsdörfern klar zutage trat: die von der Gesellschaft erlangte künstliche Ausklammerung der Erotik aus dem Leben alter Menschen. Etwas Eigenartiges, wenn auch durchaus Verständliches, fand hier statt. Über viele Jahrhunderte wurde die sexuelle Betätigung des Menschen von der Gesellschaft ausschließlich an die Fortpflanzung gebunden, obgleich sie ja ganz wesentliche soziale und Kommunikationsaufgaben für das friedliche Zusammenleben in der Gruppe erfüllt – so wie die Natur auch eine Reihe anderer gut funktionierender biologischer Schlüsselvorgänge, wie den Brutpflegeinstinkt, aus Sparsamkeitsgründen für mehrere Aufgaben im Rahmen des Überlebens der Art nutzt.

Daß also gerade im Alter ein ausgeglichenes Sexualleben die körperliche und geistige Frische, die seelische Ausgeglichenheit, kurz, die Gesundheit beeinflussen kann, wagte bis vor kurzem niemand zu denken, geschweige denn auszusprechen.

Offenbar sind aber mit der gesamten Tabuisierung des Sexualbereichs auch wesentliche andere Kommunikationsarten gleich mitverbannt worden. Das trifft vor allem für die Unterdrückung unserer nichtsexuellen Körperkontakte zu. Der starke psychotherapeutische Erfolg bestimmter Gruppenbehandlungen, wie etwa des Sensitivity-Trainings, wo sich kontaktscheue Patienten berühren und streicheln lernen, was einen ungeheuren Abbau von Spannungen bewirkt, zeigt, daß hier in der Tat eine Fehlentwicklung in unserer Kommunikation vorliegt. Allzuleicht werden einer Berührung, einem Streicheln, einem In-den-Arm-Nehmen sexuelle Absichten unterstellt. Das gilt für die Beziehung zwischen Eltern und Kindern, wo gleich der Ödipuskomplex heraufbeschworen wird, ebenso wie zu Geschwistern, wo man Inzest vermutet, zwischen Freunden, wo gleich der Verdacht der Homosexualität aufkommt, oder zwischen Freund und Freundin auch derjenige des Ehebruchs. Da aufgrund dieser Konstellation unserer Verhaltensnormen eigentlich nur noch Kinder und Verliebte ihr Bedürfnis an körperlichem Kontakt befriedigen können, gibt es sehr viele kontaktscheue Erwachsene. Auch hier ergibt sich ein krankmachender Faktor, jedoch diesmal von einer anderen Seite als durch direkten Streß. Denn wie kann so ein Mensch in den Genuß von Zärtlichkeit kommen? Eine Antwort gibt Desmond Morris, der feststellte, daß eine der beliebtesten und verbreitetsten Tarnungen, in den Genuß von Hautkontakt und Zärtlichkeit zu kommen, eben die Krankheit liefert.

In dem hier immer wieder auftretenden Wechselspiel der Hormone spiegeln sich also, ganz gleich von welcher Seite wir es betrachten, immer wieder die Beziehungen des Organismus zu der ihn umgebenden Umwelt wider. Sie zeigen uns nicht nur, was wir in unserem inneren geistig-seelischen Gefüge zu beachten haben, sondern auch, was es bei den Fragen des Stresses, der Immunabwehr, der Krebsdisposition wie auch bei einer Reihe von Umweltproblemen zu bedenken gibt. Denn die Biosphäre ist inzwischen so dicht vom Menschen und seiner Zivilisation durchdrungen und alle Einzelteile miteinander so verflochten und voneinander abhängig, daß man das Ganze fast als einen weiteren Organismus auf höherer Ebene ansehen muß − als ein System mit den uralten Gesetzmäßigkeiten, die wir, um darin zu überleben, wohl oder übel beachten müssen.

Ein wichtiger Streßfaktor ist dabei die Populationsdichte. Jedesmal, wenn sie eine neue Schwelle überschreitet, zwingt sie − über den Streßmechanismus − entweder zu einer Reduzierung der Anzahl durch den Tod von Einzeltieren oder zu einer grundlegenden Verhaltensänderung, so, wie solitäre Lebewesen bei einer plötzlich erhöhten Dichte auf einmal Kommunikation und friedliches Zusammenleben in der Gruppe lernen müssen. Dabei gibt es eine absolute Grenze der Dichte (der Verhaltensforscher Wilhelm Schäfer spricht hier vom ›kritischen Raum‹), die aber dann auch nicht mehr überschritten werden darf − oder die Population bricht in einer Katastrophe zusammen.

Die Veränderungen, die durch verschieden starke Verdichtungsgrade einer Population − letztlich über psychohormonelle Regulationen − hervorgerufen werden, sind also in der Tat einschneidend und erstrecken sich über eine ganze Palette von Aus-

264

wirkungen, die von Aggression zum Kannibalismus, von Magen-
geschwüren bis zum Herzinfarkt, von einem Zuspitzen natürlicher Hierarchien bis zum völligen Zusammenbruch von Sozialordnungen und eben zum Auslöschen einer ganzen Art reichen.
Unser Bevölkerungswachstum auf der Erde darf daher, wie jeder
Wachstumsvorgang in der Natur, nur als Übergangsphase verstanden werden. Das heißt, daß er über kurz oder lang in eine stationäre Phase übergehen muß.

Wenn wir nicht lernen, mit dem Streßproblem fertig zu werden, Stressoren zu vermindern, unser Verhalten, unsere Berufs-
und Sozialstruktur den biologischen Bedingungen unseres Organismus besser anzupassen, dann ist nicht nur die Wirtschaftlich-
keit unserer Industriegesellschaft in Frage gestellt, deren Belastungen durch Leistungsabfall, Produktionsausfall, Krankentage
und andere Soziallasten allmählich ins Astronomische steigen,
sondern auch die Erhaltung unserer Art ist gefährdet. Denn der
Streßmechanismus, der ursprünglich als Teil eines Überlebens-
programms gedacht war, hat sich im Zusammenhang mit der
immer größeren Populationsdichte und dem einhergehenden,
durch Traditionen und Tabus fixierten Zivilisationsverhalten ins
Gesundheitsschädigende und Lebensfeindliche verzerrt. Doch
wie sollen wir ein neues Überlebensprogramm finden? Etwa die
seit Millionen Jahren eingebahnte, in den Genen fest programmierte Streßreaktion abändern? Dazu gibt es nicht die geringste
Hoffnung. Wahrscheinlich gibt es auch gar keinen Grund, dies
zu tun. Handelt es sich doch bei dem Streßmechanismus um ein
äußerst wichtiges biologisches Grundprinzip, das sich gar nicht
ändern darf! Denn die durch den Streß erzeugten Schäden sind
letztlich gesunde, wenn auch für das Einzellebewesen brutale Reaktionen der Natur: Alarmreaktionen auf höherer Ebene, die uns
vielleicht aufrütteln sollen, unser Verhalten zu ändern, um noch
größere Schäden zu vermeiden.[3]

Kapitel 11

Der Gott, der in allem ist
Warum wurde Naturgott Pan verteufelt?

Wenn wir Erfolg haben wollen, das Leben auf unserem Planeten zu erhalten und bereits aufgetretene Schädigungen zu heilen, müssen wir auf jeden Fall das ›vernetzte Denken‹ praktizieren und danach handeln. Aber noch steckt die Einführung des ›vernetzten Denkens‹ in vielen Gesellschaftsbereichen in den Kinderschuhen. Noch ist der Egoismus vieler Macher so ausgeprägt, daß sie nicht erkennen, daß das einfache, lineare Denken ›Machen — Haben‹ selbstschädigend ist.

Das industrielle Zeitalter, das im wesentlichen von den westlichen Zivilisationen eingeleitet und bis heute vorangetrieben wurde und das diese zerstörerische Wirkung auf unsere Erde entfaltete, ist auf jeden Fall untrennbar verbunden mit der Religion, die seit Jahrhunderten zur Expansion, zum ›Machen‹ aufforderte: »Macht euch die Erde untertan!«

Auch wenn heute die westlichen Kirchen, selbst die katholische, zur Mäßigung und ›Bewahrung der Schöpfung‹ auffordern, so hat besonders die letztere über viele Jahrhunderte hinweg nicht nur geschwiegen, wenn diese Schöpfung rücksichtslos genutzt wurde; ein Franz von Assisi hat hier höchstens eine Alibifunktion. Viel intensiver hat diese Kirche auch die Forschung (beispielsweise Galilei) oder auch das Lernen beeinflußt — also auch die Emanzipation des Menschen.

Da aber die Kirchen noch immer mächtige Institutionen in unserer Gesellschaft sind und ihr Gedankengut noch immer großen Einfluß auf die Menschen hat, möchte ich mich mit ihnen von meinem Wissen um die Vernetzung zwischen Körper, Seele und Geist, zwischen Mensch und Eule und allen Schöpfungen im Universum Gottes auseinandersetzen — denn wollen wir Natur

als ›die Schöpfung Gottes‹ bewahren, müssen viele überkomme-
ne religiöse Ansichten revidiert, modifiziert oder verworfen werden.

Als Kirchenmitglied habe ich das bereits vor vielen Jahren
getan, und die Konsequenz war, daß ich damals aus dieser Institution ausgetreten bin. Wenn ich nun meine Überlegungen zu
meinem damaligen Kirchenaustritt schildere, dann deswegen,
weil ich einen Anstoß dazu geben möchte, daß Positionen überprüft – und vielleicht neu gesetzt werden.

Vor vielen Jahren bereits kam mir die Einsicht, daß von einer
Glaubensinstitution wie der Kirche – mit einem Monopol als
höchste moralische Instanz und dem Anspruch, allein die Wahrheit zu besitzen – eigentlich gar nichts anderes zu erwarten war
als das, was ich in ihr an üblen Einflüssen entdeckt und was mich
letzten Endes so sehr an ihr ›enttäuscht‹ und zu meinem Entschluß des Kirchenaustritts geführt hatte. Für die Enttäuschung
kann ich nicht die Kirche, sondern muß ich mich verantwortlich
machen, der ich mir offenbar unreale, falsche Vorstellungen von
den Möglichkeiten und Absichten einer solchen Einrichtung gebildet hatte.

Den Entschluß faßten meine Frau und ich übrigens gemeinsam, wobei der Gedanke an unsere Kinder, denen wir die ver-
krampfenden Wirkungen des kirchlichen Einflusses ersparen
wollten, den Ausschlag gab. Vielleicht war sogar das Entsetzen,
welches wir seinerzeit beim Lesen der Religions-Schulbücher
empfanden, der auslösende Faktor gewesen. Einmal darauf aufmerksam geworden, entdeckten wir in fast allen Schulbüchern
daß – manchmal offen, manchmal versteckt – das Leiden
immer höher eingeschätzt wurde als die Freude. Martyrium,
gleich welchen Anlasses, wurde als bewundernswert gepriesen.

Wie weit der Einfluß dieser christlichen Moral das Schulwesen
überhaupt geprägt hat, sehen wir daran, daß das Lernen selber
nur dann für eine würdige Beschäftigung gehalten wird, wenn es
mit Leiden verbunden ist, und daß ein Unterricht unangemessen
erscheint, wenn er dem Schüler leichtgemacht wird oder gar Spaß
bereitet, obgleich die Effizienz dadurch sehr erhöht würde. Eine
weitere christliche Grundhaltung, nämlich zu glauben statt zu
prüfen, spiegelt sich wiederum in der in unseren Schulen herrschenden Tendenz, das kritiklose Hinnehmen des Lehrstoffs zur

Tugend zu erheben und damit eigene Suchimpulse weitgehend auszuschalten.

Alle Gründe, die zu unserem Entschluß führten, kulminierten schließlich in der wachsenden Einsicht, daß von der katholischen wie auch von der evangelischen Kirche, der wir bis dahin angehörten, in den vergangenen Jahrhunderten mit die übelsten Einflüsse auf die Menschen und ihre Beziehungen untereinander ausgegangen sind. In gewissem Grade gilt das wahrscheinlich auch für einige andere große Religionen. Vielleicht spricht daraus sogar ein Gesetz, nämlich, daß eine in sich gute und selbstlose Lehre, als welche auch die Lehre Jesu in ihren Hauptpunkten (z. B. der Bergpredigt) wahrscheinlich angelegt war, in ihr Gegenteil verkehrt wird, sobald sie für bestimmte ›irdische‹ Zwecke, etwa zum Aufbau des Machtapparats Kirche, mißbraucht wird: gelehrt wird Gewaltlosigkeit, die Kirche segnet Kanonen; gelehrt wird Genügsamkeit, die Kirche umgibt sich mit dem Pomp der Reichen; gelehrt wird Bescheidenheit, die (katholische) Kirche betrachtet sich als alleinseligmachend; gelehrt wird Demut, die Kirche verbindet sich mit den Herrschenden; gelehrt wird Toleranz, die Opfer der Intoleranz der Kirche sind unzählig; und gelehrt wird die Liebe, während der unerbittliche Haß ›gerechter‹ Kirchenmänner gegenüber allem, was ihnen ungewohnt erscheint, aus jedem Kirchenblättchen spricht.

Es ist daher selbstverständlich, daß wir schon lange die Kirche getrennt von der christlichen Religion betrachteten und diese wiederum getrennt von der — gegenüber anderen Geschichtspersonen noch dazu sehr ungeklärten — Gestalt Jesu. Die Kirche selbst war für uns ein Machtapparat wie jeder andere, den wir jedoch bald als wesentlich gefährlicher erkannten, da er, aufs ›Jenseits‹ ausgerichtet, als Belohnung für Unterwerfung und Gehorsam getrost ein Paradies nach dem Tode versprechen und sich, da er keine dieser Versprechungen hier auf Erden zu erfüllen braucht, wesentlich länger halten kann als eine staatliche, sich offen zum ›Diesseits‹ bekennende Macht. Darüber hinaus hat die Kirche es schon immer verstanden, sich gleichfalls auch mit den jeweils Herrschenden in Politik und Wirtschaft zu verbinden, ganz gleich, von welcher Beschaffenheit sie waren.

Daß sich die christliche Religion, vertreten durch ihre verschiedenen Kirchen, zwei Jahrtausende gehalten hat, war meiner Ansicht nach nicht auf die Kraft der Lehre selbst zurückzuführen, obwohl dies sogar hätte möglich sein können, sondern auf den geschickten Aufbau dieses stabilen Machtapparates auf der einen Seite und auf einen von fast allen Diktaturen der Welt benutzten psychologischen Trick auf der anderen Seite: die Unterdrückung der Lebensfreude durch Glorifizierung von Askese, Opferbereitschaft oder Leiden, die Verdammung einer so fundamentalen Lebensäußerung wie der Erotik und die dadurch fast automatisch erreichte Kultivierung des schlechten Gewissens — all dies war dazu geeignet, die Anhänger schließlich in eine vollkommene Abhängigkeit zu treiben.

Einmal mit diesen Mitteln gefügig gemacht, war es möglich, die Massen zu gängeln, ihre Gefühle zu kanalisieren und zu pervertieren, sie vom höheren Sinn der Kriege und Leiden zu überzeugen und zu jeder noch so irrationalen Tat zu mißbrauchen — ohne das Gewissen sonderlich zu belasten. Unter dieser Generallinie konnte ich die — zweifellos großen — von den Mitgliedern der Kirchen erbrachten sozialen und karitativen Leistungen nur noch als Alibi ansehen. Daß sie selbstlos geleistet würden, schien mir höchst unwahrscheinlich. Denn alle Kanzelverkündungen evangelistischer Weisheiten sprachen der Wirklichkeit Hohn. Wo hat die Kirche sich jemals für soziale Gerechtigkeit eingesetzt, das heißt, sich auf die Seite der Unterdrückten gestellt? Einzelne tapfere Priester ja! (Paradoxerweise sind jene, die ihre ›Lehre‹ wörtlich nehmen, als ›Revolutionäre‹ verschrien.) Doch die Organisation als solche exponierte sich, da ihr eigenes Fortbestehen oberstes Gebot sein mußte, nie gegen die Herrschenden: ein Dilemma, aus dem es offenbar keinen Ausweg gibt, solange die Kirche ihre Macht behalten will.

Und doch scheint das Rezept der engen Kopplung religiöser Institutionen mit der Politik der Herrschenden — in vorchristlichen Zeiten waren beide ja untrennbar miteinander verwoben — von den Menschen immer weniger akzeptiert zu werden. Die Verbindung zwischen beiden beschränkte sich in den letzten Jahrzehnten — gebietsweise schwankend — zunehmend auf die gegenseitige Stabilisierung, wobei sich die Politik allmählich zu emanzipieren scheint und das weltliche Stützkorsett um den Kirchenapparat enger und brüchig wird. In wenigen Jahren dürfte die Volkskirche in vielen Ländern aufgehört haben zu existieren, eine Minoritätenkirche wird bleiben, und — wenn diese gewisse Dogmen nicht aufgibt — auch das nicht mehr lange. Mit dem völlig unrealistischen, aber schon fast fieberhaften Bau immer neuer, moderner — und leerer — Kirchen versucht man offenbar, sich über diese Entwicklung hinwegzutäuschen. Doch Bauten ohne Menschen werden zu Mahnmalen — hoffen wir, daß ihre Aussage richtig verstanden wird.

Zunehmende Erkenntnis und kybernetisch geprägtes Denken fordern Toleranz, nicht Dogmatismus

Soweit unsere wesentlichsten damaligen, bis heute unveränderten, höchstens noch weiter bestätigten Überlegungen. Ein wenig überraschend für mich war nun, daß im Laufe meiner Arbeit als Naturwissenschaftler, im Laufe des fortschreitenden tieferen Eindringens in die molekularbiologischen Vorgänge unseres Organismus sich noch einmal — nun von ganz anderer Seite her — eine Emanzipation nicht nur von der Kirche, sondern auch von der Religion vollzog. Mit zunehmenden Erkenntnissen, angefangen von neuen Vorstellungen über die Entstehung des Lebens auf der Erde bis zu Einblicken in den Grenzbereich zwischen Materie und Information, begann ich dann nicht nur mich selbst, sondern auch alle anderen Lebewesen und auch die Materie selber mit ihren bisherigen, zum Teil axiomatischen, also nicht ableitbaren Gesetzen in einer stark veränderten Weise aufzufassen. Dabei ließ mir vor allem ein zunehmend kybernetisches Denken, das heißt ein Denken in vernetzten Regelkreisen, welches ich in der Forschung anwenden mußte, unsere eigene Stellung im Universum in einem recht neuen Licht erscheinen.

Das wird verständlich, wenn man sich klarmacht, daß wir mit den noch sehr winzigen Schritten, mit denen wir momentan in die gewaltige und gleichzeitig unendlich kleine Welt der zellulären Informationsmechanismen eindringen, dabei sind, die ersten Beziehungen zwischen toter Materie und der sie belebenden reinen ›Information an sich‹ zu erkunden. Nach Norbert Wiener, dem großen Mathematiker und Atheisten, ist Information (Nachricht, Programm) durch keine bestehende physikalische Entität, wie Masse, Zeit, Weg, Kraft usw., definierbar. »Information ist

Information«, sagte er. Sie ist also weder Energie, noch ist sie Materie, sondern eine dritte Urform des Seins. Doch damit ist sie auch weder raum- noch zeitgebunden. Zur Veranschaulichung dieser Besonderheit: Gebe ich Energie an jemand anderen ab, so habe ich danach diese Energie nicht mehr. Gebe ich Information an jemanden ab, so besitze ich diese Information nachher immer noch. Ebenso ist nach dem tausendsten Abdruck der Informationsgehalt einer Zeitungsmatrize noch genauso hoch wie nach dem ersten Blatt.

Dringt man nun zum Beispiel – unter Beachtung dieses doch sehr frappierenden Informationsbegriffs – mit unseren modernen Beobachtungs- und Meßmethoden ins Innere der Zellen oder auch der unbelebten Materie, dann kann diese Beschäftigung das bisherige Weltbild des naiven Realismus wie auch des transzendentalen Idealismus so sehr verändern, daß man mit den bestehenden Weltanschauungen nicht mehr viel anfangen kann. Die wenigen Mosaiksteinchen, die zum Beispiel die heutige Molekulargenetik gefunden hat, bieten bereits so ungeheure Einblicke in neue Dimensionen, in kybernetische Regelkreise und zwischenzelluläre Informationen an der Grenze der Materie, daß man Interpretationen, die auf irgendeine Transzendenz abzielen, nur sehr vorsichtig und bescheiden anstellen wird.

Die Entdeckung der Bedeutung unserer Gene zum Beispiel – als eines astronomisch gewaltigen Informationsreservoirs auf kleinstem Raum mit noch gar nicht abzusehenden latenten Programmierungsmöglichkeiten – läßt vermuten, daß ein eventueller Plan, der dahinterstehen könnte (falls der Gedanke an einen ›Plan‹ nicht nur das Produkt einer örtlich begrenzten, weil dort ›praktischen‹ Codifizierung unserer Gehirnfunktionen ist), sehr viel gewaltiger sein muß, als man das je ahnte. Die Existenz einer möglichen Gottheit oder übergeordneten Intelligenz zu definieren, erweist sich damit als viel schwieriger, als man sich das früher vorstellte. Jede verfrühte Festlegung eines solchen Begriffs bedeutet das Ende des möglichen Erkenntnisfortschritts. Und da bewirkt natürlich auch der dialektische Materialismus mit seinem festen Glauben an die Nichtexistenz einer übergeordneten Transzendenz eine ebenso dogmatische – und damit unwissenschaftliche – Festlegung wie die christlichen Konfessionen, die gerade die Haltung, ungeprüft zu glauben, als die große Kraft anpreisen, während mir gerade dieses bedingungslose Glauben aus Gründen, auf die ich weiter unten noch einmal zurückkomme, das Allerübelste an dieser Religion zu sein scheint.

Man kann hierzu nur immer wieder die Worte von Max Born zitieren, die er 1964 in einem Vortrag auf der Nobelpreisträger-Tagung in Lindau sagte und die mir von ungeheurer Tragweite scheinen: »Ist doch der Glaube an eine winzige Wahrheit — und deren Besitzer zu sein — die tiefste Wurzel allen Übels auf der Welt.« Und gerade in diesem Sinn schien mir der ethische Wert echter Wissenschaft vor allem in ihrer undogmatischen Haltung gegenüber Wahrheit und Irrtum zu beruhen, in dem Bewußtsein, daß Wahrheit ständig sich ändert, einfach weil jede neue Erkenntnis schon wieder den Keim zu einer Metamorphose ihrer selbst in sich trägt.

Zunehmende Kenntnis naturwissenschaftlicher Zusammenhänge macht so den Kosmos viel größer, dichter und vielschichtiger, so daß ich es nur noch als Anmaßung empfinden kann, wenn man sich über den Ursprung der Welt (falls es einen solchen gibt) oder über die absoluten ihr zugrunde liegenden Gesetze (falls es solche gibt), oder über die das Ganze steuernde Entelechie (falls es eine solche gibt) so detaillierte, definitive Vorstellungen macht, wie es die meisten Religionen tun. Wenn also schon die kleinen Einblicke, die mir mein Beruf gibt, das Weltbild bereits so ausweiten und als dynamisch, das heißt ständig sich verändernd zeigen, wie schief und willkürlich müssen dann diese bisher angebotenen statischen Weltbilder sein!

Ich wurde einmal in einem Fernsehinterview gefragt, worin ich den Sinn des Lebens sähe, und mußte antworten, daß ich erstens nicht wisse, ob es überhaupt einen Sinn gibt, und daß ich ihn, selbst wenn es ihn gäbe, dann natürlich auch nicht durchschauen könne. Aus dem gleichen Grunde könne ich auch nicht sicher an einen Gott glauben oder an eine Entelechie, die alles durchdringt und leitet. Ich halte eine solche ›Kraft‹, die sich für die uns übersehbaren Zeiträume an ihre eigenen Gesetze zu halten scheint, lediglich für möglich, das heißt für im gleichen Sinne denkbar, wie daß es eine solche intelligente transzendente Kraft nicht gibt. Der unbedingte Glaube an die Nichtexistenz Gottes ist mir, wie gesagt, genauso suspekt wie der unbedingte Glaube an seine Existenz.

Ich wurde auch gefragt, wie ich mir denn ohne eine dahinterstehende absolute Intelligenz den Ursprung des Kosmos, des Lebens, unseres Bewußtseins erkläre? Bereits diese Frage ist schon nicht mehr frei gestellt, sondern durch bestimmte Denkmechanismen gesteuert. Denn es ist durchaus möglich, daß lediglich die statistisch große Zahl unserer Gehirnzellen — wie immer bei statistisch großen Zahlen von Einzelteilchen — eine scheinbare (oder echte) Kausalität im Arbeiten dieser Zellen, also im Denken, auftreten läßt, die weder in der umgebenden Wirklichkeit noch in den einzelnen Zellen selber gegeben ist. Die Frage nach der Ursache — und damit letztlich der Zeitbegriff überhaupt — mag daher rein mechanisch aus den ›kolligativen‹ Wechselwirkungen großer Zellzahlen entstehen, sie mag ausschließlich an diese gebunden sein und für die tatsächlichen Abläufe in der Welt völlig irrelevant sein.

Das Gehen des Weges ist das Ziel

Nun gut, wird man sagen, wenn Gott aber möglich ist, warum sollten wir nicht ruhig an ihn glauben? Doch hier beginnt die Gefahr, liegt der Keim zur Intoleranz, zur Schaffung von Schuldgefühlen, zur plötzlichen Nutzung der Macht, die auf dem Rücken von Schuldgefühlen ausgeübt werden kann. Denn wenn es so etwas gibt wie eine alldurchdringende Kraft, einen Plan, eine eigene Informationswelt, aus der alles — und vor allem das Leben — kommt, dann ist sie wahrscheinlich viel gewaltiger und andersartiger als all das, was uns die Religionen mit ihrem im Grunde vom Menschen aus projizierten Gott bieten. Denn von welchem Menschen gehen wir aus! Von dem, wie wir ihn gerade zu unserer Zeit mit unserer wahrscheinlich noch recht primitiven Psychologie verstanden haben: ein Gott, dem man danken soll, der beleidigt oder geschmeichelt sein kann, der einem helfen soll, den man bedrängt usw. Doch einmal festgelegt, wird ein solches Kunstgebilde zum Fetisch, zum Tabu mit allen bekannten Folgen.

Machen wir uns noch einmal klar, daß von dem in unseren Genen steckenden Reservoir an Programmierungsmöglichkeiten, von dieser uns noch weitgehend verschlossenen Geheimbibliothek erst ein paar Seiten aufgeschlagen sein mögen. Wenn darin also schon Veränderungen und Möglichkeiten stecken, die für uns unvorstellbar sind, um wieviel mehr wäre dann eine eventuelle allumfassende Intelligenz anders, als wir sie uns heute vorstellen können. Da die Erkenntnis über uns und unsere Umwelt sich von Tag zu Tag ändert, ist natürlich jeder Glaube, jede Religion um eine Stagnation gerade jener Erkenntnis bemüht. Und die einmal festgelegte Momentaufnahme des seinerzeitigen Erkenntnisstandes muß dann, um weiterhin als ›absolute Wahrheit‹ gelten zu können, mit unlauteren, immer stärker die Wirklichkeit verletzenden Mitteln, kurz, mit Lüge verteidigt werden. Ein durch die naturwissenschaftliche Betätigung geschultes Bewußtsein kann dagegen die ›absolute Wahrheit‹ immer nur als Weg verstehen und niemals als erreichbares Ziel. Das Suchen an sich, das nie endgültig findet, also das Gehen des Weges selbst ist damit zum Ziel geworden. Ein Suchen, welches für mich das Leben erst lebens- und liebenswert macht.[1]

Quellenverzeichnis

Dieses Buch entstand aus zahlreichen Artikeln, Vorträgen, Filmtexten und persönlichen Notizen aus den vergangenen 25 Jahren. Die wichtigsten Quellen, längere Zusammenfassungen und Texte sind hier aufgeführt, so daß der interessierte Leser Herkunft, Anlaß und Entstehungsjahr nachvollziehen kann.

Hinweis: Die untenstehenden Quellenangaben beziehen sich jeweils auf den gesamten Text vor der Kennziffer, wobei Übergänge und aktuelle Beispiele neu eingefügt wurden.

Kapitel 1

[1] ›Wir leben in einem vernetzten System‹, Heyne-Jubiläumsband, München 1988
[2] ›Was ist Ökologie?‹, Bericht 6/85, Institut für Interdependenz von Technik und Gesellschaft, Universität der Bundeswehr München
[3] ›Gesunde Lebensräume ersparen uns Milliarden‹, Kommentar, *Das Tier,* 11/78
[4] ›Der Landbau als ökologisches System‹, Magazin *Brennpunkte,* Nr. 9, Fischer Taschenbuch Verlag, Frankfurt/M. 1977

Kapitel 2

[1] ›Gestaltung einer menschlichen Zukunft durch vernetztes Denken‹, *Das Forum,* Zeitschrift der Volkshochschulen Bayerns, 4/76
[2] ›Lernbiologische Erkenntnisse als Basis für die Bewältigung komplexer Systeme‹, Referat auf dem Symposium ›Bewahrung des Menschlichen. Zukunftsfragen der Erziehung im Spiegel der Wissenschaften‹ der Pädagogischen Hochschule Kiel, 3/87
[3] ›Schulen entfernen uns der Wirklichkeit‹, Schulanzeiger, *Magazin für Lehren und Lernen,* Herder, Heft 3/81

Kapitel 3

[1] ›Kommunikation und das Überleben von Systemen‹, Referateband zum ARD-Werbetreff, Stuttgart 1986
[2] ›Rationalisierung wissenschaftlicher Gruppenarbeit und psychologisch-soziologische Effekte auf die Gruppe‹, Technisch-wissenschaftliche Blätter der *Süddeutschen Zeitung,* 20. 12. 1966
[3] ›Psychologisch-soziologische Effekte der Netzwerkplanung auf die Gruppe‹, *Kommunikation* — Zeitschrift für Planung und Organisation, 4/1969

Kapitel 4

1) ›Wissenschaft und Öffentlichkeit‹, in: H. Reimann (Hrsg.), ›Informationen‹, Goldmann, München 1977

2) ›Saar-Uni, ein Weg der Kultur?‹, Vortrag an der Universität des Saarlandes im Rahmen der Katholischen Hochschulwochen am 23. 6. 1965

3) ›Sicherheitspolitik im Regelkreis Mensch-Umwelt‹, in: *Sicherheitspolitik heute –* Zeitschrift für alle Fragen der Verteidigung, 1/75

4) ›Asymmetrie – Brücke zwischen Physik und Biologie‹, *Bild der Wissenschaft,* 12/74

Kapitel 5

1) ›Stichwort: Vernetzung‹, *Management-Wissen,* 7/86

2) ›Die Bedeutung kybernetischer und ökologischer Erkenntnisse für unsere gesellschaftlichen Organisationsstrukturen‹, in: *Ökonomie und Ökologie in der sozialen Marktwirtschaft,* Hanns-Seidel-Stiftung, München 1983

3) ›Wachsende Systeme. Biologisch-kybernetische Grundgedanken zum Wachstum von Bevölkerung, Wirtschaft und Wissen‹, in: Schäfer/Trommler/Werk (Hrsg.), ›Wachsende Systeme‹, Reihe *Leitthemen, Beiträge zur Didaktik der Naturwissenschaften,* Westermann, Braunschweig 1976

4) ›Wenn ich als Biologe Controller wäre‹, Festvortrag zur Eröffnung des Geisteswissenschaftlichen Zentrums der Fachhochschule Köln, 1/84

Kapitel 6

1) ›Technik und die Kybernetik lebender Systeme‹, Bericht 2/83, Institut für Interdependenz von Technik und Gesellschaft, Universität der Bundeswehr München

2) ›Welche Rolle spielt das Auto morgen?‹, ebd., Bericht 3/83

3) ›Homo technicus – ein Faustischer Pakt?‹, *Innovation,* 2/85

Kapitel 7

1) ›Grundlagen und Erscheinungsformen der Energie im vernetzten System Mensch – Umwelt‹, in: Werk/Trommler (Hrsg.), ›Naturerscheinung Energie, Reihe *Leitthemen, Beiträge zur Didaktik der Naturwissenschaften,* Westermann, Braunschweig 1977

2) ›Jetzt – Alternative Energien?‹, Vortrag bei der Jungen Union München am 12. 10. 1986

3) ›Kostspielige Scheinhilfen?‹, *Zivilverteidigung,* 11/75

Kapitel 8

¹) ›Design für eine Umwelt des Überlebens – Umweltgestaltung im Systemzusammenhang‹, Vortrag anläßlich der Mitgliederhauptversammlung des Verbandes Deutscher Industrie-Designer 1972 in München, veröffentl. in *Form 60* – Zeitschrift für Gestaltung, IV/72
²) ›Ökologie und Bauen‹, Geschäftsbericht der Frankfurter Aufbau AG (FAAG), 1983
³) ›Ökologisches Bauen und Wohnen im Systemzusammenhang‹, Einführungsseminar auf dem Workshop BHW-Forum in Lanzarote am 1. 2. 86. Veröffentl. in: BHW-Bausparkasse (Hrsg.), *Bauen und Wohnen mit der Natur,* Hameln 1987

Kapitel 9

¹) ›Biologie und Umwelt‹, Vortrag auf dem Heilpraktiker-Kongreß 1973 in Düsseldorf, veröffentl. in: ›*Naturheilpraxis‹, 5/1973
²) ›Der Mensch ist ein offenes System. Plädoyer für einen kybernetischen Medizinbetrieb‹, *Musik + Medizin 8/81*
³) ›Die Welt im kleinen Finger‹, Artikelserie: Raumschiff Erde, *Umweltforum, 5/80*
⁴) ›Umwelt, Energie, Welternährung. Problemlösungen komplexer Zusammenhänge durch ein neues Denken‹, in: *Politische Studien,* Sonderheft ›Energie‹, 1/80

Kapitel 10

¹) ›Streß. Ein Phänomen der modernen Gesellschaft wird analysiert‹, *Die Welt,* 23. 11. 1974
²) ›Sehen – Phänomen zwischen Biologie und Umwelt‹, Eröffnungsvortrag des Internationalen Augenoptiker-Kongresses am 15. 5. 1977, veröffentl. in: SOZ, *Süddeutsche Optiker Zeitung,* 8/77
³) ›Hormone und Umwelt – Das Alter wird durch Sex erst schön‹, *Die Welt,* 25. 1. 1975

Kapitel 11

¹) ›Warum ich aus der Kirche ausgetreten bin‹, im gleichnamigen Sammelband, Karlheinz Deschner (Hrsg.), Kindler Taschenbuch, München 1970

Register

A

B

K

L

Z